U0717376

什么是舆论

［美］沃尔特·李普曼◎著　陈恒◎译

Public Opinion

江苏人民出版社

图书在版编目（CIP）数据

什么是舆论 /（美）沃尔特·李普曼；陈恒译 .
南京：江苏人民出版社，2025.7.--ISBN 978-7-214
-30257-1

Ⅰ. C912.63

中国国家版本馆 CIP 数据核字第 2025KS0958 号

书　　名　什么是舆论
著　　者　[美] 沃尔特·李普曼
译　　者　陈　恒
责任编辑　胡海弘
封面设计　末末美书
版式设计　张文艺
出版发行　江苏人民出版社
出版社地址　南京市湖南路 1 号 A 楼，邮编：210009
印　　刷　河北鑫玉鸿程印刷有限公司
开　　本　880 毫米 ×1230 毫米 1/32
印　　张　12.75
字　　数　244 千字
版　　次　2025 年 7 月第 1 版
印　　次　2025 年 7 月第 1 次印刷
标准书号　ISBN 978-7-214-30257-1
定　　价　48.00 元

献给

法耶·李普曼

于沃丁里弗，长岛

1921

苏格拉底： 于是吾侪可一辨人性之开通与未开通者。欲分别此者，先设想一地孔中有无数人在，日光自孔而入，而个中人乃自幼在彼者。其颈与足皆有徽缠之拘系，不能自由行动，可前视而不能旋转其首而四顾。其后方之上端，有火掩映，惟相距甚远。在火与人之间，有一隆起之道，道上围以低墙，墙上之人，历历可数。其状态盖适与傀儡戏相仿。

克 拉 根： 余能仿佛见之。

苏格拉底： 汝不见墙上之人，有携器皿者，有携偶像者，有手牵木制或石制之动物者乎。种种状态，不一而足。笑语者有之，默然者有之。

克 拉 根： 此诚奇观。且此辈亦奇特之幽囚也。

苏格拉底： 彼等亦如吾侪之只能见己之影像，与他人之影像。其所以能见之者，以火光射于孔中相向之屋壁耳。

克 拉 根： 然起首既不能旋转，则除影像外，安有所见哉？

苏格拉底： 即其所携之物，亦只能见影像。

克 拉 根： 然。

苏格拉底： 当其谈论之际，岂不以为彼等所道及之某物某物，固确为某物某物乎？

——摘自柏拉图《理想国》第七卷，吴献书译

CONTENTS

目录

第一部分
引　言

第一章 外面的世界与脑中的影像

1

大洋中有这样一个岛屿，1914年时，几名英国人、法国人和德国人居住在那里。这个岛屿没有电报线连接，而英国的邮轮每六十天才到一次。这年9月，邮轮尚未抵达，岛上的居民们还在谈论最后送来的一期报纸，报纸上提到即将进行的对枪击加斯东·卡尔梅特的卡约夫人的审判。因此，在9月中旬的一天，当邮轮终于抵达时，整个殖民地的人们比往常更加迫切地聚集在码头，等待船长带来的消息。然而他们听到的却是，在过去的六个多星期里，英国人和法国人为了维护条约的神圣，向德国人宣战了。结果，在这奇异的六个星期里，尽管他们像朋友一样相处，实际上却是敌人。

其实，他们的困境与大多数欧洲人的处境并没有太大的不同。他们晚了六个星期，而在欧洲的人们或许只晚了六天甚至六个小时。那时确实存在这样一个时刻：欧洲人依然按部就班地进行日常事务，即将搅乱他们生活的真实欧洲看起来与他们毫无关联。他们仍在努力适应一个即将不复存在的环境。直到7月25日，世界各地的人们还在生产他们无法运出的商品，购买无法进口的货物，规划职业生涯，筹划商业活动，怀抱着各种希望和期待；他们坚信自己所熟知的世界就是现实中的世界。人们通过文字和书本描述这个世界。他们信任自己头脑中早已固定的影像。直到四年后的一个星期四早晨，停战的消息传来，人们终于宣泄出无以言表的情感，庆幸屠戮的结束。然而，在真正的停战协议到来前的五天里，尽管人们已经在庆祝战争结束，仍有数千名年轻人在战场上丧生。

回顾过去，我们可以看到，尽管我们生活在这个环境中，但我们对它的了解却是间接的。关于环境的信息有时来得快，有时来得慢；然而，只要我们认定脑中的画面是真实的，我们就一定会将它视作环境本身。我们很难对自己当下所依赖的信念进行反思，但在谈到其他的民族、时代中的信念时，我们又总是自以为是地嘲笑他们所深信不疑的世界图景是多么荒谬。我们坚持认为，凭借我们更高明的后见之明，我们可以轻易判断出他们所需要了解的世界与他们所了解的世界截然不同。我们还可以看到，尽管他们在想象的世界中治理、战斗、贸易和改革，但他们所想象的结果和他们实际取得的结果往往是不同的。他们出发去寻找印度，却发现了美洲；他们诊断邪恶，却绞死了老妇；他们以为只卖不买就能致富。一个哈里发遵循他所理解的真主旨意，却烧毁了亚历山大图书馆。

圣安布罗斯在公元389年的著述中引用了柏拉图洞穴中那位坚决拒绝转头的囚徒的例子。他说道："讨论尘世的性质和位置，对于我们对来世的盼望毫无帮助。知道《圣经》所说的就足够了，'祂将地悬在虚空'（约伯记26:7）。那么，为什么还要争论祂是将地挂在空气中还是水上，还要争论稀薄的空气如何能支撑地球？或者如果地球是在水上，为什么它不会坠落到水底？……地球并不是因为处于中间，才呈现出仿佛被平衡悬挂的样子，而是因为上帝的威严按照祂的旨意约束着它，使得它在不稳定和虚空之中依然稳固存在。"❶

讨论这些问题对我们关于来世的盼望没有帮助。既然知道《圣经》的教导就足够了，为什么还要争论它？然而，在圣安布罗斯之后的一个半世纪，人们还是在为"对跖点"（即地球另一端）的问题感到困惑。因此，一位以科学造诣著称的修士——科斯马斯受命撰写了一部《基督教地理学》，或称《基督徒关于世界的看法》。很显然，他清楚知道人们对他的期望，因为他的所有结论都基于他对《圣经》的理解。❷

❶《论创世的六日》（Hexaëmeron），引自亨利·泰勒《中世纪的思维》（*The Mediaeval Mind*），第一卷，第73页。

❷ 威廉·勒基，《欧洲的理性主义》（*Rationalism in Europe*），卷一，第276—278页。

书中说，世界是一个平坦的平行四边形，东西的宽度是南北长度的两倍。世界的中心是地球，周围被海洋环绕，海洋之外又有一片陆地，人们在大洪水之前就生活在那里。那片陆地也是诺亚方舟起航的港口。北方有一座高耸的圆锥形山，太阳和月亮围绕着它旋转。当太阳在山后时，就是夜晚。天空黏附在外部陆地的边缘上，由四面高墙组成，这些墙在上方汇合形成一个凹形屋顶，因此大地便是宇宙的地板。天空另一侧有一片海洋，即所谓“穹苍之上的水”。在天上的海洋和宇宙最外层的屋顶之间的空间是福佑者的居所。地与天之间的空间则由天使居住。最后，既然圣保罗曾说所有人都是生活在“地的表面”，那么他们怎么可能生活在背面，即所谓对跖点？有了这样的经文，基督徒就不该“谈论什么对跖点”了。❶

科斯马斯认为自己不应该去找什么对跖点，也不应有任何基督徒君主给他一艘船让他尝试，任何虔诚的水手也不会愿意尝试。在科斯马斯看来，他的地图完全合乎情理。只有记住他对这幅宇宙地图的绝对信念，我们才能理解他对麦哲伦、皮尔里，或是那些冒着与天使和天穹相撞风险，飞到空中七英里高的飞行员会感到何等恐惧。同样，几乎每个政党都绝对相信他们所描绘的反对派“画像”——他们把自己认为是事实的东西当作事实，即使那并不符合实

❶ 同上。

际的情况。只有这样，我们才能更好地理解战争和政治中的残酷性。因此，就像哈姆雷特刺杀波洛涅斯时误以为自己刺杀的是国王一样，人们也会将头脑中的画面与真实世界混为一谈。也许，他们也会像哈姆雷特般补上一句：

> 你这倒运的，粗心的，爱管闲事的傻瓜，再会！
> 我还以为是一个在你上面的人哩。也是你命不该活。*

2

即便在伟人们活着的时候，公众通常也只能通过一个虚构的形象对其进行认知。因此，“仆人眼中没有英雄”这一古老谚语中包含了一定的真理。不过，这个真理的范围也是有限的，因为连“仆人”或者“私人秘书”之类的角色也往往是虚构出来的。皇室人物的形象毫无疑问被认为是构造出来的，无论他们自己是否真的相信自己的公众形象，或者任由自己的侍从们塑造自己的形象。他们至少存在两种截然不同的自我：公众自我和作为君王的自我，私人的自我和凡人的自我。大部分的伟人传记都是关于这两种自我的历史。官方传记呈现的是公众生活，而揭示性的

* 《哈姆雷特》第三幕第四场，朱生豪译。——译者

回忆录则展示私人生活。例如，查恩伍德笔下的林肯是一幅崇高的画像，高大伟岸近乎神，是一个充满象征意义的史诗人物，就像埃涅阿斯或圣乔治一样。奥利弗笔下的汉密尔顿则是一个庄严的抽象，是一个由思想构成的雕塑，正如奥利弗自己所称，它是“一篇关于合众国的论文”，是一座联邦主义政治技巧的纪念碑，而非一个人的传记。有时，人们以为是在揭示自己的内心世界，实际上却是在塑造自己的形象。雷平顿的日记和玛戈·阿斯奎斯的作品就是一种自画像，作品中的私密细节更多地揭示了作者看待自己的方式。

然而，最有趣的肖像是那种在人们心中自发产生的形象。正如斯特拉奇所说，当维多利亚登上王位时，“外界公众中涌起了一股巨大的狂热。感伤和浪漫的情绪开始流行，那个曾经天真、谦逊，金发红颜的小女孩已经成长为一位女王，她驾车穿过她的首都，这让旁观者的心中充满了喜悦的忠诚之情。最让人们感到震撼的，莫过于维多利亚女王与她的叔叔们之间的强烈对比。那些令人厌恶的老男人，放荡自私，顽固荒唐，背负着永无止境的债务、混乱和耻辱——如今，他们像冬天的积雪一样消失了；在皇冠加冕下，光辉灿烂的春天终于到来”[1]。

让·德·皮埃尔夫曾亲眼目睹了对英雄的崇拜，因为

[1] 利顿·斯特雷奇，《维多利亚女王传》(*Queen Victoria*)，第 72 页。

在霞飞将军声誉最鼎盛之时，他正是这位将军的幕僚。他写道：

两年来，整个世界都在像瞻仰神明般向马恩河战役的胜利者致敬，行李员几乎被他收到的包裹和信件的重量压得直不起腰。这些都是不知名的人们狂热地表达他们钦佩之情的见证。我认为，除霞飞将军之外，再没有其他指挥官能够真正理解如此壮烈的荣耀。他收到来自世界各地著名糖果店的糖果盒、香槟、各种年份的美酒、水果、猎物、装饰品、器具、衣物、烟具、墨水台、镇纸。每个地区都送上了他们的特产。画家送来了画作，雕塑家献上了雕像，亲爱的老太太则织了围巾或袜子，牧羊人在自己的小屋里为他雕刻了一支烟斗。所有反对德国的国家都寄来了他们的特产，哈瓦那送来了雪茄，葡萄牙送来了波特酒。

我曾见过一位理发师，他没有更好的办法来表达敬意，于是用他所珍视的人的头发制作了一幅将军的肖像；一位专业书法家也有相同的想法，但他是用成千上万句小字组成的肖像，每一句都在赞美将军。至于信件就更多了：他收到了来自世界各地、用各种文字书写的信，里面讲着各色方言。这些信充满了感激、爱意与崇拜。信中称他为“世界的救主”“法国之父”“上帝的代理人”“人类的恩人”……不仅仅是法国人，还有美国人、阿根廷人、澳大利亚人等等。成千上万的孩子，在父母不知情的情况下，拿起笔写信向他表达爱意：大多数孩子称他为“我们的父亲”。这些感情真挚动人，崇拜之情从无数颗心中流露出来，庆祝野蛮的战败。在这些天真的小心灵中，霞飞就像击败恶龙的圣乔治一样无所不能。毫无疑问，霞飞将军已经成为全人类的良知中那个正义战胜邪恶、光明战胜黑暗的胜利的象征。

即使是疯子、傻子、半疯半癫的人都将他们混乱的头脑转向霞飞，将他视为理智本身。我读过一封来自悉尼的信，写信的人恳求将军救他脱离敌人的迫害；另一封来自新西兰的信则要求将军派士兵到一名欠他十英镑而拒不偿还的绅士家中。

最后，还有数百名年轻女孩，克服了她们作为女性的羞怯，向霞飞提出订婚的请求，甚至不让家人知道；另一些女孩则希望能够为他效劳，做他的仆人。[1]

这个理想化的霞飞，是由他和他的幕僚、部队取得的胜利，战争的绝望，个人的悲痛，以及对未来胜利的希望所共同塑造的。然而，除了对英雄的崇拜，还有对“恶魔”的驱逐。通过同样的机制，英雄被塑造出来的同时，

[1] 让·德·皮埃尔夫，《在总司令部的三年》(*G.Q.G.Trois ans au Grand Quartier Général*)，第 94—95 页。

恶魔也被创造出来。如果霞飞、福煦、威尔逊或罗斯福代表了所有的正义与美好，那么威廉二世、列宁和托洛茨基就代表了所有的邪恶与丑陋。在这些单纯而恐惧的心灵中，世界上所有的政治失败、罢工、封锁以及杀人放火的阴谋，源头都会指向这些邪恶的个人。他们的力量就像英雄的善行一样无所不能，只不过他们的行为是恶而非善。

3

在全球范围内如此集中地关注一个象征性人物实属罕见，显得格外引人注目，而这样个性鲜明的典型形象也往往会受到每一位作家的偏爱。通过对战争的剖析，我们不知不觉间就会树立起这样一个形象。不过，这样的塑造绝不是无中生有。在正常的公众生活中，象征图景同样主导着人们的行为，但每个象征包容的内涵要少很多，因为总会有其他与之竞争的象征。每个象征都只能承载一小部分的情感，因为它们只能代表一小部分人；而且，就算是在这一小部分人内部，也还是会有许许多多的个人差异。社会安定时，公众舆论的象征往往受到审视、比较和争论。它们来来去去，有时融合，有时又被遗忘，但从未完全统合整个群体的情感。毕竟，只有一种人类活动能让整个群体为了一个共同的使命实现“神圣的联盟”，这种行为只会在战争的中期出现。在战争的中期，恐惧、好斗与仇恨完全支配了人的精神，并压制或征用了其他一切本能，而人们也尚未感到疲惫。

在其他所有情况下，甚至是在战争的僵局阶段，我们都能看到各种情感被激发出来，从而促成冲突、选择、犹豫和妥协的出现。此时，公众舆论的象征通常都会带有利益平衡的痕迹。比如，世界大战刚刚结束，"协约国"这个脆弱又没能得到确立的象征就迅速消失了，取而代之的是各国为自己设计的象征图景：英国是"公法的捍卫者"，法国是"自由前线的卫士"，美国是"十字军战士"。我们不妨再想想，随着各国内部的党派矛盾、阶级冲突和个人野心的不断搅动，这些象征图景是如何走向破碎的。此外，领袖们的象征也一个接一个地倒塌，威尔逊、克列孟梭、劳合·乔治不再是人类希望的化身，而沦为在失望的世界中进行谈判和管理的行政人员。

以上的种种现象，是应该被视为一种"温和的恶"，还是应该被赞誉为理性的回归？其实，这无关紧要。我们关注虚构与象征，首先要关心的不是它们对当下社会秩序的价值，而是将它们视为人类交流机制的重要组成部分。

在任何一个不能完全实现自治，也不能对每个人发生的每一件事都了如指掌的社会中，人们都会用"观念"去处理那些处于视野之外、难以掌握的事物。戈弗普雷里的谢尔温小姐*知道法国正在打仗，并试图理解它。但是，她从未去过法国，当然也未曾踏足现在的战线。她看过法国和德国士兵的图片，但她不可能想象出三百万人血腥厮杀的场面。事实上，没有人能想象出这个数字，哪怕是军事专家也想象不出来——他们只会用“两百个师”之类的概念来思考。但谢尔温小姐也不可能接触到作战地图。因此，如果她要思考这场战争，她会以为霞飞和德皇是在进行个人决斗。她也许会想象出一幅十八世纪某位伟大将领的肖像般的图景：他神情坚毅地站在那里，形象高大伟岸，身后则是蜿蜒着向远处延伸的军队。

当然，伟人们并不会在意这种误解。皮埃尔夫曾讲过一个摄影师为霞飞将军拍照的故事。将军在他那“中产阶级的办公室里，坐在一张连半片纸都没有的工作台前，准备签名”。突然，有人注意到墙上没有地图，根据大众观念，没人能想象一位将军的办公室没有地图。很快，几幅被用来拍照的地图就被挂到墙上，拍完后便很快被取走了。❶

一个人对自己未曾亲身经历的事件所能产生的唯一感觉，就是他的脑中对那件事形成的图像所激起的感觉。因此，我们在了解别人的真正想法与认知之前，是不可能真

* 辛克莱·刘易斯的《大街》中的人物。——译者

❶ 让·德·皮埃尔夫，《在总司令部的三年》(*G.Q.G.Trois ans au Grand Quartier Général*)，第94—95页。

正理解他们的行为的。我曾经见过一个年轻女孩，她在宾夕法尼亚的矿区小镇长大。一次，当一阵风吹坏了厨房的一扇玻璃窗时，她的情绪忽然从兴高采烈转变为悲痛欲绝，而且这种情绪持续了几个小时。我完全无法理解她的表现，直到她自己道出了原委：她相信，如果窗户破裂，就有一位至亲离世了。随后，她开始为自己突然离家的父亲哀悼起来。很快，一封电报证明她的父亲安然无恙。但直到电报传来前，对那位女孩来说"玻璃窗破裂意味着至亲离世"依旧是一条真实可信的信息。为什么她如此坚信？恐怕只有资深的心理医生在长时间调查后才能揭示真相。但是，即使是最漫不经心的观察者也能发现，那个女孩由于家庭问题的巨大困扰，通过一个外在事实、一段记忆中的迷信，以及对父亲的悔恨、恐惧与爱的混乱情绪，编织出了一个完整的幻象。

上述几个故事中所出现的种种反常现象只在程度上略有差异。如果有一位司法部长因家门口被人引爆了炸弹而受到惊吓，且对某革命文学作品中的"1920 年 5 月 1 日会爆发革命"的描述深信不疑，我们就能判断出是相似的机制在起作用。在战争中，这样的例子比比皆是。只要有一个偶然的事件，通过富有创造力的想象，再结合一些强烈的信念意志，就能轻松捏造出一个伪造的现实，然后反过来激发人们强烈的本能反应。显而易见的是，在某些条件下，人们对虚构的反应和对现实的反应同样强烈，而且在许多情况下，他们甚至会帮助创作这些引发反应的虚构故事。有多少人不相信“俄国军队于1914年8月横穿英格兰”的新闻？有多少人在不见到证据前就绝不相信有关暴行的传闻？有谁从不相信那些关于阴谋、叛徒和间谍的故事？有谁从不把道听途说的“内情”当作真相传播出去？这样的人如今已经越来越少了。

在所有这些情况下，我们必须特别注意一个共同的因素：人与其所处的环境之间被插入了一个拟态环境。人们的行为是对这个拟态环境的反应。然而，由于行为本身是具体的行动，故其结果并不作用于激发行为的拟态环境，而是在真实环境中产生后果。如果这种行为不是实际的行动，而是我们大致称为思维和情感的活动，可能要很长时间才能在虚构的世界中出现明显的破裂。但当拟态事实的刺激引发对事物或他人的行动时，矛盾很快就会显现出来。随后，头撞南墙般的情绪、“经验与教训”、赫伯特·斯宾塞所谓“美丽理论被一系列残酷事实所谋杀”的悲剧，以及由于难以适应而出现的痛苦便会出现。毫无疑问，在社会生活的层面上，人类对环境的适应是通过“虚构”这一媒介进行的。

这里所说的虚构并不是谎言，而是指由人类自身在不同程度上创造出来的环境再现。虚构的范围很大，从完全的幻觉延伸到科学家有意识使用的简化模型，或者在某个特定问题中将计算结果精确到某个小数位的决定都可以算作虚构。一个虚构可能具有不同程度的真实感，只要人们将这种真实感的程度考虑在内，就不会被虚构所误导。事实上，人类文化在很大程度上是对环境的选择、重构和风格化处理，也就是威廉·詹姆斯所说的“我们思想的随机放射与重组”[1]。如果不使用虚构，就只能直接暴露于情感的潮起潮落中——因此，你无法真正舍弃虚构，尽管偶尔以纯粹天真的眼睛看待世界可以令人耳目一新，尽管天真有时会是智慧的源泉和补充，但天真本身并不能与智慧完全画等号。

真实的环境太庞大、太复杂、变化太快，想要通过直接接触来理解太难了。我们无法应对如此多的细微差别、如此多的多样性以及如此多的排列组合。尽管我们必须在这个环境中行动，但在能够处理它之前，我们必须先用一个更简单的模型来重建它。要走遍世界，人们必须拥有世界地图。现在，他们面临的最大困难是，如何确保这些地图上没有在自己或他人的需求影响下，绘制出根本就不存在的“波希米亚海岸”。

[1] 威廉·詹姆斯，《心理学原理》(*The Principles of Psychology*)，卷二，第 638 页。

4

公众舆论的分析者必须从承认以下三角关系开始：行动场景、人类对该场景形成的脑内图景、人类对这个图景的反应如何在行动场景中展开。这就像是由演员自身的经历启发的一场戏剧，剧中情节不仅仅是在虚构的舞台上，更是在演员的真实生活中上演。电影就是一种能够非常巧妙地强调这种内在动机与外部行为的双重戏剧性的艺术形式。两个男人在争吵，表面上是为了钱，但他们的激动情绪似乎无法以常理解释。然后画面淡出，回到其中一人的内心，重现他眼中看到的场景。表面上，他们在桌子两边为钱争吵；而在记忆中，他们回到了年轻时，一个女孩因为另一个男人而抛弃了他。外在的戏剧因此得到了诠释：主人公并非贪财，而是陷入了爱情。

美国参议院上演了一场类似的情景。1919 年 9 月 29 日早晨，在早餐时，一些参议员读到《华盛顿邮报》的一篇新闻报道，内容是关于美国海军陆战队在达尔马提亚海岸登陆的消息。报纸写道：

事实已确立

以下重要事实似乎已得到证实。通过在伦敦的战争委员会的纳普斯少将，英国海军部指挥美军的安德鲁斯少将在亚得里亚海行动。美国海军部在此事上没有发言权。

丹尼尔斯毫不知情

当电报抵达丹尼尔斯先生手中，并告诉他本应由他完全控制的部队，在他完全不知情的情况下进行着一项相当于作战的行动时，显然丹尼尔斯先生已经被摆到了一个诡异的位置上。人们充分意识到，*英国海军部可能希望向安德鲁斯少将直接下达命令，让他代表英国及其盟国采取行动，*因为要遏制邓南遮的追随者，就需要某个国家作出牺牲。

人们进一步意识到，根据新的国际联盟计划，*外国人在紧急情况下将有权指挥美国海军部队，*无论美国海军部是否同意。（斜体为原文标注）

第一位就此事发声的参议员是来自宾夕法尼亚州的诺克斯先生。他愤怒地要求进行调查。接着是康涅狄格州的布兰德吉先生，他的愤怒已经诱发了他的轻信。诺克斯先生愤怒地想知道报道是否属实，而仅仅半分钟后，布兰德吉先生就提出如果有海军陆战队员丧生会发生什么。这引发了诺克斯先生的兴趣，他忘记了自己之前要求的调查，便作出了回应：如果有美国海军陆战队员被杀，那就意味着战争。此时，大家尚能意识到整个环境还是假设出来的。随着辩论继续进行，来自伊利诺伊州的麦考密克先生提醒参议院，威尔逊政府倾向于发动小规模的未经授权的战争，他还引用了西奥多·罗斯福关于“缔造和平”的名言。随后，布兰德吉先生指出，海军陆战队是“按照某个最高委员会的命令”行事的，但他无法回忆起是谁代表美国在该委员会中任职。而这个最高委员会在美国宪法中是没有任何依据的。因此，来自印第安纳州的纽先生提出了一项决议，要求查明事实。

到目前为止，参议员们尚能模糊地意识到他们在讨论一个未经证实的流言。他们大多是律师出身，还记得一些证据所必要的条件。但作为热血男儿，他们已经感受到对于这样一个事实的愤慨：美国海军陆战队在未经国会同意的情况下，听从外国政府的命令参与战争。在情感上，他们希望相信这一点，因为他们是正在反对国际联盟的共和党人。这激起了来自内布拉斯加州的民主党领袖希区柯克先生的反应。他为最高委员会辩护：该委员会是在行使战争权。因为共和党人的拖延，和平尚未达成。因此这一行动是必要且合法的。至此，双方都开始假定这一报道是真实的，而他们得出的结论正是出于各自党派立场的结论。然而，讽刺的是，这场辩论实际上是围绕一项调查这一流言是否真实的决议展开的。显然，即便是受过专业训练的律师，也难以在事实未明之前控制自己的反应。他们几乎在一瞬间就做出了反应。这一虚构的事实被当作真相接受，因为他们急需这一虚构的事实。

几天后，一份官方报告显示，海军陆战队并非在英国政府或最高委员会的命令下登陆。他们没有与意大利人作战。他们是应意大利政府的请求登陆的，以保护意大利人，美国指挥官还得到了意大利当局的正式感谢。海军陆战队并未与意大利交战，他们的行动是根据既定的国际惯例进行的，与国际联盟毫无关系。

行动发生的地点是亚得里亚海。而在华盛顿参议员们脑海中出现的场景，则是由一位不关心亚得里亚海但极力想要阻止国际联盟的人提供的，这幅画面很可能是故意误导的。而参议院的反应进一步加深了两党在国际联盟问题上的分歧。

5

在这个特定的案例中，我们其实没必要去讨论参议院的表现是否高于或低于其正常水准。同样，也不必讨论参议院是否比众议院或其他国家议会水平更高。此刻，我只想思考这样一个全球性的景象：人类受其脑海中的拟态环境的推动，然后在真实环境中行动。即便我们充分考虑到了可能存在的蓄意欺骗，政治科学仍需要解释诸如两个国家互相攻击，而双方都坚信自己是在自卫；或者两个阶级彼此为敌，而双方都确信自己代表着公共利益的事实。我们或许会说他们生活在不同的世界。更准确地说，他们生活在同一个世界里，但他们的思维和感受却存在于不同的世界中。

这些不同的世界是通过个体、群体、阶级、地区、职业、国家、宗教等标准而人为划分出来的。庞大的社会对人类的政治操控正是通过这些标准而实现的。它们的多样性和复杂性无法用语言描述，但它们决定了人类大部分的政治行为。世界上有五十多个主权议会，由至少一百个立法机构组成。同时，他们也对应了至少五十个省级和市级的议会体系，这些议会连同其行政、管理和立法机构，构成了地球上所有正式的权力体系。但这远未能揭示政治生活的复杂性。因为在这些无数的权力中心中，有政党存在，而这些政党本身就是根植于阶级、地区、派系和家族的等级体系；而在这些体系中，又有一个个独立的政治人物，他们每个人都是一个由联系、记忆、恐惧与希望交织而成的个人中心。

无论出于何种原因，不论是由于权力的支配、妥协，还是利益交换，这些政治机构总会以某种方式下达政令，这些政令能发动战争或缔结和平，能征兵、征税、流放、监禁，保护财产或没收财产，鼓励某类企业发展而抑制另一些企业，促进移民或阻碍移民，改善通讯或审查信息，建立学校、建造海军，宣布“政策”和“使命”，设置经济壁垒，造就或摧毁财产，使一个民族被另一民族统治，或是偏袒某一阶级以对抗另一阶级。在做出以上的某一项决策时，在对于事实的某种看法被视为决定性因素时，在某种对形势的理解被视为论证的基础和感受的出发点时，我们不禁要问：到底是哪些看法或者理解会被采纳，为什么？

更重要的是：以上的种种都远远不足以揭示出政治生活的复杂性。官方政治结构存在于一个社会环境中，在这个环境里，有无数大大小小的公司和机构，有自愿或半自愿的协会，还有国家、省级、城市及社区的团体，它们似乎并没有直接参与那些政治机构最终记录在案的决定。这些决定的依据又是什么呢？

切斯特顿先生提到：

现代社会本质上是不安全的，因为它基于这样一种观念：所有人会为了不同的理由去做同样的事情……就像任何囚犯的内心可能隐藏着一个孤立的罪念一样，任何郊区职员的头脑中，都可能有一片与众不同的哲学迷雾。第一个人可能是彻底的唯物主义者，感受到自己的身体就像是一台可怕的机器，制造着自己的思想。他聆听自己的思维，就像听着钟表的沉闷嘀嗒声。隔壁的人可能是基督教科学派信徒，认为自己的身体比影子还虚幻。他甚至可能认为自己的手脚只不过是谵妄中的幻觉，像震颤性谵妄梦境中的游动蛇影。街上的第三个人或许不是基督教科学派信徒，而是一个虔诚的基督徒。他可能生活在一个童话世界里，正如他的邻居所说，那是一个隐秘但坚实的童话世界，充满了神秘的面孔和天外来客。第四个人可能是通神论者，而且很有可能是素食主义者；第五个人则可以被幻想为恶魔崇拜者……无论以上的多样性假设是否有意义，我们都可以确定，这个由各种各样人群所组成的社会的统一性必然是脆弱的。显然，我们很难期待所有人都能在想着不同的事情时，却做着相同的事。这并不是在为社会奠定一个共识，甚至不是在树立一个惯例，而是在建立一种巧合。四个人可以在同一盏路灯下相遇，一个人是为了市容改造而将它漆成豌豆绿；一个人是为了在灯下读经文；一个人是在对酒精的沉迷中偶然地拥抱路灯；而最后一个人只是因为豌豆绿的路灯是他与女友约会的显眼地点。但是，我们不可能期望这种事每晚都会发生。[1]

如果我们将那盏路灯下的四个人换成各国政府、各个政党、公司、社会团体、社交圈子、行业、大学、宗教派别及民族。想象一下，立法者正在投票通过一项影响远方

[1] G.K. 切斯特顿，《疯帽客和理智的房主》(The Mad Hatter and the Sane Householder),《名利场》(*Vanity Fair*)，1921 年 1 月，第 54 页。

人民的法律，政治家正在做出决策。想象一下，巴黎和会正在重新划定欧洲的版图；一个大使试图洞察自己政府和外国政府的意图；一个投机商人在落后国家推动特许权；一个报纸编辑要求发动战争；一个牧师呼吁警察管理娱乐活动；一个俱乐部休息室正在就罢工问题形成意见；一个缝纫协会正在准备为学校制定规章制度；九个法官正在决定俄勒冈州议会是否可以为女性规定工作时间；一个内阁正在开会决定是否承认一个政府；一个党派大会正在挑选候选人并撰写政治纲领；两千七百万选民正在投票；科克的一个爱尔兰人正在惦念贝尔法斯特的另一个爱尔兰人；第三国际正计划重建整个人类社会；一个董事会正在考虑员工的要求；一个男孩在选择职业；一个商人在预测下个季节的供求；一个投机者在预测市场的走势；一个银行家正在决定是否为一家新企业提供融资支持；广告商正在揣摩广告的受众……想象一下，不同类型的美国人在思考他们对"大英帝国"或"法国"或"俄罗斯"或"墨西哥"的看法时，他们与切斯特顿所说的那四个站在豌豆绿色路灯下的男人，并没有多大区别。

6

在我们陷入关于人类天生差异的模糊丛林之前，我们最好先专注于人类对世界了解的巨大差异。[1]我从不怀疑生物学上的差异的重要性。既然人类是一种动物，若这些差异不存在反而会让人感到奇怪。但作为一个有理性的生命，若在环境还不能足够相似、行为能被合理比较之前，就对行为差异泛泛而谈，那无疑是一种肤浅的行为。

这一观点的实用价值在于，它为古老的关于天性与教育、品质与环境的争论引入了一个急需的精细化视角。因为拟态环境是“人性”和“条件”混合而成的结果。在我看来，只根据对人的行为的观察或者对社会的基本条件的归纳，就去武断地判断人类的本质和未来的行为是毫无意义的。因为我们并不知道人类在面对庞大社会的事实时会如何反应。我们真正知道的，只是他们在面对一个极为不充分的庞大社会的某个图景时的反应。基于有限的证据，我们不可能得出关于人类或“大社会”的任何结论。

但我们可以沿着这个思路继续探究下去。我们假设，每个人的行为并非基于直接和确凿的知识，而是基于他自己构建或他人提供的图景。如果他的地图告诉他世界是平的，那么他不会靠近他认为是地球边缘的地方，因为他害怕掉下去。如果他的地图上标有让人青春永驻的泉水，像庞塞·德莱昂那样的人就会去寻找它。如果有人挖出了看

[1] 格雷厄姆·华莱斯，《我们的社会传统》(*Our Social Heritage*)，第77页及后文。

似金子的黄色泥土，他会暂时表现得仿佛真的找到了金子。人们如何想象这个世界，决定了他们在特定时刻会做什么。这种想象决定他们的努力、情感和希望，但并不会决定最终的结果以及他们能取得何种成就。

如果我们试图将社会生活解释为追求快乐和避免痛苦的过程，你很快就会发现享乐主义者实际上回避了一个关键问题。即便假设人类确实追求这些目标，那么又该如何认定某种行为比另一种更能带来快乐呢？他是通过某种方式恰巧形成了指导他这么去做的道德感吗，为什么他会持有这种特定的道德感？如果说他只是从经济的角度符合利己心理，那么他又是如何判断利益的呢？如果说是对安全感、名誉、支配力或者模糊不清的“自我实现”的渴望，那么他又是如何理解安全感、名誉、支配力，又想要“实现”什么样的“自我”呢？

快乐、痛苦、道德、成就、保护、提升、支配无疑是对人类行为方式的一些描述。也许，真有某种出自本能的倾向促使人们做出行为，追求这些目标。然而，任何对目标的描述，或者对追求它的倾向的描述，都不足以解释由此产生的行为。“人类进行分析和判断”这一事实本身，就证明了拟态环境——即人类对世界的内在表征——在思想、情感和行为中是决定性的因素。因为如果现实与人类反应之间的联系是直接且即时的，而不是间接且基于推论的，那么犹豫和失败将不会存在。如果我们每个人与世界的契合如同胎儿在子宫中那样紧密，萧伯纳也就不会说“除生命的最初九个月之外，人类在处理自身事务方面还不如一株植物”这样的话了。

由于上文所描述的这种问题，我们也很难将精神分析理论直接应用于政治思想的研究。弗洛伊德学派关注个体与其所处具体环境及其他环境中的个体的冲突问题，他们假设，只要内在的精神紊乱能够得到纠正，就不会有引起混乱或争议的不正常关系。然而，公众舆论所涉及的内容是间接的、看不见的、令人困惑的，不可能变得显而易见。公众舆论中所指的环境，其实只是各种各样的意见。但是，精神分析学家几乎总是假设环境是可以被认知的，或者至少是一个能够被理智的人所理解并作出反应的。这一假设正是公众舆论的问题关键所在。与其将环境视为容易认知的既成事实，社会分析家更关心的是研究人们如何构想更大的政治环境，以及如何更成功地构想它。精神分析学家研究的是所谓“环境”对X的影响，而社会分析家则研究的正是X本身——也就是“拟态环境”。

当然，社会分析学家将会长久地受益于心理学研究的新成果，这不仅是因为当心理学得到正确应用时就能帮助人们实现自立自主，还因为心理学总能合理化地揭示梦境和幻想，这能够在极大程度上帮助人们揭示拟态环境的全貌。不过，社会分析学家并不能用所谓“现存社会秩序下的正常生物学研究”[1]或者“摆脱宗教压制和教条惯例的自由事业”[2]来评价自己的职业。什么是“正常的社会学研究”？什么又是“摆脱宗教压制和教条惯例的自由事业”？保守的人可能将社会分析假设为第一种情况，浪漫的人则会假设为第二种情况。但无论哪一种假设其实都是在将整个世界“想当然”了，因为前者等于是在将社会视为符合他们对“正常”看法的东西，后者则视为符合“自由”看法的东西。而这两者其实都只是不同的舆论意见而已。虽然精神分析学家也许可以作出以上假设，但社会分析学家肯定不能把现存公众舆论的产物作为研究公众舆论的标准。

7

我们在政治上必须应对的这个世界，是遥不可及、不可捉摸，也无法完全意识到的。它只能被探索、描摹和想象。人类不是亚里士多德所描绘的，能一眼洞悉整个存在的神明。相反，人类是进化的产物，只能存在于有生之年这一小小的现实片段之中，在时间的长河中抓住几瞬间的远见与幸福。然而，人类又发明了能看到肉眼所不能见之

[1] 爱德华·坎普，《精神病理学》(*Psychopathology*)，第 116 页。

[2] 同上，第 151 页。

物的方式，能听到耳朵无法听见的声音，能称量巨大或微小的物体，能数出并区分比他能记住的更多的事物。他正在学习用心智去观察那些他永远无法用感官触及、感知或记忆的广阔世界。渐渐地，他在自己头脑中为那个遥不可及的世界构建出一幅值得信赖的图景。

外部世界中与其他人的行为相关的那些方面，也就是我们会对其他人的行为产生影响的行为，或是其他人能对我们的行为具有吸引力的行为，都被我们统称为公共事务。而其他人脑海中的图景，即他们对自己、他人、自身需求、自身目的和社会关系的看法，则构成了他们个人的意见。如果这种图景被群体或代表群体行事的个人付诸实践，便成为更具宏大意义的“公众舆论”。在接下来的章节中，我们将首先探讨，为什么人类脑海中的图景，在他们处理外部世界时会如此频繁地误导他们。我们将首先考虑限制他们接触事实的主要因素。这些因素包括人为的审查、社交接触的局限性、每天用于关注公共事务的时间相对有限、由事件必须被压缩成极短的信息而导致的扭曲、用有限的词汇表达复杂世界的难度，以及面对那些似乎威胁到人们既定生活方式的事实时所产生的恐惧。

接着，我们将分析从这些或多或少的外在限制转向探讨外界传来的信息流如何受到内心积累的图像、先入之见和偏见的影响，并被这些内在因素解释、填补信息，然后反过来强烈地引导我们的注意力和视野。随后我们会进一步探讨，个体如何将外界有限的信息编织成固定的刻板印象，并将这些印象与他自我感知的立场联系起来。再然后，我们会分析意见是如何凝结为所谓公众舆论——也就是国家意志、集体意识或社会目的等概念是如何形成的。

本书的前五部分构成了描述性部分，第六部分开始是对传统民主理论中公众舆论的分析。分析的核心是原始的民主形式从未认真面对的一个问题：人们头脑中的图景并不天然与外部世界相符。由于民主理论正受到社会主义思想家的批评，我们会对这些批评中最有条理、最有见地的部分，也就是英国基尔特社会主义者提出的观点进行考察。我的目的是探讨这些社会制度的改革者是否考虑到了有关公众舆论的主要问题。我的结论是：他们像早期的民主派一样完全忽视了这些困难，因为他们同样假设，在更为复杂的文明中，人类内心神秘地存在着对那个他们无法触及的世界的了解。

我认为，无论是在通常所说的政治领域，还是在促进国家产业发展的领域，代议制政府都无法成功运作，无论其选举基础如何完善。除非，有一个独立的专家组织将那些无法直接观察到的事实解释清楚，提供给做决策的人。因此，我试图论证，我们不仅需要能代表人民的人，还要让那些“不可见的事实”得到充分表达，只有做到以上两点，才能实现令人满意的分权。同时，我们也能摆脱一个完全不切实际的虚构，即每个人都能对所有公共事务都形成有价值、有条理的意见。但是，目前新闻界最令人困惑的问题就在这里：任何主义的批评者和辩护者都期望新闻界去实现这个不切实际的目标，期望它弥补民主理论中未能预见的一切，而读者则期望这种奇迹能在不付出任何成本或努力的情况下实现。民主主义者将报纸视为弥补其自身缺陷的万灵药。然而，对新闻的特性和新闻业经济基础的分析表明，报纸必然且不可避免地反映（某种程度上还加剧了）公众舆论的缺陷。我的结论是，公众舆论必须先经过组织再交给新闻界去表达，而不是直接由新闻界来组织。我认为，政治科学的学者应该成为决策前的规划者，而不是决策后的辩护者、批评者或报道者。我将试图证明，政府和产业中的困惑正在共同为政治科学提供一个巨大的机会，使其能够自我丰富并为公众服务。当然，我也希望这本书能帮助少数人更清楚地意识到这个机会，从而更有意识地去追求它。

第二部分

对外部世界的态度

第二章　审查与隐私

1

在历史上最可怕的大战中，在危急时刻，一个将军正在主持一场新闻编辑会议。这样的场面与其说是生活中的一幕，不如说更像是《巧克力士兵》中的一场戏。然而，从编辑法军公报的军官的第一手资料中，我们得知，这样的会议是战争事务的常规部分；即便在凡尔登战役最艰难的时刻，霞飞将军及其幕僚也会开会，争论那些第二天早上要在报纸上刊登的文章中的每一个名词、形容词和动词。

皮埃尔夫先生这样描述：

1916 年 2 月 23 日傍晚的公告，是在一种戏剧性的氛围中编辑的。总理办公室的代表贝尔特洛先生，刚刚奉部长之命打电话要求佩勒将军强化报告文字，强调敌人进攻的规模。必须让公众做好最坏结果的准备，以防局势演变成一场灾难。这种焦虑清楚地表明，无论是在大本营还是在战争部，政府都没有什么令人乐观的消息。当贝尔特洛先生讲话时，佩勒将军做了笔记。他把写有政府意图的纸条递给我，并附上一份从一些俘虏身上发现的由戴姆林将军发布的当日的军事命令，命令声明这次进攻是为确保和平的最后一次决战。只要巧妙地运用这些材料，就可以证明德国正在发动一场前所未有的巨大攻势，并希望一蹴而就结束整个战争。而这样的逻辑刚好表明，没人应该对我们的撤退感到惊讶。半小时后，当我带着我的稿件下楼时，发现集合在克洛代尔上校的办公室里（上校当时不在）的有副参谋长雅宁将军、杜邦上校和伦瓦尔中校。佩勒将军担心我无法准确传达预期的印象，还亲自准备了一份公告草案。我读了刚写好的稿子，大家认为它过于温和，而佩勒将军的草案则显得耸人听闻。我故意省略了戴姆林的命令，因为如果把它放进公告中，就会打破公众习惯的公报论调，而把它当成一种借口："你怎么可能认为我们还能抵抗呢？"有理由担心公众会因这种语气的突然扭转而产生混乱，并相信一切都已经完了。我解释了我的理由，并建议将戴姆林的命令以单独注释的形式提供给报社。

由于意见分歧，佩勒将军去请卡斯特尔诺将军来作最终决定。卡斯特尔诺将军面带微笑地来了，神情平静而愉快，调侃我们是新型的"文学军事会议"，然后看了看稿件。他选择了较为简单的一稿，强调了第一段的分量，插入了"一如所料"几个字，以增添安抚的效果，并坚决反对加入戴姆林的命令，但支持将其作为特别说明传递给媒体……那天晚上，霞飞将军仔细阅读了公告，并批准了它。[1]

在几小时之内，那两三百字的公告就会传遍全世界。它们将在人们的脑海中描绘出凡尔登山坡上正在发生的情景，人们将因此或振作或绝望。布雷斯特的店主，洛林的农民，波旁王宫的议员，阿姆斯特丹或明尼阿波利斯的编辑，都必须在保持希望的同时，做好接受可能失败的准备，而不至于陷入恐慌。因此，他们被告知：丢失某地对法军指挥部来说并不意外。他们被引导着形成这样的想法：形势很严峻，但并不值得惊讶。事实上，法军参谋部对德军的进攻并未完全做好准备，支援战壕没有挖好，备用道路没有修建，铁丝网也不够。但承认这一点会在平民心中引起不祥的联想，可能将一次失利变成一场灾难。法军指挥部可以感到失望，但还能振作起来；而国内外的普通百姓充满不确定性，且缺乏职业军人的专注力，若知道了全部真相，可能就会因各种有关军官的派系纷争传闻而感到迷茫。因此，与其让公众了解到将军们所知的所有事实，当局不如呈现部分事实，而且这些事实只以最有可能稳定人心的方式传达出去。

---

[1] 让·德·皮埃尔夫，《在总司令部的三年》（*G.Q.G.Trois ans au Grand Quartier Général*），第126—129页。

在这种情况下，负责构建这一“拟态环境”的人很清楚现实情况是什么样子。但几天后，却发生了一件连法军总参谋部都不知情的事件。德军忽然宣布，他们在前一天的下午通过突袭，占领了杜奥蒙要塞。[1]在尚蒂伊的法军总部，每个人都对这个消息感到困惑。因为在25日上午，在第二十军团参战后，战局已经好转。从前线传来的报告中也没有提到杜奥蒙。然而，经过调查，德军的报告确实属实，尽管没人知道要塞是如何被攻占的。与此同时，德军的公告已传遍全球，法军也不得不作出回应。因此，法军总部给出了解释：“在尚蒂伊对进攻方式一无所知的情况下，我们在26日的晚间公告中设想了一种进攻计划。虽然这种计划只有千分之一的成功概率。”这份基于虚构推想的战斗公告写道：

> 杜奥蒙要塞周围正在进行激烈的战斗，该要塞是凡尔登旧防御体系的前哨阵地。今天上午，敌军在多次突袭失败并付出高昂损失后，终于占领了这个要塞。然而，我军再次反攻，并穿越了该要塞，敌军也没能将我军击退。[2]

---

[1] 宣布时间是1916年2月26日。同上，第133页及后文。

[2] 以上是我自己根据法文所作的译文。1916年2月27日的《纽约时报》刊登了来自伦敦的英文译文，说“敌人付出了惨痛代价”，而法文原文是“pertes très élevées”（高昂损失），看起来英译对原文还存在着一定的夸张。（转下页）

实际发生的情况与法军和德军的报告都不相符。当时法军正在换防，由于命令混乱，杜奥蒙要塞不知为何被人遗忘了，要塞里只剩下了一名炮兵连长和几名士兵。德军见要塞大门洞开，便趁机偷袭并俘虏了所有守军。直到要塞内的德军开火攻击，山坡上的法军才意识到要塞被敌人占领了。实际上，杜奥蒙要塞没有因战斗出现任何伤亡，法军也没有如公告所说“控制”要塞。它仍在德国人手中。

然而，公告使所有人都相信要塞被半包围了。公告并没有明确说明这一点，但“新闻界像往常一样推动了这一说法”。军事评论员得出结论，认为要塞里的德军很快就会投降。几天后，他们开始质疑为何驻军在缺乏粮食的情况下还没有投降。“有必要通过新闻局来让那些媒体停止讨论‘包围’的主题了。”❶

（接上页）英文译文如下：“（1916 年 2 月 16 日伦敦电）杜奥蒙要塞是凡尔登旧防御体系的前线，那里正在进行一场激烈的战斗。今天上午，敌人在数次进攻无果并付出了惨痛代价后夺取了该要塞。但随后我军立刻就重新控制了该要塞，并越过了它，敌人也没能将我军击退。”

❶ 让·德·皮埃尔夫，《在总司令部的三年》（*G.Q.G.Trois ans au Grand Quartier Général*），第 134—135 页。

2

编写法军公告的编辑告诉我们，随着战争迟迟不能结束，他和同事们开始通过不断强调德军的巨大伤亡，来淡化德军顽强死守的事实。必须记住，在当时（事实上直到1917年底），所有协约国人民对战争的主流看法都是：这场战争将通过"消耗战"来决定胜负。没有人相信运动战。人们坚信，战略或外交并不重要，战争的目的只是单纯的消灭德军。公众或多或少相信这一理论，但在德军不断取得辉煌战果时，公告必须不断地强调这一点。

几乎每一份公告都提到德军遭受了巨大损失和惨痛伤亡，并对这种尸横遍野进行了看似合理的描述。电台也不断引用凡尔登情报局的统计数据，局长科安泰少校发明了一种计算德军损失的方法，这种方法总能得到惊人的结果。通过计算，每隔两周，德军就会损失十万左右的士兵。三十万、四十万、五十万的伤亡数字按日、周、月的间隔有序分布，并以各种手段不断进行重复强调，以产生强烈的宣传效果。我们的表述几乎不发生任何变化："根据俘虏的说法，德军在进攻中的损失相当大"……"已经证实，损失巨大"……"敌军因损失惨重而未能继续进攻"……

某些表述后来因为使用得太过频繁而被放弃了，比如："在我们的炮火和机枪扫射下"……"被我们的炮火和机枪扫射击倒"……这种不断重复给中立国和德国留下了深刻印象，无论瑙恩的德军无线电台如何否认，也无法消除这一永不停歇的重复所带来的恶劣影响。[1]

在审查员的指导下，法国指挥部发布的所有报告都是为了以下的目的：

这次进攻消耗了对手的主力部队，他们的兵力正在减少。我们得知，1916年的新兵已经上了前线。接下来将是1917年的新兵，动员已经开始，第三类兵员（四十五岁以上男子以及正在康复的士兵）也正在集结。几周后，德军就再也无力发起任何进攻，他们将要面对的则是协约国的全部力量（一千万协约国士兵对七百万德军士兵）。[2]

根据皮埃尔夫先生的说法，法国指挥部自己都开始相信这一观点了：

由于一种极为罕见的思维错觉，他们只看到了对敌军

[1] 同上。

[2] 同上。

的消耗，似乎以为自己的军队不会出现任何伤亡。尼维勒将军也持有这种看法。结果到了 1917 年，我们看到了这样做的后果。

如今，我们把这种行为叫做宣传。宣传者能阻止人们对某事独立自主地形成观点，还能通过操纵新闻报道以实现他们的目标。即使他们的动机是“爱国”，这也不会影响论点的成立——无论如何，操纵就是操纵。法军指挥部利用自己的权力，让协约国公众以他们希望的方式看待战争。科安泰少校的伤亡数字在全球范围内传播，其性质也是一样的。这些数字旨在引发一种特定的推论，即消耗战有利于法国。然而，这种推论并非以论证的形式呈现，而是几乎自动地通过塑造在凡尔登山坡上无休止地屠杀德军的心理图景来产生。通过将死去的德军置于画面的焦点，并有意忽略法国阵亡者，法军构建了一种非常特殊的战争局势图。这幅局势图旨在削弱德军攻城略地的影响，淡化德军持续进攻所带来的威慑。同时，它也能让公众默许协约国的策略，使协约国军队消极防御的战略能够得到实施。公众已经形成了一个习惯性的认知：战争就是通过各种重大战略行动，以及不断的侧翼攻击、包围来迫使敌人投降的活动。他们似乎已经忘记了：战争总是要死人的，胜利的背后总会有难以想象的牺牲。通过对前线消息的控制，参谋部用符合自己军事战略的事实取代了其他事实。

在战争中，军队的参谋部所处的地位使其能在很大范围内控制公众的认知。它能控制前线记者的人选，控制记者的行动，审查他们从前线发回的消息，还能控制电报通信。政府则是军队背后的掌控者，它通过控制通信线路、护照、邮件、海关和各种封锁政策，以及通过审查出版物、干预公众集会和情报机关的活动进一步加强这种控制。但是，对军队来说这并不意味着万事大吉。毕竟，敌人也会发布公告，在无线电的时代还能通过中立国传播消息。更令军队头疼的还是前线士兵的直接谈话，这些谈话从前线传回来，在士兵休假时广泛传播。陆军由于过于庞大而难以控制，因此海军和外交领域的审查几乎总是更加全面。知道内情的人越少，监控信息的行动也就越容易。

3

只有通过某种审查机制，严格意义上的宣传才有可能成立。要进行宣传，必须在公众与事件之间设立某种屏障。只有限制了对真实环境的访问，才能创造出某种宣传者认为明智或理想的“拟态环境”。因为即使是那些能够直接接触事件的人，也可能对自己亲眼所见的产生误解；如果没有人能决定让这些人看向哪里、看什么内容，就不可能对他们产生的误解进行控制。军事审查是最简单的审查机制，但绝不是最主要的，因为它是公开存在的，在一定程度上得到了公众的认识。

在不同的时期，对于不同的议题，有些人会保密，有些人则会在特定标准下进行保密。有些事情由于“与公众利益不符”而被隐瞒，但“公众利益”的标准日渐模糊。个人隐私的界定标准越来越弹性化。比如，个人财产数额被视为隐私，并在所得税法中进行了严密界定，以尽可能保护其隐私性。土地的买卖未必属于隐私，但价格就是隐私了。职员的一次性报酬可能比体力劳动者的工资更私密，收入也比遗产更私密。个人信用评级只能在有限的范围内公开。大公司的利润规模要比小公司更透明。夫妻之间、律师与客户之间、医生与患者之间、神父与忏悔者之间的对话都需要保密。政治会议也是如此，大部分内阁会议上的发言、大使与国务卿的会谈、私人会谈或餐桌上的对话都是私密的。许多人认为雇主与雇员之间的合同是私事。在过去，所有公司的内部事务都像今天的个人宗教信仰一样被视为私事。但是在历史上，个人宗教信仰就像眼睛的颜色一样毫无私密可言。过去，传染病可能像每个人肚子里的消化过程一样不为人所知。总之，在历史上隐私观念确实经历了十分有趣的变化，不同时代的观念可能截然相反。比如，休斯先生如何调查保险公司，某人的丑闻先后登上《街谈巷议》的小道消息和赫斯特集团旗下的报纸头条等等。

无论某事是否有足够理由被保密，屏障都是现实存在的。在所谓公共事务领域，总有各种要求保密的场合。因此，考虑自己如何获取作为依据的事实信息，是一件相当有启发性的事。你形成意见所依据的信息，是被谁看见、听见、感受、统计或定义的？是那个人亲口告诉你的，还是说他也是听别人说的，甚至只是道听途说的？他能接触到全部的真相吗？他说“法国人如何如何”时，他观察的是哪一部分的法国？他是如何观察的？他观察时身处何地？他和多少法国人亲身交流过？他读了哪些报纸，这些报纸的消息来源又是哪里？你可以问自己这些问题。虽然你很可能无法回答，但这也会让你意识到：舆论与真实情况之间是存在距离的。这样的警示，对你来说可能会成为一种保护。

第三章　交流与机会

1

审查和隐私阻断了许多信息的传播，但还有更多的事实则从未到达公众，或是传达得非常缓慢。观念的传播范围受到了非常明显的限制。

如果想要估算信息能够“触及每个人”所需要的努力，我们可以参考美国政府在战争期间的宣传。在美国宣布参战之前，战争已经持续了两年半，成千上万页的印刷品被散发，无数的演讲被发表。我们可以借助克里尔先生的描述，了解他是如何“为征服人们的思想、争取他们的信念而奋斗”，以便“将美式精神的福音传播到世界的每一个角落”。

克里尔先生组建了一个庞大的宣传机器，其中包括一个“新闻部”，据他所说，该机构发布了超过六千条新闻通稿。他还动员了七万五千名“四分钟演讲员”，这些演讲员共发表了至少755190次演讲，听众总数超过三亿人。童子军将注释版的威尔逊总统演讲稿分发给无数的美国家庭，将双周刊寄给六十万名教师，制作了二十万套用于配合演讲使用的幻灯片，设计了1438种用于海报、橱窗卡片、报纸广告、漫画、印章和纽扣的不同图案。商会、教会、兄弟会、学校都被视为分发渠道。然而，克里尔先生的努力还远远不止于此。在他之外，还有麦卡杜先生为自由债券所组织的庞大宣传机构，还有胡佛先生关于食品问题的广泛宣传，还有红十字会、基督教青年会、救世军、哥伦布骑士团、犹太福利委员会的各种运动，更不用提和平联盟、自由国家联盟、国家安全联盟等爱国团体的独立工作，以及协约国和被压迫民族的宣传机构的活动。

这可能是迄今为止规模最大、程度最密集的一次努力，旨在迅速向全国人民传播一套相对统一的思想。从前的传教活动虽然更稳健可靠，但从未拥有过如此强度。如果在危机时期想要将某种信息传播给所有人，就必须要动用如此极端规模的措施的话，那么在日常和平时期，通过常规渠道进行信息传播又能达到怎样的效果呢？我相信，在战争期间，政府确实努力地打造了一种可以覆盖全美的统一公众舆论。但是，为了取得这样的成就，政府需要做多少工作，有多少人需要苦思冥想地规划宣传方案，有多少人力和资金被投入进去？在和平时期绝对不会出现如此规模庞大的宣传活动。如此一来，必将有大片的区域、大量的社群、贫民区、飞地居民和阶层，只能模糊地对正在发生的事情进行最低程度的了解。

他们的生活简单而单调，只能专注于自己眼前的事务，更宏大的议题往往与他们毫无关联。他们很少能与不同背景的人接触，也极少有读书看报的时间。旅行、贸易、邮件、电报、无线电、铁路、公路、船只、汽车，以及未来的一代人将使用的飞机，显然对思想的传播有着极大的影响。它们以极其复杂的方式影响着信息和意见的传播情况与质量。这些事物本身又会受到技术、经济和政治条件的制约。每当政府放松护照条件或海关检查程序，每当新的铁路或港口开放、新航线建立，每当邮费上调或下调、邮件运送加快或减慢、电报线路不受审查且价格降低、公路建设或拓宽改善时，思想的传播都会受到影响。关税政策和补贴影响商业活动的方向，从而也影响人际交往的性质。一次造船工艺的变革就可能让马萨诸塞州塞勒姆市从一个有国际影响力的航运中心退化为一座过气小城。交通运输速度不断提升带来的影响并不一定都是积极的。比方说，你很难说法国以巴黎为中心的高度集中的铁路系统对法国人民来说是完全的福祉。

通讯手段所引发的问题是至关重要的，因此国际联盟计划中最具建设性的内容之一就是对铁路运输和航线的研究。对海底电缆[1]、港口、加油站、山口、运河、海峡、河

---

[1] 海底电缆发明后，人们开始发现最普通的街谈巷议也包含着十分重要的信息。

道、货栈和市场的垄断，绝不仅仅意味着一群商人的财富增加或某个政府的声望提升。它意味着对新闻和意见交流的阻碍。但垄断并非唯一的障碍，成本和可用资源才是更大的障碍，因为如果旅行或贸易的成本过高，或者需求超过了供应，即使没有垄断，屏障仍然会存在。

2

一个人的收入水平对他接触外部世界的能力有着相当大的影响。有了金钱，他几乎可以克服所有有形的通讯障碍，他可以旅行、购买书籍和报刊，将世界上几乎任何已知的事实纳入他的视野。个人和社区的收入决定了交流的可能性。但人们的观念决定了这些收入如何被使用，而这反过来又会长期影响他们的收入。因此，尽管收入对于交流的限制往往是人们自我施加和自我放纵而产生的，但它们依然是真实存在的。

有些“主权人民”把大部分空闲时间和钱花在驾驶和比较汽车上，花在打桥牌和反思牌局上，花在看电影和小说上，总是与相同的人讨论着旧话题的细微变化。他们实际上并非因为审查、保密、高昂的成本或通讯的困难而受限。他们只是一种“精神贫血”，缺乏对人类景象的兴趣和好奇心。他们的问题并不是无法接触外部世界，世界上有无数有趣的事物等待他们去探索，而他们却无意进入。

他们就像被牵着绳子，在熟人圈内的固定半径内活动一样，遵循其社交圈的“法则与信条”。对于男性来说，工作、俱乐部和吸烟车厢内的谈话圈还能比他们所属的社交圈要广泛一些。而对于女性，社交圈与谈话圈往往几乎是相同的。正是在这些社交圈中，从读书、讲座和谈话圈中获得的思想经过汇聚、筛选，最终被接受、拒绝、评判和认可。每一次讨论，都能在这些圈子里决定哪些权威和信息来源是可接受的，哪些是不可接受的。

我们经常会用到“人们都在说……”这样的表述，因为我们的社交圈中的一部分人经常在扮演这个“人们”的角色。他们是那些我们最在意其内心意见的人。在大城市里，拥有广泛兴趣并具备流动性的人群中，社交圈划定并不会那么严格。然而，即便在大城市中，也存在一些地区和社群，这些地方的社交圈就像村落一样自治。在较小的社区中，人与人之间的交往可能更为自由，早餐后到晚餐前产生的友谊也更为真诚。但无论如何，几乎所有人都清楚自己真正属于哪个社交圈，以及不属于哪个圈子。

通常，一个社交圈能够成型的显著标志是其成员之间的子女被默认可以通婚。与圈外通婚至少会在订婚前引发一丝疑虑。每个社交圈对自己在社会等级中的相对位置都有相当清晰的认知，同等层次的社交圈之间交往轻松，个体容易被接纳，彼此间的联系自然且毫无尴尬。然而，当社交圈之间存在“高低”之分时，双方的接触总伴有相互的犹豫、隐约的拘谨和对差异的意识。当然，在像美国这样的社会中，个人在社交圈之间的流动性相对较大，尤其是在没有种族障碍且经济地位迅速变化的情况下。

然而，经济地位并非简单以收入多少来衡量。至少在第一代中，决定社会地位的不是收入，而是一个人工作的性质，而这种影响可能要经过一两代人才会被家族传统所淡化。人们通常认为，金融、法律、医学、公共事业、新闻、教会、大型零售业、经纪业、制造业的社会价值与推销、管理、专业技术工作、护理、教师、店主的社会价值有所不同；而后者的社会价值又与管道工、司机、裁缝、分包商或速记员的社会价值有所不同，正如这些职业与管家、女仆、电影放映员或火车司机的社会地位不同一样。但是，以上的社会等级并不一定与收入状况相符。

3

无论入门标准如何，社交圈都不仅仅是一个经济阶层，而更类似于一个生物学上的家族。社交圈的归属感与爱情、婚姻和生育密切相关，或者更确切地说，与相关的价值观和追求密切相关。因此，在社交圈中，意见会受到家族传统、面子、礼仪、尊严、品位和形式的规范限制，这些规范构成了社交圈对自身的认知，并被勤勉地灌输给下一代。这一认知中，包括了社交圈对其他社交圈社会地位的认可。较为粗俗的人可能会公开表达出对社会地位的认知，其他人则会更体面而微妙地保持沉默。然而，在婚姻、战争或社会动荡时期，这种认知会被更为公开地显露出来。所有的个体都会因这样的认知而形成共同的倾向，这种倾向被特罗特归纳为“从众效应”。[1]

在每个社交圈中，都有类似《纯真年代》[2]中的范·德·卢登夫妇和曼森·明戈特夫人这样的人物，他们被公认为某个圈子的社交模式的守护者和解释者。人们常说，如果范·德·卢登夫妇接纳你，你就算“成功了”。收到他们活动的邀请，是社会地位确立的象征。在大学里，社团选举也会对社交圈中的地位进行精心分层，并最终确定了谁在大学社交圈中占据重要地位。至于社会上的领袖角色，更要承担着至高无上的优生责任，他们需要对整个社会保持敏感。他们不仅要警惕那些能维护圈子完整的因素，还要培养一种特殊的能力——了解其他社交圈的动向。他们就像是这个社会的“外交部长”。

---

[1] 威尔弗雷德·特罗特，《和平与战争中的群体本能》（*Instincts of the Herd in Peace and War*）。

[2] 伊迪丝·华顿的小说。

事实上，正是这些社交领袖将各个层级的社交圈联系在一起，而每个层级的社交领袖们又会形成一个“社交领袖的社交圈”。不同层级的社交圈之间实现的纵向连接正是通过这些出类拔萃的人实现的。他们就像是《纯真年代》中的朱利叶斯·博福特和艾伦·奥伦斯卡，在不同的圈子之间自由穿梭。于是，个人组成的社交圈子之间的联系渠道得以建立，塔尔德的模仿法则在这些渠道中运作。但对于大部分人来说，他们并没有这样的渠道。他们只能通过对上流社会的新闻报道和电影来获得了解。他们可能在无意识的情况下，发展出自己的社会等级体系，正如黑人或外来移民那样。这些群体经过不断同化，融入了国家的“主体民族”，虽然社交圈依然是相互隔离的，但经过个人之间的广泛接触，观念准则仍能实现传播与流通。

有些社交圈会拥有极高的地位，以至于罗斯教授称之为“传统的典范”。[1]社会地位较高的人往往被社会地位较低的人模仿，掌权者被下属模仿，更成功的人被较不成功的人模仿，富人被穷人模仿，城市被乡村模仿。而且，模仿并不会受限于国界。掌权者、地位优越者、成功者、富有者、大城市人的社交圈在整个西方世界中本质上是国际化的，而伦敦在许多方面是其中心。这个社交圈的成员中包括世界上最有影响力的人物，涵盖了外交界、金融界、

[1] 罗斯，《社会心理学》(*Social Psychology*)，第九、十、十一章。

军政高层、教会中的一些高位人物、报业大亨；他们的妻子、母亲和女儿则把控着社交圈的门槛。它既是一个庞大的谈话圈，也是一个实在的社交圈。这个圈子的重要性在于，圈子内部的公共事务与私人事务的区别几乎消失了。这个圈子的私人事务就是公共事务，公共事务也是它的私人事务，甚至是家庭事务。哲学家们甚至形容说，玛戈·阿斯奎斯这样的社交名流还有皇室成员的分娩，与关税法案或议会辩论几乎具有同等重要性。

有许多政府事务并不会引起这个社交圈的兴趣，至少在美国，这个圈子只会偶尔地对国家政府的控制施加一些影响。然而，在外交事务中，圈子的影响力始终非常强大，尤其是在战争时期，其声望更会大幅提升。这是理所当然的事，因为这些世界主义者与外部世界有着大多数人所不具备的联系渠道。他们曾在各大首都的宴会上相互往来，他们对国家荣誉的认知不只是抽象概念，而是切身经历——他们会因此被朋友冷落或是受到认可。对于《纯真年代》中戈弗草原的肯尼科特医生来说，温斯顿首相的看法无关紧要，银行家埃兹拉·斯托博迪先生的意见却很重要；而对于嫁女儿给斯威辛伯爵的明戈特夫人来说，当她拜访女儿或招待温斯顿首相时，这些就非常重要了。肯尼科特医生和明戈特夫人都对社交圈敏感，但明戈特夫人所敏感的社交圈掌控着世界，而肯尼科特医生的圈子只在戈弗草原占据主导地位。在影响宏大的整个社会的更广泛关系的问题上，肯尼科特医生往往认为自己持有的是独立的观点，但事实上，这些观点是从上流社会通过地方社交圈逐渐渗透到戈弗草原的。

4

我们并不打算对社会结构进行详细探讨，只需牢记社交圈在我们与世界的精神联系中所扮演的重要角色即可。社交圈往往决定了哪些观点是我们可以接受的，以及如何对其进行判断。每个社交圈对自己直接管辖的事务或多或少有自主的决定权，它能左右每个人的具体判断，但是判断所依据的模式可能是从过去的经验继承而来的，或者是从其他社交圈传递或模仿而来的。最高层次的社交圈由那些肩负宏大社会领导力的人组成。与其他社交圈相比，其他社交圈的观点大多只涉及本地事务，而在这个最高的社交圈中，关于战争与和平、社会政策和政治权力最终分配的重大决策，实质上都是他们的私人事务，或至少是潜在地完成于一个熟人社交圈之中的。

由于地位和人际联系在决定人们能看到、听到、阅读和体验什么，以及被允许看到、听到、阅读和知晓什么方面起着巨大的作用，因此道德判断比建设性思考更为普遍也就不足为奇了。然而，想要实现真正有效的思考，首先需要避免进行判断，以重新获得纯净的视角，理清情感，保持好奇和开放的心态。但是，鉴于人类历史的复杂性，在宏大社会这个层面上，想要形成无私与平静的政治意见是非常困难的，几乎没有人能长时间做到这一点。我们当然关心公共事务，但我们还是沉浸在私人事务中。我们能够用于不盲目接受意见的时间和注意力非常有限，因为我们会不断受到各种干扰。

第四章　时间与注意力

1

显然，对于每天用于获取公共事务信息的时间，人们只能做一个大致的估算。然而有趣的是，我研究过不同时间、不同地点和不同方法的三个估算，[1]得出的结果竟然相当一致。

霍奇基斯和弗兰肯向纽约市的1761名大学生发放了一份问卷，几乎所有人都作出了回复。斯科特则向芝加哥的四千名商界和专业人士发放了问卷，收到了2300份回复。在两项调查中，70%到75%的受访者认为自己每天会花十五分钟阅读报纸。仅有4%的芝加哥受访者估计阅读时间

[1] D.F. 威尔考克斯，《美国报纸：社会心理学研究》(The American Newspaper:A Study in Social Psychology)，《美国政治与社会科学院年鉴》(*Annals of the American of Political and Social Science*)第十六卷，第56页。[数据表曾被重绘，见爱德华·罗杰斯《美国报纸》(*The American Newspaper*)。] W.D. 斯科特，《广告心理学》(*The Psychology of Advertising*)，第226—248页。另见亨利·亚当斯《广告及其心理法则》(*Advertising and its Mental Laws*)，第四章；乔治·霍奇基斯、理查德·弗兰肯《大学生的读报习惯》(*Newspaper Reading Habits of College Students*)。

少于十五分钟，而25%估计多于十五分钟。纽约受访者中略多于8%的人认为自己花费的时间少于十五分钟，17.5%的人认为多于十五分钟。

很少有人能准确估算十五分钟的时间，因此这些数据不是一个精确数值。此外，商人、专业人士和大学生大多倾向于避免让人觉得他们花太多时间在阅读报纸上，这里或许还有一丝希望被认为是快速阅读者的微妙心理。因此，这些数据只能合理地解读为，超过四分之三的受访者关注外部世界的印刷新闻的时间较少。

这些时间估算通过一个较少依赖主观的测试得到了相对的确认。斯科特询问了芝加哥的受访者每天阅读多少份报纸，结果显示：

14%的人只读一份报纸；
46%的人读两份报纸；
21%的人读三份报纸；
10%的人读四份报纸；
3%的人读五份报纸；
2%的人读六份报纸；
3%的人读所有的报纸（当时总共有八份报纸）。

阅读两份或三份报纸的人占67%，这一比例与斯科特调查中估计自己每天花费十五分钟读报的 71% 相当接近。而那些每天阅读四至八份报纸的“贪婪”读者大致与那 25% 自认为花费超过十五分钟读报的人数相吻合。

2

要猜测人们如何分配这些时间则更为困难。在一份调查中，大学生被要求列出“最感兴趣的五个栏目”，其中不到 20% 选择了综合新闻，不到 15% 选择社论，接近 12% 选择政治，略多于 8% 选择金融。超过 6% 的人对国际新闻感兴趣（虽然世界大战刚刚过去不到两年）。3.5% 选择本地新闻，接近3%选择商业，只有0.25%的人对劳工新闻感兴趣。其他零散的兴趣还包括体育、专题文章、戏剧、广告、漫画、书评、精确新闻、音乐、道德氛围、社交、简讯、艺术、故事、购物和校园新闻。除去这些，约 67.5% 的人选择了与公共事务相关的新闻和评论作为最感兴趣的内容。

这是一个男女混合的大学生群体。女生自称比男生对综合新闻、国际新闻、本地新闻、政治、社论、戏剧、音乐、艺术、故事、漫画、广告和道德氛围更感兴趣；而男生则更关注金融、体育、商业、精确新闻和简讯。这些区分与对文化、道德、男子气概和决断力的心理预期有些过于一致，不免让人怀疑这些回答的完全客观性。

然而，他们的回答与斯科特调查的芝加哥商界和专业人士的回应相当一致。调查的问题并不是哪些栏目最吸引他们，而是他们为何更偏爱某一报纸而非其他报纸。近71%的人将他们的偏好归因于地方新闻（17.8%）、政治新闻（15.8%）、财经新闻（11.3%）、国际新闻（9.5%）、综合新闻（7.2%）或社论（9%）。另有30%的人作出选择的理由与公共事务无关，他们的选择范围从将近7%的人基于报纸的道德风尚，到0.05%的人主要因为喜欢其幽默内容。

这些偏好与报纸为各类主题所分配的版面比例有何对应关系？遗憾的是，关于这些芝加哥和纽约调查群体所阅读的报纸，在问卷调查时所提供的版面分配比例，并没有收集到相关数据。然而，威尔科克斯在二十多年前做了一项有趣的分析。他研究了十四个大城市的一百一十份报纸，并对超过九千个专栏的内容进行了分类。

全国范围内的平均数据显示，报纸的不同内容占据了以下比例的版面：

1. 新闻占55.3%，其中战争新闻17.9%，综合新闻21.8%（包括外交新闻1.2%、政治新闻6.4%、犯罪新闻3.1%、杂类新闻11.1%），特色新闻15.6%（包括实业新闻8.2%、体育新闻5.1%、社会新闻2.3%）。

2. 插图占3.1%。

3. 文学占 2.4%。

4. 观点占 7.1%，其中社论 3.9%，来往信函 3.2%。

5. 广告占 32.1%。

为了使以上数据能够进行公平的比较，有必要排除用于广告的版面，并重新计算百分比。因为广告在芝加哥群体或大学生群体的偏好中几乎只占据微不足道的一部分。我认为这样做对于我们的目的来说是合理的，因为报纸能拉到什么广告就会刊登什么广告，[1]而报纸的其他部分则是根据读者的口味设计的。那么，数据将会呈现如下结果：

1. 新闻占 81.4%，其中战争新闻 26.4%，综合新闻 32.0%（包括外交新闻1.8%、政治新闻9.4%、犯罪新闻4.6%、杂类新闻 16.3%），特色新闻 23.0%（包括实业新闻 12.1%、体育新闻 7.5%，社会新闻 3.3%）。

2. 插图占 4.6%。

3. 文学占 3.5%。

4. 观点占 10.5%，其中社论 5.8%，来往信函 4.7%。

在这份修订后的数据中，如果你将那些可能涉及公共事务的项目加起来，即战争、国际新闻、政治新闻、综合

[1] 只有在广告内容具有争议，或版面不足时，报纸才会有所调整。

新闻、商业新闻和评论，你会发现 1900 年的报纸版面中有 76.5% 用于这些内容，而这正对应了 1916 年芝加哥商人选择特定报纸的理由中有 70.6% 与此相关的数据，1920 年纽约大学生中 67.5% 的人最感兴趣的五个特征的数据也与此相符。

这似乎表明，当今大城市的商人和大学生的兴趣爱好，多少仍与二十年前大城市报纸编辑的平均判断相一致。二十年来，报纸中特写内容的比例无疑增加了，报纸的发行量和规模也有所增长。因此，如果今天你能从比大学生或商界、专业人士更具代表性的群体中获得准确的反馈，你会发现他们花在公共事务上的时间比例较小，报纸上分配给这些内容的版面比例也较小。另一方面，你也会发现，普通人花在阅读报纸上的时间超过了十五分钟，尽管分配给公共事务的版面比例比二十年前少，但实际篇幅却有所增加。

但以上数据不能让我们得出什么复杂的结论。它们仅仅有助于使我们对日复一日获取我们意见依据的过程有一个更为具体的认识。当然，报纸并不是唯一的途径，但无疑是主要的来源。杂志、公共论坛、肖托夸集会*、教会、

* 肖托夸集会，十九世纪末至二十世纪初流行于美国的成人教育和社会运动，旨在为社区提供娱乐和文化教育，因创始于纽约州的肖托夸湖地区而得名。——译者

政治集会、工会会议、妇女俱乐部以及电影院中的新闻片都在补充新闻媒体的作用。然而，即使按照最乐观的估计，每天我们直接接触来自看不见的环境信息的时间也是很少的。

第五章　速度、语言与清晰度

1

我们对看不见的环境的了解主要通过文字传达。这些文字通过电报或无线电从记者传送给编辑，随后由编辑将其整理成印刷品。电报费用昂贵，且设施使用也有诸多限制。因此，新闻通讯通常以简短代码形式传递。例如，一则电讯内容为：

Washington,D.C.,June 1.—The United States regards the question of German shipping seized in this country at the outbreak of hostilities as aclosed incident.

华盛顿，D.C.，6 月 1 日。——美国政府认为，在敌对行动发生时有多少德国船只被扣押的问题，属于保密事项。

该电文通过电报传输时，可能会以以下形式出现：

Washn 1.The Uni Stas rgds tq of Ger spg seized in ts cou

at t outbk ohox as a clod incident.*

一则新闻报道如下：

Berlin,June 1.—Chancellor Wirth told the Reichstag to-day in outlining the Government's program that"restoration and reconciliation would be thekeynote of the new Government's policy."He added that the Cabinet wasdetermined disarmament would not be the occasion of the imposition offurther penalties by the Allies.

柏林，6月1日。——总理威尔特今天在向国会阐述政府计划时表示："复兴与和解将成为新政府政策的主旋律。"他还补充说，内阁决心忠实执行裁军，且裁军不会成为协约国施加进一步惩罚的理由。

这则消息通过电报传输时，可能会被简化为如下形式：

Berlin 1.Chancellor Wirth told t Reichstag tdy in outlining the gvts pgntt qn restoration&reconciliation wd b the keynote f new gvts policy.qj Headded ttt cabinet ws dtmd

* 美国电报员菲利普斯发明的"菲利普斯电码"，用于快速传播电报消息。——译者

disarmament sd b carried out loyally&ttdisarmament wd n b.the ocan f imposition of further penalties bi t alis.

这第二则新闻中的内容，是从一篇冗长的外语演讲中提取出来的，经过翻译、编码，然后再解码。接收这些消息的电报员会边接收边记录，据说一个熟练的电报员每天工作八小时（包括半小时午餐时间和两次十分钟的休息时间），可以记录一万五千字，甚至更多。

2

几句话就能代表一连串的行为、思想、情感和后果。请看下面这则消息：

华盛顿，12 月 23 日。——朝鲜委员会今日在此发布了一份声明，指控日本军事当局的行为比战争期间据称在比利时发生的一切都更“可怕和野蛮”。该声明根据委员会所称从中国收到的真实报告得出。

这里，可靠性尚无法证明的目击者，向“真实报告”的撰写者进行了报告，后者又将这些内容发送给五千英里外的委员会。委员会准备了一份声明，由于全文可能长得无法完全刊登，记者从中提炼出一条三英寸半的新闻。这段新闻的含义必须被高度浓缩，让读者自行判断其可信度。

要在一百字内将几个月来朝鲜发生的事件，以及所涉及的全部真相公正地表述清楚，哪怕是语言大师也难以做到。因为语言绝非完美的意义载体。词语就像货币，反复使用，今天唤起一组图像，明天又唤起另一组图像。谁也不能确定同一个词在读者心中唤起的概念，与记者使用时的概念完全一致。理论上来说，如果每一个事实和每一种关系都有一个唯一的名称，并且所有人都对这些名称达成共识，那么沟通就可以避免误解。在精密的科学领域中，人们接近了这一理想，这也是为何在全球范围内的所有合作形式中，科学研究最为有效的原因之一。

人们掌握的词汇比他们想表达的思想要少得多，正如让·保罗所言，"语言是一本褪色的隐喻编集而成的词典"[1]。记者可以向五十万读者传达信息，而在他心中读者只是一些模糊的印象；演讲者的言辞通过电波传向远方的村庄和海外，几句话根本不可能承载所有的意义。正如白里安对法国众议院所言："劳合·乔治的话语因理解错误且传达不当，似乎让泛德意志主义者认为时机已到，可以有所行动了。"[2]一位英国首相用英语对全世界的听众讲话，他用自

[1] 引自威廉·怀特《性格形成的机制》(*Mechanisms of Character Formation*)。

[2] 引自埃德温·詹姆斯的电讯稿，1921 年 5 月 25 日《纽约时报》。

己的词语表达自己的意思，但听众会在这些词语中读出他们自己的理解。无论他的话多么丰富或微妙（或许正因为他的话太过丰富、太过微妙），当它被转化为标准语言并再次传达给各异的心灵时，原意就都有可能受损。[1]

劳合·乔治的听众里，有数以百万计的人根本不识字。还有数百万人能读到这些文字，但无法理解其中的意思。

---

[1] 1921年5月，由于科尔凡提及西里西亚的起义，英法关系紧张。5月20日《曼彻斯特卫报》的伦敦通讯中包含了以下内容：

法英之间的言辞交锋

在对法国习俗和性格颇为了解的圈子里，我发现，有一种观点认为，我国的媒体和公众舆论对法国媒体在当前危机中表现出的活跃（甚至有时过于激烈）的言辞反应过度。一位消息灵通的中立观察者这样向我阐述了这一观点：

"词语，如同货币，是价值的象征。它们代表了意义，因此，正如货币一样，它们的代表价值存在涨与跌。波舒哀曾以极为沉重的方式使用'étonnant'（震撼的）一词，而今天它已经失去了这种含义。类似的情况也可以在英语词汇'awful'中观察到。一些国家天生倾向于轻描淡写，而另一些国家则倾向于夸大其词。英国士兵所称的'糟糕'之地，意大利士兵则会通过丰富的词汇和夸张的表演来描述。那些轻描淡写的国家保持了其语言的稳健，而那些夸大的国家则在语言上出现了'通货膨胀'。

"诸如'一位杰出的学者''一位聪明的作家'这样的表达，翻译成法语时必须变为'一位伟大的学者''一位精湛的大师'。这只是语言转化问题，就像在法国将一英镑兑换为四十六法郎一样，但我们都知道这并不会增加它在本国的价值。英国人在阅读法国报纸时，应该尝试进行类似于银行家将法郎换算回英镑的心理操作，同时不要忘记，虽然正常时期汇率是二十五，但由于战争的原因，现在变成了四十六。因为无论是货币汇率还是语言表达的交换，都存在战争引起的波动。

"希望这一观点是双向的。法国人应该认识到，英国人的克制背后同样蕴含着与他们热情洋溢的表达等同的价值。"

而那些既能读又能理解的人中，我们至多能假设有四分之三的人每天能抽出半小时来关注此类问题。对他们来说，这些文字会成为一连串思想的线索，最终可能形成具有无数影响的投票决定。毫无疑问，我们通过这些文字唤起的想法，构成了我们意见的原始数据中的最大部分。世界广阔，涉及我们自身的问题错综复杂，而信息却很少，因此大部分的意见必然是在想象中构建的。

当我们使用“墨西哥”这个词时，纽约居民的脑海中唤起的是什么画面？很可能是沙漠、仙人掌、油井、劳工、喝朗姆酒的印第安人、捍卫主权的蓄着大胡子的脾气暴躁的老骑士，或者是让·雅克式的田园农民形象——他们正受到工业化的威胁，为人权而斗争。那么“日本”这个词会唤起什么？是模糊的吊眼黄种人大军，伴随着“黄祸”、照片新娘*、折扇、武士、“万岁”、艺伎和樱花？“外国侨民”这个词呢？根据1920年一群新英格兰的大学生的写作，“外国侨民”是以下这些形象：❶

“一个敌视这个国家的人。”

“一个反对政府的人。”

“一个站在对立面的人。”

---

* 1907—1924年，有很多年轻的日本女性，只通过照片和信件交流，便远渡重洋到夏威夷嫁给当地的男子。这些女性被称为“照片新娘”。——译者

❶ 引自《新共和》(*New Republic*)，1920年12月29日，第142页。

"一个不友好国家的国民。"

"一个交战中的外国人。"

"一个试图伤害所处国家的外国人。"

"一个来自外国的敌人。"

"一个反对国家的人。"

……

然而,"外国侨民"这个词是一个极为精确的法律术语，远比"主权""独立""国家荣誉""权利""防御""侵略""帝国主义""资本主义""社会主义"等词精确得多，而这些词我们常常很快就会站队表示支持或反对。

3

能分辨出表面的相似性、注意到差异性并能欣赏多样性，这样的心智就是我们常说的头脑清醒。这种能力因人而异。不同的人的清醒程度也会大不相同，比如一个新生儿与一个植物学家同时观察花朵之间的差异时，他们得出的结果就大不相同。对婴儿来说，自己的脚趾、父亲的怀表、桌上的灯、天上的月亮以及一本明黄色封面的《莫泊桑全集》几乎没有什么区别。而对许多联合联盟俱乐部的会员来说，民主党人、社会主义者、无政府主义者和窃贼之间也没有显著差异。然而对于一个深谙无政府主义的思想家来说，巴枯宁、托尔斯泰和克鲁泡特金之间却存在着天壤之别。这些例子表明，要在婴儿中形成关于莫泊桑的正确公众意见，或在联合联盟俱乐部中形成关于民主党人的正确意见是多么困难。

一个只会搭乘别人的汽车而不会开车的人，可能无法区分福特车、出租车和其他汽车的细微差别。但如果这个人自己拥有并驾驶汽车，而且能将心理分析家所谓“力比多”投射到汽车上，他甚至能从一个街区外，仅通过观察汽车尾部就辨别出化油器的不同。因此，当谈话从“普遍话题”转向一个人自己的兴趣爱好时，氛围常常会变得很轻松。这就像从客厅里的风景画转向户外的田野一样，是从画家对自己未曾仔细记忆的情感反应返回到三维的现实世界。

费伦齐指出，我们很容易将两种仅部分相似的事物联系起来：❶儿童比成人更容易，原始或停滞的心智比成熟的心智更容易。儿童最初的意识，似乎是无法驾驭的感觉混合体。孩子没有时间感，几乎也没有空间感，他伸手抓吊灯时的自信，与抓母亲乳房时的自信几乎相同，而且最初期望也几乎一样。他们对事物功能的了解是一个非常缓慢的过程。对完全无经验的孩子来说，这个世界是一个连贯

❶《国际医学精神分析杂志》(*Internat. Zeitschr, f. Arztl. Psychoanalyse*)，1913年。见费伦齐《对精神分析的贡献》(*Contributions to Psychoanalysis*)，第八章“现实感的发展阶段”(Stages in the Development of the Sense of Reality)，由恩内斯特·琼斯博士翻译为英文并重新发表。

且未分化的整体，正如有人形容某些哲学流派一样，所有的事实都是生而自由平等的。在这个世界中，本属于同一类的事实尚未与那些在偶然间在意识中梳理清楚的事实分隔开来。

费伦齐说，最初，婴儿通过哭泣来得到他想要的东西。这是一个“魔法性幻觉全能时期”。第二阶段，孩子指向他想要的东西，那些东西就会被递给他，这是“通过魔法手势实现全能的时期”。后来，孩子学会说话，要求自己想要的东西，并会偶尔得到满足，这是“魔法思想和魔法言语的时期”。每个阶段都可能在人的一生中持续出现，它大多时间下都会被其他行为覆盖，只有特定情况下才会重新出现——比如，我们大多数人都难以摆脱的某些迷信行为。有时，一些成功会强化这种行为方式，一些失败则会促使我们发展新的方式。大多数人和政党、组织都很难从这种魔法性的经验中超脱出来。但在更为进步的人群中，在反复试验后，新的原则就会诞生。他们学到，月亮不会因狼嚎而出现盈亏，作物也不会因春季节庆或共和党多数票而从土壤中长出来，而是依赖阳光、水、种子、肥料和耕作才能生长。❶

在对费伦齐对反应类别的示意性分类进行了解后，我们

❶ 虽然在这个更高级别的阶段，经验会得到方程式般的精密组织，但作为病理学家的费伦齐并未将其称为“基于科学的现实阶段”。

注意到，对人来说最为关键的特质，是区分原始感知和模糊类比的能力。这种能力已在实验室条件下进行了研究。[1]苏黎世联想研究清楚地指出，轻微的精神疲劳、内心注意力的偏差或外部干扰，往往会使反应的质量“扁平化”。一种非常“扁平化”类型的反应是声响联想（比如“猫”会联想到“帽”），它对刺激词的反应是基于声音而非意义。一项测试显示，在两次进行的一百次连续反应试验中，相对于第一次试验，第二次试验中的声响联想增加了 9%。这种声响联想几乎是一种机械的重复，是类比的原始形式。

4

如果实验室中相对“纯洁”的条件就能如此轻易地消磨辨别力，那么城市生活的影响又将会如何呢？在实验室中，疲劳感的影响微不足道，受试者也基本不会分心。这两者都可以通过受试者的兴趣和自我意识来抵消其影响。然而，如果节拍器的敲打就能影响人的思维能力，那么在

[1] 例见由荣格博士指导、在苏黎世精神病大学诊所进行的联想诊断研究。这些测试主要是按照所谓克雷普林-阿莎芬堡分类法进行的。在这些测试中，被试者将对刺激词进行反应，并记录反应时间和反应情况。反应被归为内在反应、外在反应和声响联想。被试者要测试第一轮和第二轮刺激词中存在重复时的反应、因心中有想法而分心时的反应，以及一边用节拍器打拍子一边回答问题时的反应。荣格的《分析心理学》第二章总结了其中的一些结果，由康斯坦茨博士翻译为英文。

工厂里连续八到十二小时的噪声、气味和高温中，或者日复一日地在打字机的敲击声、电话铃声和门的碰撞声中进行工作的人，会对那些在电车和地铁里通过报纸形成的政治判断产生怎样的影响？在这种喧嚣中，是否有任何不大喊大叫的声音能够被听到？在刺眼的强光中，是否有任何没有像电动招牌般闪烁的事物能够被看到？城市居民的生活是缺乏孤独、安静和闲适的。夜晚喧嚣而明亮。大城市中的人们被无休止的声音所围攻，时而猛烈而破碎，时而陷入不完整的节奏中，但始终无尽且无情。在现代工业主义的影响下，思考只能在噪声的洗礼中进行。如果我们的思想辨别力常常变得浅薄和愚蠢，那么这些噪音是要承担一部分责任的。在这样的环境下，在经验和实验都表明该环境会令思考变得困难的情况下，公民们仍然需要决定自己的生死和幸福。当条件使思考变得艰难时，“不可忍受的思考负担”才会成为负担；而当条件有利时，思考就不再是负担，思考与跳舞一样令人振奋，也同样自然。

每个以思考为职业的人都知道，他必须在一天中的某个时段为自己创造一个安静的空间。然而，在我们美其名曰“文明”的混乱中，公民却在最糟糕的条件下执行着危险的政治任务。对这一真理的微弱认知，使人们投入到了缩短工时、增加休假以及为工厂和办公室提供照明、通风、采光、秩序和尊严的运动中。但如果我们要提升生活的智识质量，这仅仅是一个微不足道的开端。只要许多工作对于工人来说仍然是无止境的机械重复，是毫无目的的例行公事，那么工人的人生就会日趋机械化，除那些惊天动地的大事外，他们再也无法区分不同事物之间的区别。只要他的身体从早到晚都被禁锢在拥挤的人群中，他的注意力就一定会出现恍惚和松懈。只要他一直处在充斥着繁重的家务、孩子的哭闹、刺耳的争吵、难以下咽的食物、污浊的空气和令人压抑的室内装潢的家庭环境中，他的注意力就一定无法集中，更无法清晰地定义事物。

有时，我们或许会进入一座宁静宽敞的建筑，或走进一家戏院，在那里现代的舞台设计已削减了各种干扰。或者有时我们会来到海上，或置身于一个安静的地方，这时我们会深切感受到当代城市生活是多么杂乱、多么反复无常、多么多余而喧嚣。我们逐渐理解，为什么我们混乱的思维几乎无法精准地抓住任何事物，为什么它们会被头条新闻和流行词汇卷入并抛向一种令人眼花缭乱的状态，为什么它们常常无法分辨事物，或无法在表面差异中识别出相同点。

5

但这种外部的混乱，还会被内在的混乱进一步加剧。实验表明，情感冲突（至少我们认知中它是被这么称呼的）会干扰联想的速度、准确性和质量。实验中，受试者面对一百个包含中性词和刺激性词的刺激，反应时间的变化可能从1/5秒到1/32秒不等，甚至有时会完全无法反应。[1]显然，我们的舆论会与各种情结时断时续地联系在一起，这些情结包括野心、经济利益、个人敌意、种族偏见、阶级情感等等。这些因素以各种方式扭曲了我们的阅读、思考、言谈和行为。

最后，既然舆论的影响不仅仅会停留在社会的普通成员之中，且在选举、宣传或追随的过程中，数量直接决定权力大小，那么公众注意力的质量只会进一步下降。完全文盲、智力低下、严重神经衰弱、营养不良以及生活受挫的人群数量相当庞大，远比我们想象的更为惊人。故意迎合主流情绪的号召会在那些心智如孩童般未成熟的人群中广泛传播，他们的生活一团乱麻，他们早已精疲力竭，他们的世界内向闭塞，他们甚至可能根本对时下主流议题没有任何切身体验。公众舆论的洪流被他们阻塞于误解的小旋涡中，并被偏见和牵强的类比所污染。

想要“迎合主流情绪”，就要考虑到人们联想的特点，并对那些最能引发人们共鸣的感受进行“迎合”。而那些“小范围的”或“特殊的”情绪则是针对一些不常见的感受。同一个人可能对不同的刺激，或在不同时间对同一刺激产生截

[1] 参见卡尔·荣格在克拉克大学的讲座。

然不同的反应。人类的感受力就像绵长的阿尔卑斯山脉，有孤立的山峰，也有广阔但彼此分离的高原，还有海拔较低的谷地。这些“谷地”就是全人类所共有的情绪。某些人的共鸣感受能在某些领域达到“山峰”之境，比如精确区分弗雷格与皮亚诺的理论之区别，或是区分萨塞塔早期与晚期作品的差异；但在另外一些领域中，他可能是个顽固的共和党人；而当忍饥挨饿或产生恐慌时，他又与其他饥饿的人或害怕的人毫无区别。难怪，某些畅销杂志总喜欢用漂亮女孩的脸当封面——这张脸足够漂亮能够吸引读者，又足够纯真让人易于接受。类似的各种刺激作用于人的心理层次，其影响力决定了受众范围是大还是小。

6

因此，我们的公众舆论所处理的环境受到多方面的折射：信息源头的审查与隐私、接受时受到的物理和社会障碍、注意力的匮乏、语言的贫瘠、令人分心的干扰、无意识的情感累积、疲惫、暴力和单调。这些会影响我们接触环境，再加上事实本身的晦涩和复杂，使我们清晰和公正的认知受到阻碍，让我们用误导性的虚构取代了建设性的思想，并剥夺了我们对那些意图误导的人的有效监督。

第三部分

刻板印象

第六章 什么是刻板印象

1

我们每个人都生活和工作在地球表面的一小块区域内，活动于一个狭小的圈子中，而在这个小圈子中，只有少数人是我们真正亲近的。对于任何具有广泛影响的公共事件，我们最多只能看到其中的一个片段和一个侧面。无论是那些起草条约、制定法律、发布命令的知名内部人士，还是那些被动接受条约、法律和命令的普通人，情况都是一样的。然而，我们的意见涉及的范围，比我们能够直接观察到的空间更广、时间更长、事物更多。这些意见必须通过他人的报告和我们自己的想象拼凑而成。

然而，哪怕是事件的目击者也不可能完全再现事情的全部细节。[1]经验似乎表明，他会带着自己的某些主观印

[1] 参见埃德蒙·洛卡尔所著的《刑事调查与科学方法》（*L'Enquête Criminelle et les Méthodes Scientifiques*）。近年来，人们收集了大量关于证人可信度的有趣资料，正如《泰晤士报》文学增刊（1921年8月18日）中一位洛卡尔博士著作的评论者所指出的，证人的可信度因证人阶层、事件所处的阶层以及感知类型的不同而有所变化。例如，触觉、嗅觉和味觉的感知证据价值较低。我们的听觉在判断声音（转下页）

象去观看事件，然后在重现事件时又只会选取其中的某些部分。他所认为的“事件报告”，不是绝对真实的记录，而是经过他添油加醋的改造。意识中的事实往往不会完全以原貌呈现，总有一部分内容会经过加工和重新创造。一次关于事件的报告，是观察者与被观察对象共同作用的产物，其中观察者总是会对信息进行选择和再创造。我们能看到什么样的事实，取决于我们所处的位置以及我们观察的习惯。

在面对陌生的场景时，我们就像面对未知世界的婴儿一样，眼前是“一片繁盛、喧嚣的混乱”[1]。约翰·杜威先生指出，哪怕是成年人，在面对完全新奇、陌生的事物时也会如此。“面对自己听不懂的外语时，我们会觉得那是胡言乱语，甚至是咿咿呀呀的怪叫，根本不能从中辨别出明

（接上页）的来源和方向时常常有缺陷、较为武断，听他人谈话时，“证人会凭借内心意见填补未听到的信息。他会对谈话的意图形成理解和判断，并将听到的声音整理为符合其判断的内容”。甚至连视觉感知也容易产生重大错误，例如在身份识别、认知、距离判断以及数量估算方面。未经训练的观察者的时间感也常常出现错误。所有这些原本的弱点，都因记忆的技巧和想象力不断创造的特性而变得更加复杂。

另请参见谢灵顿的《神经系统的综合作用》（*The Integrative Action of the Nervous System*），第318—327页。已故的雨果·明斯特伯格教授曾就这一主题写了一本通俗著作，名为《站在证人席上》（*On the Witness Stand*）。

[1] 威廉·詹姆斯，《心理学原理》（*Principles of Psychology*），卷一，第488页。

确、清晰、个性化的连续音节。类似的例子还有很多，比如一个乡下人走在拥挤的街道上，一个内陆地区长大的人在海上，或者一个在复杂运动比赛中观战的门外汉等等。一个没有经验的人进入工厂时，会觉得那里的工作只是千篇一律、杂乱无章的重复。外来的游客在刚刚抵达某地时，会觉得不同种族的当地人长得都差不多。外行人在辨别羊群时只能看到大小或颜色等明显差异，而对牧羊人来说，每只羊都有其独特的个性。我们无法理解的事物，总会呈现出一种模糊不清、无法辨别的样貌。如果我们想寻找到某种事物的意义和价值，或者说，想要对某事物形成简单理解，就要做到：在模糊和易变的事物中，寻找明确性和稳定性。”❶

能否准确地寻找到明确性和稳定性，取决于谁来负责寻找。在上面的文字后面，杜威举了一个例子，说明一个有经验的外行人和一个化学家在定义何为“金属”时的区别。❷“平滑、坚硬、有光泽、闪亮，重量相对较大……能够锻造和拉伸而不折断，受热变软、受冷变硬并记忆变硬后的形状，具有抗压和防腐的实用特性。”这些都可能出现在外行人的定义中。但化学家可能会忽略这些美学和实用特性，将金属定义为“任何能与氧结合形成盐的化学元素”。

❶ 约翰·杜威，《我们如何思考》(*How We Think*)，第 121 页。

❷ 同上，第 133 页。

大多数情况下，我们不是先看到事物然后定义它，而是先定义然后才看到。在外界繁盛、喧嚣的混乱中，我们挑选出那些文化已经为我们定义好的事物，然后又总是以文化为我们规定好的方式来感知这些被挑选出的事物。想象一下，巴黎和会上那些聚集起来以解决人类事务的伟人中，有多少人能够真正了解他们脚下的欧洲大陆，而不是只根据他们脑海中对欧洲的固有认知武断地下结论？如果有人能深入克列孟梭的内心，他会在那里发现1919年真实的欧洲，还是看到由漫长而好斗的人生积淀的无数刻板印象？会看到1919年真实的德国人形象，还是1871年以来就早已被固定的德国人形象？当克列孟梭接到各种关于德国的报告时，显然他只会从中接受并认真对待那些符合他头脑中德国人形象的报告。比如，如果某个容克贵族大声咆哮，那就是个典型的德国人；如果某个工会领袖坦承帝国的罪行，他就不是真正的德国人。

哥廷根的一次心理学大会曾进行了一个有趣的实验，参与者是一群假定受过训练的观察者。[1]

在大会会场不远处有一个公众节庆活动，活动还包括一

[1] 阿诺德·冯·热内普，《传说的缔造》(Laformation des légendes)，第158—159页，引自费尔南·范·兰根霍夫《传说的缔造》(*The Growth of a Legend*)，第120—122页。

个化装舞会。突然，大厅的门被推开，一个小丑疯狂地跑进来，后面紧追着一个拿着左轮手枪的黑人。他们在房间中央停下来打斗，小丑倒下，黑人跳到他身上，开了一枪，然后两人都冲出了大厅。整个事件几乎只持续了二十秒。

会长随即要求在场的人立即写一份报告，因为肯定会有司法调查。总共有四十份报告被提交上来。只有一份关于主要事实的错误率低于20%；十四份报告的错误率在20%到40%之间；十二份在40%到50%之间；十三份的错误率超过50%。此外，有二十四份报告存在10%的虚构细节，有十份报告虚构内容超过10%，有六份低于10%。简言之，四分之一的报告是错误的。

毫无疑问，整个场景是事先安排好的，甚至还有专人拍了下来。因此，那十份虚假报告可以归类为故事和传说；二十四份报告半带传奇色彩，只有六份的价值接近确凿的证据。

由此可见，四十位受过训练的观察者，对眼前刚刚发生的场景写下的负责任报告中，大多数人看到的并不是实际发生的场景。那么，他们究竟看到了什么？按通常的理解，描述实际发生的事情比凭空编造未发生的事情要容易。实际上，他们看到的是自己对这种斗殴场景的刻板印象。他们在一生中曾获得一系列关于斗殴的影像，这些影像在他们眼前不断浮现。对于有些人来说，这些影像取代了不到 20% 的真实场景，而对于十三个人来说，这个比例超过了 50%。在四十位观察者中，有三十四位的刻板印象至少取代了 10% 的真实内容。

一位著名的艺术评论家曾说："由于每个物体都会有几乎无数种形态变化……再加上我们的迟钝和不专心，事物总是无法在我们脑海中呈现出明确清晰的轮廓，除非艺术能赋予它们固定的刻板印象，让我们能随时将其回忆起来。"[1]其实，真相所涵盖的范围比他所说的还要广泛，因为世界上那些固定的形状不仅来自绘画、雕塑和文学这样的艺术形式，也来自我们的道德规范、社会哲学以及政治运动。在下文所引的这段伯伦森先生的论述中，如果我们将"艺术"替换为"政治""商业"或"社会"，论述依然成立："除非在多年致力于研究各种艺术流派的同时，还能学会用我们自己的眼睛去看，否则我们很快就会养成习惯，把所看到的事物套入我们熟悉的某一艺术形式中。这就是我们对艺术真实性的标准。只要有人呈现出某些形状和颜色，而又不与我们脑海中那些陈旧而刻板的形式和色调相匹配，我们就会摇头，认为他未能再现事物的真实模样，或者指责他不真诚。"

---

[1] 伯纳德·伯伦森，《文艺复兴时期的意大利中部画家》(*The Central Italian Painters of the Renaissance*)，第 60 页及后文。

伯伦森先生描述了当画家“未能如我们所见那般形象化物体”时，我们产生的不满情绪。他还提到，现在的我们难以欣赏中世纪艺术，正是因为自那以后“我们形象化表达的方式已经发生了千百种变化”。[1]他还进一步解释了我们如何被教导去看我们所看到的人物造型：

> 由多纳泰罗和马萨乔创造，并得到人文主义者认可的新人体标准和新的面貌形态……向当时的统治阶级展示了，在人与人的力量对抗中，最有可能获胜的人类类型……谁有能力打破这一新的视觉标准？谁能从混乱的社会中，选择出比天才人物所固定的形态更能明确表达现实的形状？没有人有这样的能力。人们不得不以这种方式来看事物，只能看到以这种方式描绘的形态，只能热爱以这种方式呈现的理想……[2]

---

[1] 另参见他在《意大利艺术研究与评论》(*The Study and Criticism of ItalianArt*)第一辑第13页《但丁的视觉形象及其早期插图画家》(Dante's Visual Images, and His Early Illustrators）一文中的评论：“我们无法避免将维吉尔装扮成一个罗马人，赋予他‘古典的侧面轮廓’和‘雕塑般的仪态’，但但丁塑造的维吉尔的视觉形象很可能同样具有中世纪风格，其实也只是对古代形象进行的批判性重构而已，正如他对这位罗马诗人的整体概念一样。十四世纪的插画家将维吉尔描绘成一个中世纪的学者，穿着学位帽和长袍，没有理由认为但丁塑造的视觉形象会与此有所不同。”

[2] 伯纳德·伯伦森，《文艺复兴时期的意大利中部画家》(*The Central Italian Painters of the Renaissance*)，第66—67页。

2

当我们完全无法理解他人的行为时，不知道他们内心真实欲望与诉求的实际情况时，为了公正，我们不仅需要评估他们可能获得的信息，还要评估他们过滤这些信息的心智。这是因为，社会广泛接受的观念、时下流行的方式和既定的评价标准，都会对人脑接收信息的过程进行拦截。比如“美国化”这个词，就是在用美国的刻板印象替代欧洲的刻板印象。在替代之前，一个农民可能最初将他的地主视为庄园领主，将他的雇主视为地方显贵，而“美国化”之后，他被教导按照美国的标准来看待地主和雇主。这种改变实际上是一种心智的改变，当这种思想的“接种”成功时，便意味着看待问题的方式的改变。他眼中的一切都会大不相同。

一位善良的女士曾坦白，刻板印象具有如此压倒性的影响，以至于当她的刻板印象未被满足时，她甚至无法接受“博爱”与“上帝”的观念：“我们穿的衣服对我们有着奇怪的影响。服装能创造特定的心理和社会氛围。一个坚持雇佣伦敦裁缝的人，又怎能指望他做一个‘美国化’的人？食物也有这种影响。如果人人都吃着酸菜和林堡干酪，又怎能培养出美国精神？再比如，你能指望一个满口大蒜味的人有什么美国精神吗？”[1]

也许，这位女士就是我一位朋友曾经参加的一场庆典的赞助人。那场庆典名为“大熔炉”，在一个汽车制造城举行，时间是7月4日，当地有许多外籍工人在工厂工作。庆典在一座棒球场举行，在二垒的位置上竖立着一个巨大的、用木头和帆布制成的熔炉，两侧有台阶通向边缘。观众入座，乐队演奏完毕后，一队人从球场一侧的入口走进来。队伍由工厂中各国国籍的工人组成，他们穿着本国的民族服饰，唱着本国的歌曲，跳着民族舞蹈，举着欧洲各国的旗帜。主持人是当地小学的校长，他打扮成山姆大叔的模样，带领他们走向熔炉，引导他们爬上台阶进入熔炉。接着，他让他们从另一侧出来。出场时，他们都换上了礼帽、外套、裤子、背心、硬领衬衫和波点领带。据我的朋友说，毫无疑问，每个人的口袋里都有一支“永锋”牌自动铅笔，大家一起唱着《星条旗永不落》。

对于这个庆典的赞助者，甚至可能对于大多数演员来说，他们似乎已经成功表达了美国老居民与新移民之间的友好交往中最核心的障碍。刻板印象的矛盾阻碍了他们对彼此身上的人性共通点的充分认可。那些为此改名换姓的人对此深有体会：他们希望通过改名来改变自己以及陌生

[1] 引自爱德华·比尔施塔特的文章，见《新共和》(*New Republic*)，1921年6月1日，第21页。

人对他们的态度。

当然，外部世界的场景，与我们通过心灵观察它时使用的印象之间是有某种联系的，正如在激进的集会中，确实总会出现一些留长发的男人和剪短发的女人一样。但对匆忙的观察者来说，一点点微弱的联系就足够了。如果观众中有两位剪短发的女性和四位留胡子的男性，那么对某位早已了解到这类集会参与者偏好发型的记者来说，参与者就会被描述为一个“剪短发和留胡子的群体”。我们眼中看到的现象与事实之间确实存在联系，但这种联系往往很奇特。举例来说，有一个很少主动去欣赏风景，只会为了评估某块地皮开发潜力而进行观察的人。他的客厅中摆放了许多风景画，从这些画中，他学会了把风景想象成一片玫瑰色的夕阳，或是一条乡村道路，远方有教堂的尖顶和一轮银色的月亮。某天，他来到一座乡村，待了几个小时也没有发现任何风景。但到了夕阳西下时，玫瑰色的光芒铺满天空，他才立刻反应过来“那是一片风景”，并惊叹它的美丽。可是两天后，当他试图回忆所见时，他只能回忆起某幅挂在客厅里的风景画。

如果排除醉酒、做梦或精神错乱，那么他确实看到了那片夕阳，但他在其中看到的，并且记忆最深的，是油画引导他观察的东西。如果这片夕阳被一位印象派画家，或者一位有修养的日本人遇到，他们也会看到并通过他们所学会的形式来记忆——除非他们恰好是那些极为罕见的能为人类带来全新视觉体验的人。如果我们未经训练，我们就会在观察时从环境中挑选出我们自己能辨识的符号。这些符号代表着一些观念，我们会用已有的图景填充这些观念。我们并不真正“看见”这个人或那片夕阳；相反，我们注意到那是一个人或夕阳，然后主要看到的是我们头脑中早已充满的关于这些主题的内容。

3

人脑之所以会这样思考，主要是为了节省精力。对所有事物都通过新鲜的眼光来观察细节，而不是对它们进行概括和归纳，是非常耗费精力的。在繁忙的生活中，我们根本做不到。但是，在与朋友相处时，或者与亲密的伙伴或竞争者相处时，我们没有捷径可走，也无法用任何抽象化的方式替代个性化的理解。我们最爱和最钦佩的人，往往是那些在我们的头脑中充满了个性的人，而非抽象类型的“某类人”。他们了解我们，而不是把我们归类。即使没有明确表达，我们也会凭直觉感受到，任何形式的分类都可能引发我们不希望出现的结果，任何忽视他人个性的行为都可能危害人际关系。每个人的人际关系都应将人格神圣不可侵犯作为交往的原则，只要做不到这一点，交往都会存在瑕疵。

但是，现代生活匆忙而多样，物理距离成为拉开人际关系的主要因素，雇主与雇员、官员与选民之间，既没有时间也没有机会建立亲密的了解。因此，我们只好违背前文的宗旨，用某个特征取代一个熟悉的类型，然后通过我们脑海中的刻板印象填充其余部分。比如，“某人是个煽动者”，我们注意到这一点（或者被告知如此），然后确定印象：好，煽动者是这样一种人，那么他就是这种人。他是个知识分子，是个富豪，是个外国人，是个“南欧人”，来自后湾，是哈佛毕业的（或者耶鲁毕业的），是个老实人，是个西点军校毕业生，是个老军士，格林尼治村的人（这样的标签能直接概括整个人），是个国际银行家，是个乡巴佬……

最微妙且无处不在的影响，莫过于那些塑造并维持我们刻板印象的力量。在我们看见世界之前，已经有人告诉了我们它是什么样的。我们在体验大多数事物之前，早已对它们有所想象。除非教育曾经强调过要对刻板印象格外敏感，否则它将深刻地影响我们的整个感知过程。我们会标记出某些物体是熟悉的或陌生的，强调它们之间的差异，以至于稍微熟悉的事物都会看起来非常熟悉，而稍微陌生的事物会被夸张得显得极为异类。它们因微小的迹象而被激发，或只是因为一个模糊的类比。一旦被激发，刻板印象会用旧有的图像淹没新的视野，并将记忆中复活的内容投射到当前的现实世界中。假如环境与刻板印象之间没有任何实际相似性，那么人类所习惯的用预见代替观察将只会导致错误，有害无益。不过，大部分情况下外部环境总能与刻板印象足够相符，而我们又总是不可避免地需要节省注意力，因此，若完全放弃所有刻板印象，以一种纯粹天真的方式进行认知，我们的生活就会寸步难行。

我们首先要做的，是了解刻板印象的性质，以及明白我们容易受刻板印象误导这一事实。而这些将取决于我们平日里构建的生活哲学。如果我们在哲学里假设出的世界是根据我们所拥有的法则进行阐释的，那么我们对于正在发生的事物的描述，就会按照这些法则来呈现。但如果我们的哲学告诉我们，每个人只是世界的一小部分，他的智慧充其量只能通过粗糙的思维网捕捉到世界的一些片段和侧面，那么，当我们使用刻板印象时，我们会倾向于意识到它们只是刻板印象，不会错误地过于轻信，还乐于对它加以修正。我们还会越来越清楚地意识到，我们的观念是何时、何地、如何传递给我们的，为什么我们会接受它们。所有有益于人类的历史都是通过这种方式起到净化作用的。历史让我们知道，是哪个童话，哪本教科书，哪个传统，哪个小说、戏剧、图画或短语在这个心灵中植入了一个先入之见的。

4

那些想要对艺术创作进行审查的人，绝不会忽视刻板印象的强大威力。虽然他们错误地理解了这种威力，总会荒谬地执着于阻止他人发现未经他们认可的事物，但无论如何，就像柏拉图在评价诗人时所提到的那样，他们模糊地感到，通过虚构故事所获得的内容往往会被强加于现实。毫无疑问，电影就是这样构建意象的，而这些意象随后会被人们在报纸上读到的文字所唤起。

在人类的整个历史中，没有任何一种媒介能像电影那样将意象视觉化。如果一个佛罗伦萨人想象圣徒的样子，他可以去教堂的壁画前，在那里看到乔托为他的时代标准化的圣徒形象。如果一个雅典人想象神祇，他可以去神庙。然而，可以参照的对象数量并不多。在东方，第二诫命*的精神被广泛接受，对有形事物的描绘也更为罕见，也许正因如此，人们实际决策的能力也被削弱了。而在西方世界的过去几个世纪中，世俗描绘的数量和范围大幅增加，出现了文字描绘、口头叙述、插图叙述，然后是电影，最近又发展到有声电影。

* 指《圣经》中的“十诫”的第二条，大意是“不可为自己雕刻偶像，也不可作什么形象仿佛上天、下地和地下、水中的百物”。——译者

如今，照片对人们的想象力已经产生了巨大影响，而在从前这种影响力只属于印刷文字，再从前则属于口头叙述。照片看起来极其真实。它们完全将内容直接呈现在我们面前，毫无人工干预，是消化起来最不费力的精神食粮。任何文字描述，甚至任何静态的图画，都需要努力记忆，才能在头脑中形成一幅图景。但在银幕上，观察、描述、报告以及想象的整个过程已经为你完成了。只需要保持清醒，你曾经需要努力想象才能得到的结果，便会在屏幕上徐徐展开。模糊的概念变得生动起来。比如，你对三K党模糊的印象，通过格里菲斯的电影《一个国家的诞生》变得栩栩如生。历史上它可能是错误的形象，道德上它可能是有害的形象，但它的确是一个形象。我怀疑，那些对三K党了解不如格里菲斯多的人在看过这部电影后，是否会在今后的日子里将三K党自动与那些白衣骑士联系到一起？

5

因此，当我们谈论某个特定人群的思维方式，比如法国人的思维方式、军国主义者的思维方式或布尔什维克的思维方式时，如果我们不区分他们出自本能的思想意识，以及在构建心理世界中发挥决定性作用的刻板印象、行为模式和规范，我们就容易陷入严重的误区。刻板印象、行为模式和规范对人的心理世界的形成起了决定性作用，人们出自本能的思想意识和这个心理世界实际上正是一种逐步适应并不断回应的关系。如果我们不对其加以区分，我们就会产生大量诸如关于集体心灵、民族灵魂和种族心理的空谈。

当然，刻板印象可能会通过父母传给子女，类似生物学的遗传。在某些方面，正如瓦莱斯先生所说，我们确实可能在生物学上依赖于我们的社会传统。[1]但毫无疑问的是，没有任何科学证据能证明，人们生来就具备他们出生国家的政治习惯。一个国家中的政治习惯如果相似，首先应该从托儿所、学校和教堂中寻找解释，与那些所谓“集体心灵”和“民族灵魂”所在的虚无领域没有关系。除非你完全忽视了传统通过父母、教师、牧师和叔伯等人传递的过程，否则将政治差异归因于基因遗传是最严重的错误之一。

我们可以尝试性地、怀着适当的谦逊，来概括在同一类教育和经验范围内的比较差异。但这项工作的难度其实比想象中的要大很多。因为没有两个个体是完全相同的，即便是同一家庭中的双胞胎也不例外。长子永远不会经历作为次子的体验。因此，在我们能够剔除环境差异的影响

[1] 格雷厄姆·瓦莱斯，《我们的社会传统》（*Our Social Heritage*），第 17 页。

之前，关于天性差异的判断必须暂时搁置。就好比在不知道哪块土壤位于拉布拉多、哪块位于爱荷华，不知道它们是否被耕种、施肥、耗尽肥力或任其荒废之前，我们就不能任意评判它们的开发价值一样。

第七章　作为防御手段的刻板印象

1

除节省精力之外，还有另一个原因解释了为什么我们在本可以追求更客观的视角时，依然坚持我们的刻板印象。刻板印象可能是我们个人观念传统的核心，是我们保护自己社会地位的防御手段。

我们内心的各种刻板印象构成了一个或多或少连贯有序的世界图景，我们的习惯、品位、能力、舒适感和希望都已经与之调整适应。它们或许不是世界的完整图景，但它们是一个我们能够适应的世界。在这个世界中，人和事物都有各自熟悉的位置，履行着预期中的职责。我们在这里感到自在，融入其中。我们是这个世界的一员，熟悉它的运作方式。在这里，我们发现了熟悉、正常、可靠的魅力；它的框架和形状正好在我们习惯找到的位置上。尽管我们放弃了很多曾经可能吸引我们的东西，一旦我们深深嵌入这种模式，它就像一双旧鞋般合脚舒适。

难怪任何对刻板印象的扰动都会被视为对世界观基

础的攻击。实际上，这只是对我们个人的世界观根基的攻击，而当牵涉到重大问题时，我们往往不愿承认我们的世界与实际的世界有任何区别。一个世界如果变成我们所尊敬的人不值得尊敬，而我们所鄙视的人却高尚的情形，我们就会陷入极度的紧张不安。如果我们所遵守的秩序不是唯一可能的秩序，那么我们的观念将陷入混乱。如果真的是“温顺者将有福”，如果“在先的应在后”，如果“恺撒的归恺撒”，如果“无罪之人可投石”，*那么从不愿按照这些准则来生活的人，其自尊的根基就会受到动摇。

刻板印象并不是中立的。它不仅仅是用来为现实的喧嚣和混乱建立秩序的方式，也不仅仅是认知的捷径。它是所有这些的综合，且不仅止于此。它是我们自尊的保障；是我们对自身价值、地位和权利的感受的投射。因此，刻板印象往往承载了与其相伴的强烈情感。它们是守卫我们传统的堡垒，依靠其防御，我们才可以继续在所处的地位上感到安全。

---

* 以上四句全部出自《圣经》。第一句意为“温顺听从上帝之人将有福”；第二句意为“先进者可能变为落后”；第三句意为“世俗事务就归世俗”；第四句意为“问罪他人前应反躬自省”。——译者

2

例如，在公元前四世纪，亚里士多德面对日益增长的怀疑，写下了他对奴隶制的辩护。当时，雅典的奴隶与自由公民在外观上几乎已经没有什么分别了。[1]齐默恩引用了一段有趣的话，来自《老寡头政体》的一段解释，说明了奴隶是如何被善待的："假设法律允许公民随意鞭打奴隶，那么雅典人经常会被误认为是奴隶或外邦人从而遭受鞭打。因为雅典人的穿着不比奴隶或外邦人更好，外貌上也没有任何优越之处。"这种缺乏区分的情况自然会动摇奴隶制的基础。如果自由人和奴隶看起来一样，凭什么要对他们区别对待？正是这种混淆促使亚里士多德在《政治学》的第一卷中加以澄清。他凭借着敏锐的直觉，意识到要为奴隶制辩护，必须教导希腊人一种看待奴隶的方式，使他们的观念与奴隶制的延续相一致。

于是，亚里士多德说，有些人天生就是奴隶。[2]他写道："那些天生适合成为他人物品的人，天生就是奴隶。"这实际上只是在说，任何恰好成为奴隶的人，都是他们命该

[1] 阿尔弗雷德·齐默恩，《希腊共和国》(*The Greek Commonwealth*)，第383页脚注。

[2] 亚里士多德，《政治学》(*Politics*)，第一卷，第五章。

如此。这种说法在逻辑上毫无价值，事实上这根本不是一个命题，与逻辑毫无关系。这是一种刻板印象，或者说是刻板印象的一部分。其余的推论也基于这些刻板印象。在声称奴隶可以理解理性但没有运用理性的能力之后，亚里士多德坚持认为："自然的意图是让奴隶和自由人的身体彼此不同，一个应该强壮以应对必要的劳作，另一个则身材挺拔，虽然在奴隶的劳作上无用，但适合公民生活……显然，有些人生来就是自由人，有些人则生来就是奴隶……"

如果我们质疑亚里士多德的论点，就会发现他一开始便在自己与事实之间竖起了一道巨大的屏障。当他说那些奴隶是命该如此时，他上来就排除了那个致命的问题：那些恰好成为奴隶的人，是否真的是天生想成为奴隶的人。这个问题会使每一个奴隶制的例子都遭到质疑。而由于一个人成为奴隶的事实，本身并不能证明他注定要成为奴隶，也就没有任何确定的奴隶标准可以继续存在。因此，亚里士多德完全排除了这种破坏性的质疑。他的结论是，奴隶天生就是奴隶。每个奴隶主都应该把自己的奴隶看作是"自然奴隶"。一旦他的眼睛被训练成这样看待奴隶，他就会认为奴隶的劳作、他们适合进行奴隶劳动以及他们拥有进行奴隶劳动的体格，都是他们奴隶身份的证据。

这就是典型的刻板印象。它的特征在于，它先于理性发挥作用，是一种感知形式，在我们的感官数据抵达理智之前，已经在这些数据上施加了某种特定的特征。刻板印象就像比肯街上的薰衣草色窗户，或者品评客人的服装的化装舞会门卫。没有什么比刻板印象更能顽固地抗拒教育或批评了。它会为自己获取证据，同时又将自己印刻在证据上。这就是为什么回国旅行者的叙述，常常变成他们在旅途中所携带心态的反映。如果他主要带着食欲、对瓷砖浴室的期待、对普尔曼豪华车厢是人类舒适巅峰的信念，以及对给小费的习惯（如给侍者、出租车司机、理发师，但绝不包括车站行李员和引座员）的坚持，那么他的游记中必定充满了美食与糟糕餐点、洗浴奇遇、车厢故事以及对小费的强烈印象。或者，如果他是一个更严肃的人，可能会在旅途中造访著名景点。他到达景点，匆匆瞥了一眼纪念碑，随即埋头阅读贝德克尔旅游指南，逐字逐句地看完，然后转向下一个景点。于是，他回国时带回的印象就是一个紧凑有序的欧洲景象，并按星级打了分。

外界的刺激，尤其是印刷或口述的词语，在某种程度上会唤起刻板印象的某一部分，使得实际感受和先入之见同时占据意识。这两者交织在一起，就像透过蓝色眼镜看红色，看到的却是绿色一样。如果眼前的事物成功对应了我们的预期，刻板印象就会在未来得到加强，正如一个预先认定日本人狡猾的人不幸碰上了两个不诚实的日本人时的情况一样。

当经验与刻板印象相矛盾时，通常有两种结果。如果一个人已经不再具有可塑性，或者有某种强大的利益使得他难以接受对他的刻板印象进行调整时，他会轻视这种矛盾，视其为“证明规则的例外”，质疑证据，或在某处找出瑕疵，最终设法将其遗忘。但如果他仍然保持好奇心和开放的心态，新的事物就会被纳入视野，并且被允许对其已有的认知体系进行修改。有时，如果事件足够引人注目，且令他对自己既定的观念体系感到动摇，他可能会大为震惊，以至于不再信任一切既有的观察生活的方式，开始认为所有事物都不会再符合自己的认知。在极端情况下，尤其是对于热爱文学的作家来说，他可能会产生一种颠覆道德标准的强烈兴趣，并通过将犹大、贝内迪克特·阿诺德或切萨雷·博尔吉亚塑造成他故事中的英雄来表达这种反叛。

3

德国关于比利时袭击德国人的故事，正是刻板印象发挥其作用的典型例子。奇怪的是，首先驳斥它的正是德国天主教教士帕克斯。[1]战争中的暴行故事本身并不罕见，德国人民欣然相信这些故事也并不奇怪。但令人惊讶的是，

[1] 费尔南·范·兰根霍夫，《传说的缔造》（*The Growth of a Legend*）。作者是一位比利时社会学家。

早在 1914 年 8 月 16 日，一大批保守的爱国德国人就开始反驳这些对敌方的诽谤，尽管这些诽谤对安抚德国人不安的良心极为有利。为什么天主教耶稣会要试图摧毁这样一个对德国战斗士气至关重要的虚构故事呢？

我引用了范·兰根霍夫的描述：

德国军队刚刚进入比利时时，奇怪的谣言就开始流传。谣言从一个地方传播到另一个地方，被新闻媒体转载，迅速传遍整个德国。传言称，*比利时人民在神职人员的煽动下*，卑鄙地参加了敌对行动；他们突袭了孤立的德军分队，向敌人指示德军的阵地；就连老人和儿童都犯下了可怕的暴行，对受伤和无防御的德国士兵挖眼睛或割手指、鼻子、耳朵；神父们在讲坛上号召人们犯下这些罪行，并向他们承诺作为奖励他们将升入天国，甚至亲自带头实施这些残忍的行为。

公众轻信了这些故事。国家的最高权力机构毫不犹豫地接受了这些谣言，并以他们的权威加以背书……

因此，德国舆论哗然，愤怒情绪高涨，*特别是针对神职人员，因为他们被认为是比利时人所犯暴行的主谋……这种愤怒*自然地转向了整个天主教神职人员。新教徒让他们心中的旧宗教仇恨再次燃起，他们开始攻击德国境内的天主教徒。一场新的“文化斗争”随之爆发。

天主教徒迅速采取了行动，反对这种敌对态度。（斜体为原文标注）[1]

或许确实发生过一些袭击事件。要是每个愤怒的比利时人在街头遭遇侵略者时，都会先冲向图书馆，翻开国际法手册，查看自己是否有权对这些在街上横行的恶棍开枪，那就太不可思议了。让一支从未经历过战火的军队认为，未经批准就不该射出哪怕一颗子弹，那也是不可思议的。这不仅对他们不利，也确实违背所有军事准则。可以想象，有些敏感的士兵或许会努力说服自己，认为那些正在被他们施加残酷暴行的人，一定是罪有应得之人。于是，这个传说可能不断演变，直到被审查员和宣传员听到。他们无论是否相信这个传言，都看到了它的利用价值，并将其传播给德国平民。德国平民也未必不乐于相信自己正在施加暴行的对象是“非人类”。更重要的是，既然这个传说来自他们的英雄，他们不仅有权相信它，还可能在不相信时被人认为“不爱国”。

当战场被战争的迷雾笼罩，留下大量想象的空间时，事实的检验与核实几乎不存在。关于凶残的比利时神父的传说，很快引发了德国人心中旧有的仇恨。对于大多数爱国的德国新教徒，尤其是上层阶级来说，俾斯麦的胜利图

[1] 同上，第5—7页。

景中还包括与罗马天主教徒的长期斗争。通过联想，比利时的神父成了所有神父的象征，对比利时人的仇恨也成了发泄他们所有仇恨的出口。这些德国新教徒的行为，类似于一些美国人在战争压力下所为——他们把国外的敌人和国内的反对者合成一个复合的仇恨对象。面对这个合成的敌人，既是德国的“匈奴人”又是国内的“匈奴人”，他们释放了内心积聚的所有敌意。

天主教徒对暴行传闻的抵抗显然是出于防御目的。其目标是反驳那些引发对所有天主教徒敌意的虚构故事，而不仅仅是针对比利时天主教徒的敌意。范·兰根霍夫指出，帕克斯的行动仅限于教会范围，并“几乎只关注那些被指责的神父的可恶行为”。然而，人们不禁要思考，这些揭露是否在德国天主教徒心中引发了某种思考，尤其是俾斯麦缔造的德意志帝国对他们的意义。此外，我们也可能想知道，这种认识是否与后来签署停战协议、宣告帝国死亡的德国政客之间有某种隐晦的联系——那位愿意签署帝国死亡判决书的政治家，正是天主教中央党的领袖埃尔茨伯格。[1]

---

[1] 本书创作时，埃尔茨伯格已被人刺杀。

第八章　盲点及其价值

1

我之所以讨论的是刻板印象而非“理想”，是因为“理想”通常指我们认为是真、善、美的事物。因此，它暗示着某种值得模仿或追求的目标。但我们的刻板印象库远不止于此。它还包括符合预期的骗子、塔曼尼政客*、沙文主义者、煽动者、敌人。我们刻板印象中的世界不一定是我们希望的世界，而只是我们预期中的世界。如果事件符合预期，我们会感到熟悉，并觉得自己与事物的发展同步。如果我们是雅典人，希望对奴隶制度没有内疚感，那么奴隶必须是天生的奴隶。如果我们告诉朋友自己能用九十五杆打完十八洞高尔夫，即使这次用了一百一十杆，我们也会说今天表现不佳，自己“状态不好”。换句话说，我们不愿承认自己是那个打空了十五杆的糟糕选手。

---

* 塔曼尼（Tammany）协会是美国纽约历史上的民主党执行委员会的俗称。二十世纪初，由于该协会不断卷入贿赂等丑闻，“塔曼尼”也逐渐沦为腐败政客的代名词。——译者

如果每一代中只有少数人不时地致力于整理、归纳和改进这些刻板印象，并将它们系统化为政治经济学法则、政治原则等理论体系，那么我们大多数人处理事务时，总会依靠一些杂乱无章且反复变化的刻板印象。通常，当我们讨论文化、传统和集体意识时，想到的是这些经过天才人物完善的系统化理念。当然，早就没有人去持续研究和批判这些理想化的理念了，但历史学家、政治家和宣传人员不能止步于此。因为历史中真正起作用的，不是天才所构建的系统性理念，而是个人头脑中那些不断变化的模仿品、复制品、伪造品、类比和扭曲的版本。

因此，马克思主义并不一定是卡尔·马克思在《资本论》中写下的内容，而是那些自称忠实追随者的各个对立派别所相信的东西。你不能从《福音书》推导出基督教的历史，也不能从《宪法》推导出美国的政治历史。你必须关注的是人们所理解的《资本论》、宣讲的《福音书》及其解释的内容，以及《宪法》的阐释和执行方式。因为尽管标准版本与当前流行的版本之间存在相互影响，但真正影响人们行为的是这些流行版本在人们中间的传播。[1]

[1] 然而，不幸的是，从实际意义上了解这种文化，要比总结和评论天才的作品困难得多。实际的文化存在于那些忙于生计的人的日常生活中，他们没有时间从事将自己信仰系统化的“无用”事业。他们只是偶尔记录下这些信仰，而研究者往往难以判断他所收集的数据有多么具有代表性。或许他能做的最好的事情就是遵循布赖斯子爵的（转下页）

一位如丽莎夫人一样低眉顺眼的评论家说:“相对论有可能发展成为一个像进化论那样普遍应用的原则。一开始进化论只是一个技术性的生物学假设，后来却成为几乎所有知识领域的灵感指南：风俗、道德、宗教、哲学、艺术、蒸汽机、电车。一切都在‘进化’。‘进化’成为一个非常普遍的术语，但也变得不再精确，最终在很多情况下这个词原本明确的含义消失了，而它所描述的理论被误解了。我们大胆预言，相对论将有类似的命运和发展历程。这一物理学理论目前还不完全被理解，但它将变得更加模糊。历史会重演，相对论也将如同进化论一样，在经过一系列通俗但不够准确的科学阐释之后，走向征服世界的道路。到那时，它可能会被称为‘相对主义’。许多这些更广泛的应用或许会被证明是合理的，有些则会显得荒谬，另外相当一部分可能会沦为陈词滥调。而这一物理学理论，这棵参天大树的种子，将再次成为科学家们纯粹技术性的兴趣。”❶

（接上页）建议[《现代民主》(*Modern Democracies*)，第一卷，第 156 页]，在“各种各样的人群中不断游走活动”，寻找每个社区中那些具有敏锐洞察力且不带偏见的人。“经过长期的实践和‘同理心的触碰’，人类会产生一种灵敏的直觉。训练有素的观察者学会如何从细微的迹象中获益，就像老水手能比陆地上的人更早察觉到即将来临的风暴迹象。”简而言之，这些工作包含大量的猜测工作，难怪喜欢精准的学者们常常将注意力局限于其他学者所做的更为整洁的理论总结上。

❶《泰晤士报》文学副刊，1921 年 6 月 2 日，第 352 页。爱因（转下页）

但要使一种思想在世界范围内传播，即便它并不十分精确，也必须与某种事物相对应。布里教授展示了“进步”这一观念长期以来都只是人们构想的一种概念。[1]他写道：“一种新的思辨性观念，是很难迅速渗透进并影响一个社会的普遍意识的，除非它具备某种外在的具体形象，或得到了某种引人注目的物质证据的支持。”在“进步”的案例中，这两个条件（在英国）在1820年至1850年期间都得到了满足。最为显著的证据来自工业革命。“在十九世纪初出生的人，在未满三十岁之前，便见证了蒸汽航运的迅速发展、城市和房屋的煤气照明，以及第一条铁路的开通。”对于普通市民来说，这些奇迹般的成就构成了他们对人类不断完善的信念基础。

泰尼森的哲学观念具有普遍性。他告诉我们，当他第一次乘火车从利物浦到曼彻斯特（1830年）时，他曾认为车轮是在槽中运行。随后他写下了这句诗：

> 让这伟大的世界永远在变化的响亮槽道中旋转。[2]

（接上页）斯坦曾于1921年在美国说：人们总是高估他的理论的影响力，却对确定性估计不足。

[1] J.B.布里，《进步的理念》（*The Idea of Progress*），第324页。

[2] 见阿尔弗雷德·泰尼森的回忆录，卷一，第195页，引自J.B.布里《进步的理念》（*The Idea of Progress*），第326页。

因此，一个或多或少只适用于利物浦与曼彻斯特之间旅程的概念，被泛化为一个“永恒”的宇宙模式。这个模式被其他人采纳，并因令人炫目的发明而得到强化，进而为进化理论增添了乐观色彩。正如布里教授所说，进化论本来是处于悲观主义和乐观主义之间的中立概念。但它承诺了永恒的变化，而世界上可见的变化标志着对自然的非凡征服，因此大众的思维将这两者融合在一起。进化论，原本出现在达尔文的著作中，经过赫伯特·斯宾塞的进一步阐述后，竟成了“向完美的进步”。

2

“进步”和“完美”这些词所代表的刻板印象，基本上是由机械发明所构建的。总体而言，这种由机械发明构建的特征至今仍在持续。在美国，机械工业进步的景象比任何地方都更为深刻地影响了人们的观念，甚至渗透进了整个道德体系。对于美国人来说，他们几乎可以忍受任何侮辱，但唯独无法接受被指责“不够进步”。无论是长期定居的本地人，还是新移民，最先引起他们注意的都是美国文明的巨大物质增长。这构成了他们看待世界的根本刻板印象：乡村会变成大都市，简陋的建筑会成为摩天大楼，小的会变大，慢的会变快，贫穷的会变富有，少的会变多，所有现有的事物都会变得更多、更大、更好。

当然，并非每个美国人都以这种方式看待世界。亨利·亚当斯没有这样看，威廉·艾伦·怀特也没有。但那些在以成功学为教义的杂志中出现的“美国缔造者”，却正是如此看待世界。当他们宣扬进化、进步、繁荣、建设性以及美国式的做事方式时，他们正表达着这样的理念。虽然这种观念容易遭到嘲笑，但事实上，他们依托的是一种极为伟大的行为模式。首先，这种模式采用了一种非个人化的、客观的标准；其次，它采用了世俗的标准；最后，它让人们习惯了用量化思维来思考。当然，这种理想常常将卓越与规模混淆，将幸福与速度等同，将人性与机械发明混为一谈。然而，驱动这种观念的动机与从古至今任何激发道德准则的动机是一样的。对最大、最快、最高的追求（如果你是手表或显微镜制造商，那就意味着对最小的追求），或者简而言之，对卓越和“无与伦比”的热爱，本质上已经被视为一种高尚的激情。

美国式的进步观念无疑与经济形势和人性中的广泛事实相适应。它将大量的斗争、贪欲和权力欲转化为生产性的劳动。而且直到最近，这种观念也没有严重挫败社会中活跃成员的积极本性。他们创造了一个文明，这个文明为那些缔造者提供了他们所认为的充实满足，无论是在工作、婚姻还是娱乐中。他们战胜高山、荒野、远方，并在人类竞争中获得胜利感，这种感觉甚至替代了某种宗教情感，即与普适性融为一体的感觉。这种模式在理想、实践和结果的连贯性上几乎是完美的成功，因此，任何对此的质疑都会被称为“反对美国”。

然而，这种模式是对世界的极为片面和不足的描绘。将进步视为“发展”的思维定式，意味着许多社会环境问题被简单忽视了。受“进步”刻板印象的影响，美国大众很少看到不符合这一观念的事物。他们看到了城市的扩张，却看不到贫民窟的滋生；他们为人口普查的数据欢呼，却拒绝正视过度拥挤的问题；他们为国家的增长感到自豪，却不愿看到农民或未被同化的移民的流离失所。他们疯狂扩张工业，不顾自然资源的巨大消耗；建立了庞大的企业帝国，却未能为产业关系做好安排。他们成为世界上最强大的国家之一，但没有为结束孤立主义做好制度或思想上的准备。他们在道德和物质上都未做好准备便误入了世界大战，战后又带着失望而出，几乎什么都没学到。

在第一次世界大战中，美国刻板印象的积极与消极影响显而易见。人们认为战争可以通过无限招募军队、筹集无限资金、建造无数舰船、生产无限军备，以及无限制地专注于这些来获胜，这种观念符合美国的传统刻板印象，并且确实产生了近乎奇迹般的物质成就。[1]但对于那些最

[1] 此处我想到的是，美国为两百万海外部队提供运输和补给。（转下页）

深受这种刻板印象影响的人来说，胜利的成果是什么，或者如何实现这些成果，却没有得到任何考虑。因此，战争的目标被忽视了，或者说结果被认为是不言而喻。因为刻板印象的要求，胜利被定义为在战场上彻底摧毁敌人的胜利。在和平时期，人们不会问最快的汽车有什么用途；在战争中，人们也不会问最彻底的胜利有什么目的。然而，在巴黎和会上，这一刻板印象并不适应现实。在和平时期，你可以不断用大事物取代小事物，用更大的事物取代大的事物；但在战争中，当你赢得了绝对的胜利后，你无法再追求“更绝对的”胜利。你必须以一种完全不同的方式行动。如果你缺乏这样的模式，战争的结束对你来说就如同对许多善良之人那样，变成了一个平淡无味、令人失望的结局。

这标志着，刻板印象与无法忽视的事实总会在某个时刻彻底分道扬镳。这个时刻必然存在，因为我们对事物如何运作的想象，总要比实际事务的起伏变化更加简单和稳定。因此，在某个时刻，那些原本处于视野边缘的盲点会进入视线的中心。如果此时没有批评者有勇气发出警告、没有领导人能够理解变化，民众也没有宽容的习惯，那么

（接上页）韦斯利·米切尔教授指出，在我们参战后，商品的总产量相比 1916 年的水平并没有大幅增加，但用于战争目的的生产确实有所增加。

刻板印象不仅不能节约精力、集中力量（正如1917年和1918年的情况），反而可能通过蒙蔽人们的眼睛，挫败努力、浪费精力，正如1919年那些因彻底消灭德国的“迦太基式和平”*的呼吁而悲叹之人，以及1921年哀叹《凡尔赛条约》的人那样。

3

毫无批判地坚持刻板印象，不仅会忽略许多需要考虑的因素，而且当清算的时刻到来，刻板印象被打破时，曾被纳入考虑的部分理性智慧也可能随之毁灭。这正是萧伯纳先生对自由贸易、自由契约、自由竞争、天赋自由、自由放任以及达尔文主义的批判。如果萧伯纳早出生一百年的话，他本可能是这些学说最尖锐的倡导者之一，绝不会对这些学说作出今天“异教徒的半个世纪”❶这样的形容，也不会认为这些学说是“在无须承担责任的情况下打击他人的借口”。他认为，政府对各种事情进行的指导与干预，任何能够保护合法欺诈的组织（警察除外），以及为混乱的产业引入各种人为的目的、计划和设想，都是“违反政治

* 迦太基曾与罗马发生过一系列战争，最终以迦太基城被毁、人民被屠杀或被贩卖为奴告终。此后，人们就以“迦太基式和平”代指强行施加给战败方的不平等的和平。——译者

❶ 引自萧伯纳《回到玛土撒拉》的前言。

经济学的规律”。作为向着“天堂平原”[1]行进的先锋之一，萧伯纳会觉得像维多利亚女王的叔父统治时期出现的各种人为设定的目的、计划和设想越少越好。他不会认为自由竞争会带来强者压迫弱者，而会认为是愚蠢者挡了强者的道。他会认为那些目的、计划和设想阻碍了发明，阻碍了企业发展，阻碍了他必定会认可的“创造性进化”的下一步。

即使现在，萧伯纳先生对任何他所熟知的“指导政府”也不会存在任何热情。但在理论上，他已彻底背离了自由放任的观点。战前，许多先进思想已经转而反对那种“只要放任一切，智慧就会自然涌现，并带来和谐”的既定观念。战后，随着政府指导的明确指示，而且是在审查员、宣传员和间谍的帮助下，自由主义者罗巴克·拉姆斯登和天赋自由重新回到了严肃思想家的视野。

这些周期循环中有一个共同点：每一组刻板印象中都有一个点，在这个点上，努力会停止，事情似乎会按人们的意愿自行发生。进步的刻板印象虽然有强大的推动力，却几乎掩盖了对工作本质及其目的的思考。自由放任让人能从愚蠢官僚中获得解放，并假定人们会通过自发的动力走向预定的和谐。在马克思主义者看来，集体主义是化解残酷自私的解毒剂，他们似乎预设了社会主义官员的经济

[1] 引自萧伯纳《易卜生主义的精髓》(The Quintessence of Ibsenism ）一文。

决定论会自然导向效率和智慧。强大的政府，无论是在国内还是国外的帝国主义，都会深刻理解混乱带来的代价。因此，他们依赖于以下事实：统治者了解所有对被统治者来说重要的事情。每一种理论中都存在某种天然的盲点。

这些盲点掩盖了一些事实，而如果将这些事实纳入考虑，便会抑制刻板印象所激发的各种行动。如果进步主义者像笑话中的人那样，问自己通过打破纪录节省下来的时间能用来做什么；如果自由放任的倡导者不仅要面对人类旺盛的自由能量，还要考虑所谓人性；如果集体主义者的关注点集中在如何确保官员可靠的问题上；如果帝国主义者敢于怀疑自己的灵感……那么我们会看到更多像哈姆雷特那样犹豫不决的人，而非亨利五世般果断行动的人。这些盲点阻挡了干扰性的图像，一旦这些图像呈现在人们眼前，就可能会导致犹豫和意志薄弱。因此，刻板印象不仅在忙碌的生活中节省时间，捍卫我们的社会地位，还使我们免于面对试图“稳定而全面”看待世界时产生的困惑。

第九章　法则与破坏法则者

1

任何在火车站台等朋友的人，都能回想起自己曾把一些奇怪的人错认为朋友的情景。一顶帽子的形状，或者一个稍微熟悉的步态，都会在脑海中唤起生动的图像。在梦中，铃声可能听起来像大钟的鸣响，远处的锤声可能听起来像雷鸣。因为我们记忆中的图景集合会对某种模糊相似的刺激产生共鸣。在幻觉中，这些图景可能充满整个意识。它们很少会融入我们的感知之中，但我倾向于认为这种经验极其罕见且复杂难懂。比如当我们长时间注视一个熟悉的词或物体时，慢慢地，它就会不再显得熟悉。毫无疑问，大多数情况下，我们看待事物的方式是“眼前所见”与“预期所见”的结合。天文爱好者与一对情侣眼中的星空截然不同；阅读康德的文本后，康德信徒和激进经验主义者会产生不同的联想；大溪地美女在她的大溪地追求者眼中比在《国家地理杂志》读者眼中更美。

事实上，任何领域的专长都意味着我们准备发现更多的知识，同时也培养了修正预期的习惯。对无知者而言，所有事物看起来都差不多，生活只是接连发生的一系列事件；但对专家来说，事物则高度个性化。对一名司机、美食家、鉴赏家、内阁成员或教授的妻子而言，汽车、美酒、艺术作品、共和党人和大学教职人员之间的细微差别显而易见，而这些差别对随意讨论这些话题的普通人来说则并不明显。

然而，在我们的公众舆论中，能成为某一领域专家的人很少，而正如萧伯纳所言，人生苦短。即使是专家，他们也只在少数几个话题上有专长。正如我们在战争中了解到的，即便是专家级的战士，擅长骑兵作战的并不一定擅长壕沟战或坦克战。实际上，某一小领域的知识有时反而会放大我们人类的一个陋习：试图将一切都挤进刻板印象中，并将不符合的部分抛入“黑暗”中，对其视而不见。

当我们识别出某些熟悉的事物时，有时一不留神，我们就会借助脑海中已有的图像来理解它们。因此，美国人对“进步”和“成功”的看法，存在着一种美国人特有的人性和社会图景。这种人性和社会，才能算是理想中的进步人性和进步社会。当我们试图描述或解释现实中成功的人和实际发生的事件时，我们会在其中回溯出那些刻板印象中预设的品质。

这些品质曾经被过去的经济学家天真地标准化。他们着手描述自己所处的社会体系，却发现它过于复杂，难以用语言表达。于是，他们构建了一个简化的图示，真诚地希望这个图示能准确描绘现实，就像孩子在画复杂的牛时，简化成画一个带四肢和头的平行四边形一样。这个体系包含了一个从劳动中辛勤积累资本的资本家，一个有远见并组织工厂以满足社会需求的企业家，一群自由签订劳动合同的工人（他们有权选择是否接受工作），一个地主，以及一群通过“痛苦与快乐计算法”在最廉价的市场上购买物品的消费者。这个模型在书本中奏效了。书中描述的那些假设模型中的人们，在假设的世界中，总能和谐合作。

经过修改和润色，这种由经济学家为简化思维而使用的纯粹虚构模型，被广泛传播并普及，直到它成为大部分人口心中当代的经济神话。它提供了一种标准化的资本家、创业者、工人和消费者形象，在一个更关心如何取得成功而不是解释成功的社会中广泛流行起来。高楼拔地而起，银行账户不断增加，都被视为这种刻板印象准确性的证据。而那些从成功中获益最多的人，渐渐相信自己正是他们应该成为的那种人。难怪成功者的亲密朋友在阅读官方传记和讣告时，不得不克制住自己，不去质疑：他们的朋友真的是这样的人吗？

2

对于失败者和受害者来说，上文那种冠冕堂皇的描绘自然与实际相去甚远。那些代表进步的人并不会经常停下来思考，自己是否按经济学家所设定的路线，或是通过其他同样值得赞扬的途径达到成功；但那些不成功的人却常常追问正途何在。正如威廉·詹姆斯所言："没有人能看得比自己所掌握的细节更远。"[1]工业巨头们在巨大的托拉斯中看到了他们成功的丰碑；而与他们竞争的失败者则看到了自己失败的象征。因此，巨头们宣扬大企业的效率和美德，要求政府不要干预，声称自己是繁荣的代理人和贸易的推动者；被压制的人则坚持托拉斯带来的浪费和残酷，呼吁司法部门打击商业垄断。在同一情境下，一方看到的是进步、节约和辉煌的发展，而另一方看到的则是反动、奢侈和贸易的限制。大量统计数据、关于"真相"与"内幕"的逸事，以及所谓更深层次、更广泛的真相被发布，用以证明双方的论点。

当一个刻板印象体系已经牢固建立时，我们的注意力会被吸引到那些支持它的事实上去，而忽略那些与之相悖的事实。因此，也许是因为人们的思想已经与之协调，善

[1]《威廉·詹姆斯信函集》，卷一，第 65 页。

良的人发现了更多行善的理由，而邪恶的人则发现了更多的邪恶。我们准确地形容这种现象为“戴着有色眼镜看人”。正如菲利普·利特尔曾形容某位著名教授时所说，我们“透过黑暗的镜片”看待生活时，就会不假思索地根据对上流社会和下层阶级的刻板印象对所有人进行区分。陌生的事物会被排斥，事物的差异被我们视而不见。我们看不见那些我们的眼睛不习惯捕捉的事物。有时这一过程是有意的，但更多时候我们会在不自知的情况下，对那些符合我们哲学观的事实留下深刻印象。

3

这种哲学观是用于描述未知世界的一系列或多或少有组织的图景，但它的作用不仅仅是描述，还包括判断。因此，刻板印象充满了偏好，充满了喜爱或厌恶，总是与恐惧、欲望、强烈的愿望、骄傲和期待相伴。任何唤起刻板印象的事物都会被相应的情感所评判。除非我们有意识地保持对偏见的克制，否则我们不会先仔细研究一个人再判断他是坏人——我们看到的直接就是一个“坏人”。我们看到的是晨露清新、羞涩少女、圣洁的神父、死板的英国人、危险的激进分子、放浪不羁的波希米亚人、懒惰的印度人、狡猾的东方人、充满幻想的斯拉夫人、易变的爱尔兰人、贪婪的犹太人、百分之百的美国人。在日常生活中，我们总是会这么做出判断，判断远在证据出现之前就形成，并包含了证据几乎必然会支持的结论。这种判断中没有公正、怜悯或真理，因为判断先于证据而存在。

然而，任何鼓励思考的文明中，都不可能出现完全没有偏见的民族、完全以中立视角看待世界的民族。因此，教育不可能以这种过于理想化的世界为目标。偏见可以被识别、抵消和剔除，但只要生命有限的人类必须在短暂的教育中为应对庞大的文明做准备，他们就必须带着这些文明既有的图像，必须带着各种偏见。思考和行动的质量取决于这些偏见是否对他人和其他思想持友善态度，是否能唤起对积极美好的事物的热爱，而非对他们视为“不美好”事物的仇恨。

道德、品位和礼仪规范首先将某些潜在的偏见标准化，然后加以强调。当我们调整自己以适应某种道德规范时，我们也在调整自己所看到的事实，使其符合这一规范。理性上，事实对我们的善恶观念是中立的；实际上，我们的准则极大地影响我们如何感知事实。

道德规范是一种行为方案，适用于一系列典型情境。按照规范的指引做出的行为，都是在为规范所追求的目的服务。这种目的可能是上帝的旨意、君主的意志，是个人为了一个真实而可靠的天堂中的得救，是为了尘世间的成功，或是为全人类服务。无论何种目的，规范的制定者都会锁定某些典型情境，然后通过某种推理或直觉，推导出能够实现他们所承认目标的行为方式。规范只在它们适用的情境中适用。

但在日常生活中，一个人如何知道自己的困境是不是立法者所考虑的情境？他被告知不应杀人，但如果他的孩子受到攻击，他是否可以为了阻止杀戮而杀人？“十诫”对此保持沉默。因此，围绕每一套规范，都有一群解释者，由他们推导出更具体的情况。假设法律权威决定他可以在自卫时杀人，那么对下一个人来说，疑惑依然存在：他如何知道自己正确定义了自卫，或者他没有误判事实，确定自己不是在想象攻击，确定不是他在攻击对方？也许他激起了对方的攻击，但挑衅又该如何界定呢？正是这些混乱在 1914 年 8 月影响了大多数德国人的思维。

在现代社会，比道德规范之间的差异更严重的，是对适用这些规范的事实假设的差异。宗教、道德和政治的规范远没有其信奉者所假设的事实之间的差距大。因此，有效的讨论不是比较理想假设，而是重新审视对事实的理解。例如，“己所不欲，勿施于人”的规则基于对人性一致性的信念，而萧伯纳提出的“不要对他人做你希望别人对你做的事，因为他们的喜好可能不同”，则基于人性并不一致的信念。关于“竞争是商业的生命”的格言包含了关于经济动机、产业关系和特定商业体系运作的一系列假设。主张美国必须由私人拥有和管理商船队的说法，假设了某种类型的盈利与激励之间的联系。

每个道德规范的核心，都包含对人性的描绘、世界的图景和对历史的理解。规则适用于特定类型的（如想象一般完美的）人性、在特定的（如想象一般完美的）世界、基于某种（如想象一般完美的）历史。但如果个体性格、环境和记忆的事实有所不同，那么道德规范就不会具有想象中的普适性。每一套道德规范都必须以某种方式构想人类心理、物质世界和传统。在受科学影响的规范中，这些构想只能被视为假设；而在未经审视的过往经验或凭空从人类心灵深处涌现的规范中，构想则被视为不会被质疑的虚构，而非需要证据验证或反驳的假设。在前一种情况下，受科学纪律约束的人因为知道自己的信念是暂时且不完整的，所以保持谦逊；而在后一种情况下，教条主义者将自己的构想视为神话时，坚信自己拥有部分全知的洞察力——尽管他缺乏区分真理与谬误的标准。神话的标志就在于，真理与谬误、事实与虚构、报告与幻想等各种自相矛盾的概念，在同一可信度的层面上共存。

神话不一定是虚假的，它有可能完全真实，或者部分真实。如果某个神话长期影响了人类行为，它几乎必然包含了许多深刻且重要的真理。神话所缺乏的，正是分辨真理与谬误的批判能力。因为这种能力只有通过意识到没有任何人类意见能免于接受证据的检验，无论其被认为有多么崇高的来源才能获得。而如果你问为什么证据的检验优于其他标准，那么我只能做出唯一的回答：只有通过使用这一检验，才能找到答案。

4

我认为，有压倒性证据表明，道德规范总是基于某种特定的事实观念。这里的道德规范涵盖了所有类型：个人、家庭、经济、职业、法律、爱国主义、国际关系。在每一种规范的核心，都包含关于心理学、社会学和历史的刻板印象。而在对于人性、制度或传统的看法上，很少有一种观点能够涵盖我们所有的规范。例如，比较经济规范与爱国主义规范，就能看出二者之间的差异。假设发生了一场影响到每个人的战争。两个男人是生意上的合伙人，一个参军，另一个接下军火合同。士兵牺牲了一切，甚至可能包括自己的生命，尽管他每天只得到一美元的报酬，却没有人说（也没有人相信），用任何形式的经济激励就能让他成为更好的士兵。在他的人性中，这种经济动机消失了。而承包商没有付出什么牺牲，却获得了丰厚的利润，而且每个人都认为一旦没有经济激励，他就不会再生产军需品。尽管这对承包商可能不公平，但事情的关键在于，爱国主义规范假设了一种人性，而商业规范假设的是另一种人性。而这些规范之所以能基于合理的预期，是因为当一个人采用某种规范时，他往往会表现出与该规范相符的那种人性。

正因如此，对人性进行笼统的概括往往是很危险的。一个慈爱的父亲可能是个暴躁的老板、严肃的市政改革者，以及对外激进的沙文主义者。他的家庭生活、职业生涯、政治和对外政策，都基于完全不同的对他人以及自己应如何行事的看法。这些看法在同一个人身上因不同的规范而截然不同，在社会同一群体中的人之间也会截然不同，不同社会群体之间更会截然不同，而在不同国家或种族之间，这种差异可能大到根本不会出现共同的假设。这就是为什么宣称拥有相同宗教信仰的人，仍然会互相开战。他们信仰中真正决定其行为的是他们所假设的看待事物的观念。

这正是道德规范如此微妙，且广泛地渗透进公众舆论形成过程中的原因。传统理论认为，公众舆论是基于一组事实的道德判断。而我所提出的理论是：在当前的教育背景下，公众舆论主要是对事实的道德化和规范化的看法。我认为，我们道德规范中的刻板印象，在很大程度上决定了我们将看到哪一组事实，以及我们将如何看待这些事实。这也是为什么即便一个新闻机构怀着最好的意愿，其新闻方针仍然倾向于支持其社论立场；为什么资本家会看到一组特定的事实，并以特定的方式看待人性，而他的社会主义对手则看到另一组事实和不同的人性面向。双方都认为对方不理性或偏执，其实真正的区别在于他们的感知方式不同。这种差异是由资本主义和社会主义的刻板印象模式所强加的。一位美国编辑声称"美国没有阶级"；而《共产党宣言》则说，"至今一切社会历史都是阶级斗争的历史"。如果你的思维中的刻板印象与这位编辑相同，那么你会清晰地看到那些支持这一观点的事实，而对那些相悖的事实的感知则模糊且无效。如果你的思维中的刻板印象与共产主义者相同，你不仅会寻找完全不同的事物，还会以完全不同的重点看待你和编辑所共同看到的事实。

5

正因为我的道德体系依赖于我所接受的事实版本，所以当有人否认我的道德判断或事实版本时，我会认为他是顽固的、异类的，甚至是危险的。那么，我该如何解释他人的思维方式呢？我们总是要为异见者找一个解释，而我们最后会得出的唯一解释是：他看到了不同的一组事实。但我们会避免这种解释，因为它动摇了我们对自己视角的坚定信念，即我们已经"稳定且全面"地看待了生活。只有当习惯于将自己的观点视为通过刻板印象看到的部分经验时，我们才会对对手真正宽容。没有这种习惯，我们就会相信自己的视角是绝对正确的，因此认为所有反对意见都是居心不良。虽然人们愿意承认一个“问题”有两面，但他们通常不相信自己所认为的“事实”也有两面。只有经过长期的批判性教育，充分意识到自己对社会数据的理解是间接的、主观的，他们才会相信事实也可能有不同的解读。

当两个派别各自清楚地看到自己所重视的方面，并构想出对所见的单方面解释时，他们往往很难相信对方是诚实的。一旦这种模式与他们的经验在关键时刻吻合，他们就不再将其视为解释，而是视为“现实”。这种“现实”可能与真实的事实本身毫无相似之处，只是它达成的结论符合从前的某种真实体验。例如，我可以用一条直线在地图上表示我从纽约到波士顿的旅程，正如一个人可能认为他的成功是沿着一条笔直的狭路走来的。然而，我实际前往波士顿的路程可能绕了许多弯，经历了许多曲折，正如他的成功之路可能不仅仅是凭借纯粹的勤奋、努力和节俭。但只要我到达波士顿，只要他成功了，那么那条直线和狭路就成了现成的典范。只有当有人试图遵循这些典范而未能达到目的时，我们才需要回应质疑。如果我们坚持自己的典范，而对方拒绝接受，我们很快会把对方视为危险的傻瓜，而对方则视我们为骗子和伪君子。于是，我们逐渐为彼此描绘出负面的画像。对手呈现的形象是那个颠倒黑白的人。他是一个无法融入我们体系的麻烦制造者，然而他却干扰了我们的观念。既然这个体系在我们的脑海中是基于不可辩驳的事实和无懈可击的逻辑所构建的，那么必须为他在这个体系中找到一个位置。在政治或工业争端中，人们几乎从来不会简单地承认对手看到了同样的现实的不同方面，因为这种承认会动摇整个体系。

例如，在巴黎和会上的意大利人认为菲乌梅是意大利的。这不仅仅是因为他们希望将其纳入意大利版图，也是因为他们本来就认为这座城市是意大利的一部分。他们只关注一件事：城市法律边界内的大部分人口是意大利人。而美国代表在纽约看到的意大利人比菲乌梅还要多，但他们不会因此认为纽约也是意大利城市。因此，他们认为菲乌梅是一座中欧地区的港口城市，他们看到的则是郊区和非意大利人聚居区的南斯拉夫人。因此，在巴黎的一些意大利人需要一个令人信服的解释来解释美国人的“顽固”。他们找到了一个谣言，这个谣言不知从何而起，该谣言称：一位有影响力的美国外交官被一个南斯拉夫情妇迷住了。有人见过她……也有人见过他……就在凡尔赛大街旁的别墅里，别墅有大树环绕。

这是一种相当常见的解释对立的方式。这种诽谤性指控虽然很少公开见诸报端，但在私下的闲谈中却屡见不鲜。像罗斯福这样的人物可能需要等待多年，像哈丁那样的人物也许需要等待几个月，才能对某个恶毒话题进行干预，结束那些渗透到各个社交圈的窃窃私语。公众人物不得不忍受大量来自俱乐部、餐桌、闺房的恶毒诽谤，这些诽谤不断被重复、夸大、嘲笑，并被视为令人津津乐道的八卦。尽管我认为这种现象在美国比在欧洲少见，但几乎没有哪位美国官员没有被人散布过丑闻。

我们往往将反对者塑造成反派和阴谋家。如果物价飞涨，就是奸商们合谋所致；如果报纸曲解新闻，就是资本家的阴谋；如果富人太富有了，那一定是不义之财；如果势均力敌的选举输了，就是选民被贿赂了；如果政治家做了你不认同的事，他一定被某个不名誉的人收买或影响了。如果工人不安分，那是煽动者的受害者；如果工人在大范围内不安分，那就有阴谋在酝酿。如果飞机产量不足，那一定是间谍的破坏；如果爱尔兰有问题，那就是德国或布尔什维克的“金钱”在作祟。总之，如果你陷入对阴谋的偏执之中，最终你会看到所有的罢工、普朗布计划*、爱尔兰独立战争、穆斯林动乱、君主复辟、国际联盟、墨西哥

* 普朗布是一位美国律师，1918 年，作为铁路工人组织法律顾问的他提出了“普朗布计划”，呼吁政府实现美国铁路国有化，由代表政府的公共企业运营铁路。但在各方的反对之下，该计划最终宣告失败。——译者

骚乱、裁军运动、周日电影、短裙、规避禁酒令以及黑人运动，都是由莫斯科、罗马、共济会、日本或锡安长老会操控的某个宏大阴谋的分支。

第十章　识别刻板印象

1

经验丰富的外交家们，在不得不向卷入战争的各国公开讲话时，总会使用大量刻板印象来进行宣传。他们面对的是一个岌岌可危的联盟，每个国家的战时团结都需要通过极其谨慎的领导来维持。尽管普通士兵及其家属在勇气的历史中已展现了超凡的英雄主义与无私精神，但这些也不能让他们为那些由外国外交部所宣称的文明未来的种种理念而甘愿赴死。很少有士兵愿意为了盟友的某些港口、矿山、崎岖的山口和村庄的利益而跨越无人区去争夺。

假设在某个国家，主战派控制了外交部、最高指挥部以及大多数新闻媒体，并对几个邻国的领土提出了声索。这些主张被该国上层精英称为"大卢里塔尼亚主义"*，他

* "卢里塔尼亚"是英国小说家安东尼·霍普·霍金斯在他的小说《曾达的囚徒》中虚构的王国，后来被用来代指所有虚构的国家。——译者

们认为吉卜林、特雷奇克和莫里斯·巴雷斯*都是百分之百的卢里塔尼亚人。然而，这个宏伟的理念并未在国外引发响应。因此，被国内的桂冠诗人称为“卢里塔尼亚天才的最美之花”的卢里塔尼亚政治家们踏上了分化他国并逐个征服的征途。他们将领土主张划分为几个部分，每个部分都运用了某种刻板印象，这些刻板印象对于某些盟友而言难以抗拒，因为这些盟友也有自己的诉求，希望通过同样的刻板印象赢得认同。

第一个区域是一个外族农民居住的山区。卢里塔尼亚声称需要它来完成其“天然的地理边界”。如果你足够长时间关注“天然”价值的不可言喻性，那些外族农民似乎就无关紧要了，你的眼中就只会剩下清晰可见的山脉轮廓。接下来是居住着卢里塔尼亚人的区域，基于“没有任何民族应生活在外族统治之下”的原则，它们被重新并入卢里塔尼亚。然后是一个重要的商业城市，那里虽不居住卢里塔尼亚人，但在十八世纪前，它一直是卢里塔尼亚的一部分，因此依据“历史权利”原则，这座城市被并入。更远的目标是一个由外族拥有和开发的丰富矿产地，基于“战争赔偿”的原则，这片土地也被占领。接着是一个97%由

---

* 吉卜林，英国诗人。特雷奇克，德国历史学家。莫里斯·巴雷斯，法国作家。这三人都有着强烈的民族主义倾向，此处被作者用以代指民族主义和扩张主义精神。——译者

外族人居住的地区，这片地区是另一个国家的天然地理边界，历史上也从未属于过卢里塔尼亚。但由于卢里塔尼亚的一个省曾在这些市场进行贸易，其上层文化也与卢里塔尼亚相近，因此被以“文化优越性”和“捍卫文明的必要性”为由提出了领土要求。最后是一个与卢里塔尼亚在地理、民族、经济、历史和传统上完全无关的港口，卢里塔尼亚则以“国家防御需要”为由提出声索。

在结束第一次世界大战的各色条约中，你可以找到许多类似的例子。我并不是在暗示我认为有可能基于其中任何一个原则达成一致并重建欧洲。我确信这是不可能的。但正是这些看似高尚且绝对的原则被频繁使用，和解的精神才未能占上风，和平的实质因此未能实现。因为一旦你开始讨论工厂、矿山、山脉，甚至政治权力，认为它们完美适用于某个永恒原则，你就不再是在讨论，而是在争夺。这种永恒的原则会排除所有反对意见，将问题从其背景和语境中孤立出来，激发你内心的强烈情感，而这种情感也许对该原则而言是适当的，但对解决码头、仓库和房地产所属问题却极其不合适。一旦以这种心态开始，你就再也停止不了了。真实的危险即将来临。为了应对这种危险，你需要更多的绝对原则来捍卫那些被攻击的目标。接着你必须捍卫你的立场，为了辩护还要设立缓冲区，再为这些缓冲区设立更多缓冲区，直到整个事件变得混乱不堪。此时，直接争夺反而比谈判更安全。

在识别刻板印象所具备的虚假的绝对主义时，有一些线索常常能够提供帮助。在卢里塔尼亚的宣传中，原则总是会以极快的速度相互覆盖，以至于人们很容易看出其论点的构建方式。这一系列的矛盾表明，对声索的每个区域，卢里塔尼亚都采用了能够抹去所有不利事实的刻板印象。这样的矛盾就是一个很好的识别刻板印象的线索。

2

缺乏空间概念是另一条常见的线索。例如，1918 年春天，大量民众因俄罗斯退出战争而震惊，要求“重建东线战场”。他们所设想的战争是在两条战线上进行的，当其中一条消失时，立即有人要求重新创建这条战线。他们提议由闲置的日本军队来取代俄军守卫这条战线。然而，存在一个无法克服的障碍：从符拉迪沃斯托克（海参崴）到东线战场之间有五千英里的距离，且只有一条破败的铁路连接着。然而，那五千英里的距离并未在这些热心者的脑海中留下深刻印象。他们坚信需要重建东线，并对日本军队的英勇充满信心，仿佛在他们的想象中，日本军队已经如乘坐飞毯般从符拉迪沃斯托克飞跃到波兰。我们的军事当局徒劳地争辩：把部队部署在西伯利亚边缘，是根本碰不到德国人的；就像从伍尔沃斯大厦的地下室爬到楼顶，也根本抵达不了月球一样。

这一刻板印象的核心是“两线作战”的战争构想。自从人们开始设想大战以来，他们就认为德国会被法国和俄罗斯夹在中间。一代甚至两代的战略家都以这个图景作为他们所有战略计算的出发点。近四年的每一张战斗地图都加深了这种印象——这就是整个战略的核心。当局势转变时，人们却难以抛弃旧有的视角，依然通过刻板印象看待新形势，因而像日本到波兰的距离这样的事实无法进入他们的意识。

有趣的是，美国当局对这些新事实的处理比法国更现实。部分原因是在1914年之前，美国没有什么关于欧洲大陆战争的预设概念；部分原因在于美国专注于动员其西线战场的力量，他们的视角本身就是一种刻板印象，排除了对其他战区的强烈意识。1918年春，虽然美国充满信心，但这一美国视角在当时无法与法国的传统视角相抗衡，因为当时的法国人（在第四次香槟战役和第二次马恩河战役之前）对自己的力量有极大的怀疑。美国人的自信给他们的刻板印象注入了生命力，使这一印象占据了他们的意识，赋予其一种活力和感性，激发了意志，并使意志与他们的行动相统一。以上这些，正符合威廉·詹姆斯所描述的“实事求是”所具有的特征。[1]

[1] 威廉·詹姆斯，《心理学原理》（*Principles of Psychology*），卷二，第300页。

而处于绝望中的法国人则仍然固守着他们的刻板形象。当现实的地理事实与他们的预想不符时，这些事实要么被忽略，要么被扭曲。因此，五千英里外的德国人无法与日本人交战的困难，部分通过让德国人“走近”一半的距离来克服。在 1918 年 3 月至 6 月期间，人们传闻有一支德国军队在东西伯利亚活动。这支只存在于想象中的军队由一些实际存在的德国战俘、一些想象中的战俘以及认为那五千英里的距离并不存在的错觉构成。[1]

3

对空间的正确理解并非易事。如果我在地图上画一条直线连接孟买和香港，并测量其距离，那么我对这段旅程的实际距离几乎一无所知。即使我测量了必须穿越的实际距离，我仍然了解得很少，除非我知道有哪些船只在运营，它们的航行时间、速度如何，是否有我能支付得起的舱位。在现实生活中，空间是可用交通工具的概念，而不是简单

[1] 见 1918 年 2 月 26 日《纽约时报》刊载的查尔斯·格拉斯提对福煦将军的访谈：“德军正在穿过俄国，美国和日本应该前往西伯利亚迎击。”另见 1918 年 6 月 10 日通过的犹他州参议员金的提议、前总统塔夫脱在 1918 年 6 月 11 日的《纽约时报》上发布的声明，以及对俄情报部门长官萨克于 1918 年 5 月 5 日对全美发出的号召：“如果德国站在协约国这一边……它一定会在一年之内就在东线投入三百万人参加作战。”

的平面几何问题。铁路大亨们深知这一点，因此他们才敢向得罪他们的城市说：要让你们变成杂草丛生的荒野。

如果我驾车旅行并向路人询问到目的地有多远，有人告诉我只有三英里，却不提有一个六英里的绕行路段，我会认为这是一个不折不扣的坏蛋。告诉我步行只有三英里对我毫无帮助，告诉我直线距离只有一英里更是无济于事。我既不是能飞过去的乌鸦，也没有步行。我必须知道，开车需要走多远；而且如果那六英里路程都是泥泞的车辙和水坑，也要告诉我。我会认为那个告诉我三英里的人是个捣蛋鬼，并对告诉我一英里的“飞行员”感到不满。因为他们谈论的是他们设想的空间，而不是我实际经过的距离。

在划定边界线时，由于无法理解一个地区的实际地理情况，常常会出现荒谬的复杂情况。以自决等普遍原则为依据，政治家们在地图上画线；可在实际勘测时，这些线可能穿过工厂和村庄街道的中心，或是对角穿过教堂的中殿，甚至分隔了一户农民的厨房和卧室。在牧区，有些边界将牧场与水源分开，将牧场与市场分开；在工业地区，铁路终点与铁路本身被分开。在彩色的民族地图上，这条线在民族层面上是公平的，但在其他维度上，它却不一定。

4

时间和空间一样常常被误解。有一个常见的例子：有人通过制定详尽的遗嘱，试图在自己去世后长久地控制自己的财富。亨利·詹姆斯曾如此描述自己的曾祖父："第一代威廉·詹姆斯的目的，是让他的孩子们（其中几人在他去世时尚未成年）通过勤奋和经验，最终能够享受他希望留给他们的巨大财富。因此，他留下了一份详尽的遗嘱，充满了各种限制和指示。他借此表达了他对自己判断力的极大信心，以及对后代道德福祉的关切。"[1]然而，法庭推翻了遗嘱的永久效力。法律之所以反对永久性遗赠，是因为它承认，对未来施加道德束缚的效用是有限的。但这种控制未来的愿望极具人性，甚至法律也允许这种控制在死后短时间内继续有效。

任何的宪法修正案，都是作者们对其意见在未来几代人中影响力的信心的良好体现。我相信，有些美国州宪法几乎无法被修订。制定这些宪法的人几乎没有意识到时间的流动：对他们而言，"此时此地"是如此明确，而"未来"是如此模糊甚至可怕，以至于他们敢于决定自己去世后的世界应该如何运行。由于州宪法难以修订，热衷于"永久

[1]《威廉·詹姆斯信函集》，卷一，第6页。

条款”的人往往在这些不朽的文件上写下各种规则和限制。如果他们能对未来有适当的谦卑，这些规则就不应比普通法律更持久。

关于时间的假设广泛存在于我们的观点中。对一个人来说，一直被他在生活中有意贯彻的规则是他的世界观的永久组成部分；而对另一个人来说，这些规则只是暂时的。地质学的时间尺度与生物学的时间尺度截然不同，社会时间则更为复杂。政治家必须决定是为眼前的紧急情况做打算，还是为长远考虑。有些决策必须考虑接下来两小时内会发生什么，而有些则要考虑一周、一个月、一季、一年、十年后，甚至子孙成长之后的情况。智慧的一个重要体现就是能够区分不同事务应有的时间概念。使用错误时间概念的人，既可能是无视当下的梦想家，也可能是眼中只见当下的短视者。真正的价值体系需要对相对时间有敏锐的感知。

遥远的时间——无论是过去还是未来——只会存在于我们的构想之中。但正如詹姆斯所言，我们对较长的持续时间没有直接的“切实感知”。[1]我们能够直接感受到的最长时间是所谓“表象的现在”，据提钦纳称，这大约持续六秒钟。“在这一时间段内，所有的印象会同时呈现给我们，

---

[1] 威廉·詹姆斯，《心理学原理》（*Principles of Psychology*），卷一，第638页。

使我们不仅能够感知静止的物体，还能感知事件的发生和变化。”[1]这种感知的“现在”又会被观念上的“现在”所补充。通过将感知与记忆图景相结合，整个过去的日、月，甚至年都可以被带入“现在”的意识中。

正如詹姆斯所说，在这种观念上的“现在”，生动性与我们在其中感知到的差异性成正比。比如一个无聊、毫无作为的假期，当时觉得时间流逝缓慢，但在记忆中却显得很短。反之，我们会感到极为忙碌的时光迅速流逝，但在回忆中这段时光却显得漫长。关于我们所区分的时间观念与时间感知之间的关系，詹姆斯有一段有趣的描述：[2]

我们有充分的理由相信，不同生物对持续时间的直觉感知及其所感知事件的细致程度可能存在巨大差异。冯·贝尔曾对改变自然属性会给这种差异带来何种效果做了一些有趣的推算。假设在一秒钟的时间内，我们能够清晰地注意到一万件事，而不是现在仅能注意到的十件，[3]并且我们的生命中所能感知到的印象总数保持不变，那么我们的生命长度可能缩短到原来的千分之一，我们的寿命会被直接

[1] 引自霍华德·沃伦《人类心理学》(*Human Psychology*)，第 255 页。

[2] 威廉·詹姆斯，《心理学原理》(*Principles of Psychology*)，卷一，第 639 页。

[3] 超高速摄影机能产生这种令人赞叹不已的效果，人们利用这项技术创造了电影。

缩短为一个月，我们再也不能感知季节的变化。如果我们在冬天出生，那么我们对夏天的概念就如同我们现在对石炭纪炎热时期的概念一样。生物的运动对我们的感官而言会是如此缓慢，以至于我们只能推测，而无法观察。太阳会停留在空中不动，月亮几乎不会有任何变化，等等。然而，如果我们假设一个相反的情况，某种生物在同一时间内只能感知我们所感知的千分之一的印象，其生命长度也会拉长为我们的千倍。对它而言，冬季和夏季就如同短暂的十五分钟。蘑菇和其他生长较快的植物会迅速出现，仿佛在一瞬间就被创造出来；一年生的灌木会像沸腾的泉水般迅速升起又迅速消失；他们将再也看不清任何动物的运动，就像我们看不清子弹和炮弹的轨迹一样；太阳将像流星般飞速掠过天空，留下炽热的轨迹；等等。

5

在名著《世界史纲》中，威尔斯先生做出了勇敢的尝试，试图将“历史时间与地质时间的真实比例”可视化。[1]如果以三英寸代表从哥伦布至今的时间，读者需要走五十五英尺才能看到阿尔塔米拉洞穴画家进行岩窟壁画

[1] 威尔斯，《世界史纲》(*The Outline of History*)，卷二，第605页。另见詹姆斯·罗宾逊《新史学》(*The New History*)，第239页。

创作，走五百五十英尺才能见到早期尼安德特人，走一英里左右才能看到恐龙的灭绝。在公元前一千年以前，人类基本不存在准确的纪年，但对那时的人类而言，“阿卡德-苏美尔帝国的萨尔贡一世已成为遥远的记忆……比君士坦丁大帝与今天的距离还要遥远……汉谟拉比已经去世一千年了……英格兰的巨石阵也已经有一千年的历史了”。

威尔斯的这段文字有明确的目的。他指出：“在短短的一万年里，人类社会从新石器时代的家族部落发展到现在广大的统一国家。虽然疆域广阔，但在本质上仍然过小且不完全。”❶威尔斯希望通过改变我们对当下问题的时间视角，来促使我们道德视角的转变。然而，这将所有当下的重要性予以最小化处理的天文尺度、地质尺度、生物尺度，并不会比显微镜式的视角“更真实”。正如西蒙·斯特伦斯基指出的：“如果威尔斯考虑的是他的副标题“人类未来的可能”，他当然可以要求几个世纪的时间来解决问题；但如果他想拯救在大战后摇摇欲坠的西方文明，他必须以十年或几十年为时间单位来思考。”❷采用何种时间尺度应该取决于实际目的。有时，我们需要放大时间视角；而在其他情况下，我们则需要缩小。

---

❶ 参见《拯救文明》(The Salvaging of Civilization）一文，《纽约晚邮报》1921 年 6 月 18 日，第 5 页。

❷ 同上。

那种说“由于某国出生率高，那么即使饿死上千万人口，只需两代人就可以恢复”的人，是在利用长远时间视角为自己的不作为开脱。一个将贫困的健康年轻人视为“乞丐”的人，实际上是过度夸大了眼前的困难，而忽视了“乞丐”生活的持续时间的人。那些为了眼前的和平而愿意通过满足侵略帝国的欲望来换取安宁的人，实际是允许“虚假的现在”破坏他们子孙的和平的人。而那些不愿耐心处理与麻烦邻居的关系、想要一劳永逸解决一切问题的人，同样也是“虚假的现在”的受害者。

6

几乎每一个社会问题都涉及对时间的正确计算。以木材为例，不同的树木生长速度不同。一个合理的育林政策应该是，在每个季节中砍伐的每种树木和每个树龄的数量，能够通过重新种植得以补充。如果计算正确，那么就达到了最经济的方式。砍伐的少是浪费，砍伐的多则是掠夺。但在紧急情况下，例如战争中需要大量飞机用云杉时，可能需要超额砍伐。一个机敏的政府会认识到这一点，并将恢复生态平衡视为未来的责任。

煤炭则涉及不同的时间概念，因为煤炭不像树木那样在可见时间内生长，它是在地质时间尺度上形成的，储量有限。因此，合理的社会政策需要对全球现有储备、潜在的发现、当前的使用量、现有的使用效率以及替代燃料进行复杂的计算。然而，当计算完成后，必须将其与时间相关的理想标准进行比较。例如，工程师可能得出结论：当前的燃料正在以一定的速度耗尽，如果没有新的发现，工业将在未来的某个确定时间进入萎缩阶段。那么，我们必须决定在采取所有可行的节约措施后，我们会进行多大程度的节俭和自我约束，以避免剥夺后代的资源。但是，我们应如何定义“后代”？是我们的孙辈，还是曾孙辈？或许我们在马上确立了事情的紧迫性后，决定以一百年为计算时间，认为这足以让我们寻找到替代燃料。虽然这些数字是假设的，但经过这样的计算后，我们就是在使用现有的理性，将社会时间纳入公众舆论中。

让我们想象一个稍微不同的例子：一个城市与电车公司之间签订合同。公司要求，如果要它投资，则必须授予主要道路的九十九年垄断权。在提出这一要求的人的心目中，九十九年几乎意味着“永远”。但假设有理由相信，二十年后从中央电站通过轨道运行的地面电车将过时，那么签订这样的合同是极不明智的，因为它实际上是在为下一代提供劣质的交通工具。在签订这样的合同时，市政府官员缺乏对九十九年这个时间的切实认识。此时，给公司提供补贴以吸引资本投资，远比通过提供虚假的“永恒”

感来刺激投资要好得多。当官员们谈论九十九年时，他们实际上并没有真正的时间感。

通俗历史常常是时间混淆的乐园。以普通英国人为例，克伦威尔的行为、《合并法案》的腐败、1847年的饥荒，这些事件在他们眼中是早已作古的事情，参与者也都去世多年，与现今的任何爱尔兰人或英国人没有实际联系。然而，在爱尔兰爱国者的心中，这些事件却仿佛近在眼前。他们的记忆犹如那些历史画作，画中维吉尔与但丁并肩而坐，交谈甚欢。这种视角的缩短与扭曲，成了各民族间的巨大障碍。在某些传统中刻骨铭心的事件，往往很难让在另一种传统下的人们产生什么情感。

几乎所有以“历史权利”或“历史冤屈”名义提出的主张，都不能被称为对过去的客观解读。以法德两国关于阿尔萨斯–洛林的争论为例，这一争议的关键取决于你选择的起始日期。如果你从拉乌拉奇人和塞夸尼人开始，那么这片土地历史上属于古高卢；如果你选择亨利一世时代，那么它是德国领土；如果你取1273年，它属于奥地利哈布斯堡王朝；如果你选择1648年《威斯特伐利亚和约》的签订，那么这片土地大部分属于法国；而如果你选择1688年路易十四时期，则几乎整个地区都是法国的。只要你使用历史作为论据，那么你一定会选择那些支持你当前立场的历史日期。

关于“种族”和民族的争论也往往表现出同样的时间任意性。在战争期间，受强烈情感的影响，“条顿人”与“盎格鲁-撒克逊人”和法国人之间的区别被认为是永恒的对立，仿佛他们自古以来就是敌对的种族。然而，仅在一代人之前，弗里曼等历史学家还在强调西欧各民族具有共同的条顿起源，而人类学家也会坚决认为，德国人、英国人和大部分法国人是曾经同一族群的分支。普遍的规律是：如果你今天喜欢某个民族，你会从各个分支追溯到共同的根源；如果你不喜欢他们，你会强调各个分支是独立的起源。在前者的情况下，你专注于他们尚未区分开来的时期；在后者的情况下，你则关注他们区分之后的时期。而与你情绪相契合的那种观点就被视为“真相”。

还有一个相对温和的例子，家谱。通常，家谱中会有一对被指定为家族始祖的夫妇，他们最好与某个荣耀的事件有关联，比如诺曼征服。这对夫妇并没有祖先，也不是别人的后代，仿佛就是家族的亚当和夏娃。然而，事实上，他们也有祖先，“某某是家族的奠基者”这句话的意思并不是他是家族的“亚当”，而是他是某个理想的开端，或是家族中有记录的最早祖先。然而，家谱通常会体现出更深的偏见。除非女性后代特别显赫，否则家族的继承通常沿着男性传递。这棵家族树是男性化的，偶尔会有女性像飞落在古老苹果树上的蜜蜂一样暂时点缀其中。

7

最难以捉摸的时间维度是未来。人们总是有这样一种倾向：在希望或怀疑的驱使下，跳过过程中的必要步骤，并夸大或缩小完成某些过程所需的时间。在关于工薪阶层在工业管理中应发挥的作用的讨论中，就充满了这种困扰。因为管理会涵盖许多职能，[1]其中有些不需要培训就能胜任，有些需要一点培训，而另一些则只能通过毕生的学习来掌握。真正有洞察力的工业民主化计划，总是要按部就班、循序渐进地，将工业培训计划与赋予责任按阶段同步进行。突然地实施无产阶级专政，实际上是在跳过准备阶段；但如果完全拒绝赋予责任，就是在否定人类进步的可能性。那些原始的民主观念，诸如轮换任职和对专家的蔑视等，本质上不过是古老的神话产生的妄想——就像智慧女神雅典娜成熟且全副武装地从宙斯的头颅里跳出一样。这种观念实际上在假设，那些需要多年学习的技能根本不需要学习。

每当政策依据中出现了“落后民族”一词，时间的概念便成为决定性因素。《国际联盟盟约》指出，“委任托管地的性质必须根据当地人民的发展阶段而定”，并将该标准

[1] 卡特·古德里奇，《控制的前沿》(*The Frontier of Control*)。

与其他标准并列。[1]它还断言，某些群体已经达到一定的发展阶段，他们的独立就可以暂时得到承认，但同时也要接受建议和帮助，“直到他们有能力独立为止”。委任国和被委任国对这一时间的理解将深刻影响彼此的关系。例如在古巴的案例中，美国政府的判断几乎与古巴爱国者一致，尽管期间有过纠葛，但这段历史是强国如何对待弱国中最光辉的一页之一。但更多时候，这种判断并不一致。当某个帝国，无论其如何公开表达，内心却深信落后的民族的落后状况或是无可救药、无须补救，或是补救不具经济利益时，这种关系往往会恶化，并毒害世界和平。极少有强国愿意为落后国家制订计划，并按照明确的标准和时间表帮助他们走向进步。大多数强国都断定：落后是内在的且永恒的劣等标志，因此任何试图变得不那么落后的努力都会被视为叛乱。然后，落后国家和民族就被彻底扣上了叛乱者的帽子。在美国的种族战争中，我们可以看到，过去的人们未能认识到黑人终将洗清身上的奴隶属性这一点，到底带来了多严重的后果。在这一属性被洗清后，基于这种属性的社会机制也开始土崩瓦解。

我们总是会把未来想象成我们所希望的那种样子，抹去任何延缓我们愿望实现的障碍，或让那些为我们遮挡恐惧的屏障永存。

---

[1]《国际联盟盟约》第十九条。

8

在试图形成一种公众舆论时，我们不仅需要设想出比我们眼睛所能看到的更广阔的空间、比我们能够感知的更长的时间，还需要描述和评判比我们能够数清、能够想象的更多的人、更多的行为、更多的事物。我们必须进行总结和概括，挑选样本，并将这些样本视为典型。

挑选一个大类中的良好样本并不容易。这一问题属于统计学范畴，而对于任何数学知识有限的人来说，这都是极其困难的事。尽管我曾天真地认为自己理解了那半打教材，但我的数学水平仍然停留在最原始的水平。这些教材带给我的唯一收获就是让我更加意识到分类和抽样的困难，以及我们是多么容易犯下用一点点数据对整个世界以偏概全的可笑错误。

不久之前，英国谢菲尔德的一群社会工作者尝试着描绘出一个准确的图景，来取代他们对该市工人阶层的印象式认知。[1]他们希望能够有合理的依据，来说明谢菲尔德的工人阶层的智力状况。结果，就像我们不想让第一印象主导所有发现时所反映的那样，他们也遇到了种种困难。他们进行

[1] 圣菲利普斯定居点教育与经济研究会，《谢菲尔德劳动者调查报告》（*The Equipment of the Worker*）。

了一场大规模的问卷调查。如果假设通过问卷对于英国城市市民的智力测评是公平的，那么理论上，其中的问题应该对每一个工人阶层成员提出。然而，知道谁属于工人阶层并不那么容易。就算我们再假设人口普查确实能够将他们分类，那么大约有十万四千名男性和十万七千名女性应当接受调查。只有全面地调查这些人的回答，才能支持或驳斥“工人是无知的”或者“工人是智慧的”的武断结论。但没有人会真的去调查这二十万人中的每一个人。

于是，社会工作者们咨询了一位著名的统计学家鲍利教授。他建议他们至少要调查四百零八名男性和四百零八名女性，才能得到一个公平的样本。根据数学计算，这一数字的偏差不会超过1/22。[1]因此，他们至少需要调查八百一十六人，才能够有资格讨论所谓“工人的普遍情况”。但他们该接触哪八百一十六人呢？“我们本可以收集与我们某些成员有先期接触的工人信息；我们本可以通过慈善人士来获取在俱乐部、教会、医院、布道所或社区服务中心接触到的某些工人的信息。然而，这种选择方法会导致完全无效的结果。这些被选中的工人根本不能代表所谓‘普通工人’，他们只会代表他们所属的小圈子。”

“获取‘受调查对象’的正确方法，也正是我们通过耗费大量的时间和精力严格遵循的方式，即通过某种‘中

[1] 同上，第65页脚注。

立'偶然'或'随机'的方法接触到工人。"然而，经过所有这些谨慎步骤后，他们得出的结论不过是，在二十万谢菲尔德工人中，"大约四分之一"是"智力良好"的，"接近四分之三"是"智力较低"的，而"约十五分之一"是"智力低下"的。

我们可以将这种严谨甚至有些教条主义的方法，与我们平时所形成的刻板印象相对比。比如"善变的爱尔兰人""逻辑严密的法国人""纪律严明的德国人""无知的斯拉夫人""诚实的中国人""不可信赖的日本人"等等。这些都是基于样本的概括，但这些样本的选择方式在统计学上完全不可靠。例如，雇主可能会根据他所认识的最麻烦的或最听话的员工来判断整个工人阶级，而许多激进团体更会自认为是工人阶级的公平代表。有多少女性在谈到对"顺从"的看法时，谈论的不过是她们自己对仆人的态度？带有偏见的心态往往会挑出一个，或是偶然遇到一个支持或反对其偏见的样本，然后将其视为整个阶层的典型样本。

当某个人拒绝按照社会普遍的分类方式对自己进行分类时，许多混乱就产生了。如果人们愿意待在社会为他们设定的位置上，对未来的预测就会变得轻松得多。实际上，像"工人阶级"这样的词汇只在部分时间内涵盖了部分真相。当你将所有收入在一定水平以下的人都称为工人阶级时，你会不自觉地假设这些被分类的人会按照你的刻板印象行事。然而，你不能确定究竟谁属于这些人。工厂工人和矿工多少还算符合，但农场工人、小农、货郎、小商店老板、职员、仆人、士兵、警察、消防员就会被遗漏。当你向“工人阶级”发出呼吁时，你的注意力往往集中在两三百万明确加入工会的工人身上，并将他们视为“劳工”；而另外一千七百至一千八百万人，虽然在统计上符合条件，却在无意间被忽视掉了。事实上，在 1918—1921 年间，英国工会联盟把大会决议或知识分子撰写的小册子，直接视为整个工人阶级的总体观点。这多么具有误导性。

“将劳动者视为解放者”的刻板印象选取支持这一观点的证据，并排斥其他证据。因此，在工人实际行动之外，还存在着一个“劳动运动”的虚构版本，其中有一个理想化的群体向着一个理想的目标前进。这个虚构的版本是对未来的想象。在这个想象中，“可能性”“概率”都被混同为“确定”，只要未来足够长，人类的意志就可以把想象中的“可能会”变成“一定会”。詹姆斯将这种现象称为“信仰阶梯”，并说道：“在生命中的重大问题上，人们总是习惯性地生活在这种善意的阶梯上。”[1]

1. 断言世界的某种观点是真实的，这样做既不荒谬，

[1] 威廉·詹姆斯，《一些哲学问题》（*Some Problems of Philosophy*），第 224 页。

也不存在什么矛盾；

2. 在某些条件下，这种观点可能是真的；

3. 它甚至可能在现在就是真的；

4. 它有条件成为真的；

5. 它应该就是真的；

6. 它必须是真的；

7. 它无论如何都会是真的，至少对我来说是真的。

詹姆斯在另一部著作中还补充道："在某些特殊情况下，人们会将自己的行动作为使真实性牢固成立的手段。"[1]没有人比詹姆斯更坚持避免将理想代替现实，避免将需要在未来付出勇气、努力和技巧才能创造的东西视为现在就能确定发生的事情。尽管这是个显而易见的道理，但要真正遵循它却异常困难：毕竟，我们中的大多数都缺乏科学选取样本的训练。

如果我们相信某件事应该是真的，我们几乎总能找到一个例子来证明它是真的，或者找到某个也认为它应该是真的的人。当一个具体事实能够体现出我们的希望时，我们往往很难公正评估这个事实。当我们遇到的前六个人都同意我们的观点时，我们很可能会忽视掉他们可能都在早餐时读了同一家报纸的事实。然而，我们不可能在每次估

[1] 威廉·詹姆斯，《多元宇宙》(*A Pluralistic Universe*)，第 329 页。

计概率时都能随机抽取八百一十六份样本来进行问卷调查。处理大量事实时，如果我们仅凭随意的印象做出行动，大多数时候都不能指望自己选择到了真实的样本。

9

当我们试图进一步探求那些看不见且错综复杂的事务的因果关系时，随意的意见就变得非常危险。公共生活中的大问题很少有能够立即显现的因果关系。即便是那些花费多年时间研究商业周期、价格与工资变动、人口迁徙与同化，或外国势力的外交目的的学者，也未必能一眼看清这些问题的因果。然而，我们又总是能讲出一套看起来合理的理论。由此看来，我们的所谓“推理能力”，其实只是一种直觉，本质实际上是“后此即因此”（后发生的必然是其结果，post hoc ergo propter hoc）。

一个未经训练的头脑越缺乏系统分析的能力，就越容易推导出这样一种理论：它注意到的两件事是同时发生的，它便武断地判定它们之间有因果联系。我们已经详细讨论了事物如何引起我们的注意，并认识到信息的获取常常是存在滞后性和不确定性的，而我们的理解又受到刻板印象的深刻影响。我们得出的证据容易受到防御机制、名誉、道德、不准确的时空概念和不科学的抽样影响。现在我们必须注意到，在有了这种初始偏差后，公众舆论还会在其他因素干扰下进一步陷入困境，因为在一系列主要通过刻板印象观察的事件中，我们很容易将时间上的先后或并列关系当作因果关系。

这种情况最有可能发生在两个引发相同情感的想法同时出现时。如果它们同时出现，很可能会激发相同的情感；即便它们没有同时出现，附带强烈情感的一个想法也很可能会从记忆的各个角落里，吸引出另一个产生类似情感的想法。因此，所有痛苦的事物往往会聚集成一个因果系统，同样，所有令人愉悦的事物也如此。

例如，1675年12月11日，伊恩克里斯·马瑟*写道："今天我听说上帝向这个镇子射了一箭。天花已经出现在'天鹅'酒馆，酒馆主名叫温莎，他的女儿得了这种病。值得注意的是，这种疾病开始于酒馆，这证明了上帝对酗酒的罪行以及酒馆泛滥的愤怒！"❶

与此类似，1919年，一位著名的天体力学教授在讨论爱因斯坦理论时说道："很可能……布尔什维克的起义实际上是某种全球性、深层次的精神骚动的外在表现……这种不安的精神也侵入了科学界。"❷

* 英国牧师，英国殖民时期的哈佛大学校长。——译者

❶ 见伊丽莎白·汉斯科姆编纂的《清教徒之心》(*The Heart of the Puritan*)，第177页。

❷ 见《新共和》(*New Republic*)，1919年12月24日，第120页。

当我们强烈地憎恨某一事物时，我们很容易将其他同样强烈憎恨或害怕的事物与之联系在一起，并想象出一种因果关系。这些事物之间可能没有比天花和酒馆、相对论和布尔什维克主义更多的关联，但它们却在同一种情感中被紧密联系起来。在迷信的头脑中，比如那位天体力学教授的思维中，情感就像一股炽热的熔岩，能捕捉并包裹它接触到的一切。如果你想要挖开它的表面，就像在发掘一座被掩埋的城市，你会发现各种各样的事物荒唐地纠缠在一起。任何事物都可以与任何其他事物联系起来，只要它们引发了相似的情感。而处于这种状态的头脑无从得知其荒谬之处。古老的恐惧，加上近期的恐惧，会凝聚成一团复杂的恐惧之网，在其中，任何能够引发恐惧的东西都可以成为其他引发恐惧的事物的成因。这种情感的交织让人难以区分事实与偏见，从而导致更加模糊的思维和判断。这种心态在公众舆论中尤为危险，因为它不仅误导了个体的认识，还可能通过传播放大，影响整个社会对事件的理解。

10

最终，这种思维模式常常演变成一种对“万恶之源”和“万善之源”系统的构建。在这种体系下，我们对绝对的追求显现出来，因为我们不喜欢带有限定的副词——它们使句子变得复杂，干扰了那种无可抗拒的情感。[1]我们更倾向于使用“最”而非“较”，更喜欢“毫无”而不是“稍有”，我们讨厌使用“相当”“或许”“如果”“但是”“接近”“不完全”“几乎”“暂时”“部分”这样的词汇。然而，几乎所有关于公共事务的意见都需要这些词来给它“泄气”。可一旦我们不受限制，我们的情感就会倾向于绝对化——百分之百、处处如此、永远如此。

仅仅说“我们这一方比敌人更正确”是不够的，必须要坚称“我们的胜利将永远终结战争，并使世界民主得以安全”。然而，当战争结束后，虽然我们战胜了比现存灾难更大的恶，但结果的相对性逐渐消失后，现存恶的绝对性压倒了我们的精神，使我们感到无助，因为我们并非期待中那样不可战胜。在全能与无能之间，情感的钟摆来回剧烈摆动。

我们失去了真实的时空、数量、权重概念，无法把握事物之间的联系。行动的视角、背景和维度被压缩和冻结在刻板印象之中。这种绝对化的倾向，使我们难以理性看待复杂的现实，往往陷入非此即彼的思维陷阱，从而影响了对事件的正确理解和判断。

[1] 见弗洛伊德《梦的解析》第六章中对梦中的绝对注意的探究，尤其是第 288 页之后的内容。

第四部分

兴　趣

第十一章　兴趣的引发

1

然而，人类的心灵并不是一块胶片，能够永久记录每一个通过它的快门和镜头的印象。人类的心灵有着无尽而持续的创造力。那些印象会在我们不断地进行私人化加工后，逐渐消退或组合，某处特征会变得更加清晰，某处则会被淡化。这些印象并不会静止地躺在心灵表面，而是通过想象力被重新加工，成为我们个人独有的印象。我们自己则负责分配和强调，并参与整个加工过程。

为了做到这一点，我们倾向于将事物个性化，并使关系戏剧化。除了那些极为灵敏的头脑，世界事务通常以某种寓言的形式被表现出来。社会运动、经济力量、国家利益、公众舆论这些概念被当作人来处理；而教皇、总统、列宁、摩根或国王这样的人物，则被视为思想和制度。最根深蒂固的刻板印象，便是给人性赋予无生命或集体事物的那种关于人的刻板印象。

尽管我们的印象已经通过各种方式筛选，但其令人眼花缭乱的多样性往往迫使我们采取更为经济的寓言形式。事物如此繁多，以至于我们无法将每一件事都生动地记在脑海中。通常情况下，我们为它们命名，并让名字代表整个印象。然而，名字总是漏洞百出，旧的含义流走，新的含义悄悄出现。试图保留名字的完整意义几乎与试图回忆原始印象一样令人疲惫。而且，如果作为一种思想的货币，名字实际上是一种“劣币”，它们太空洞、太抽象、太不人性化。因此，我们开始通过某种个人的刻板印象来看待这个名字，最终将其看作是某种人性特质的化身。

然而，人性特质本身就是模糊而变幻不定的。它们最容易通过某种有形的标志被记住。因此，我们倾向于将人性特质赋予我们印象的名字，这些特质往往会以有形的隐喻的形式呈现出来。英国人民、英国的历史浓缩为“英国”，而“英国”则成了“约翰牛”，一个开朗而肥硕，不算太聪明，但能够照顾好自己的生动形象。一个民族的迁徙在有些人眼中可能像是河流的蜿蜒，在另一些人眼中则像是一场毁灭性的洪水。人们展现的勇气可能被比作岩石；他们的目标被视为一条道路；他们的疑惑是岔路口；他们的困难是车辙和石块；他们取得的进步则是抵达了一片丰饶的山谷。如果动员了无畏舰，就好像拔出了剑；如果军队投降，他们就被打倒在地；如果被压迫，就仿佛是在铁架上受苦。

当公共事务在演讲、口号、戏剧、电影、漫画、小说、雕像或绘画中被普及时，它们要想引发人们的兴趣，首先需要从原始内容中抽象出来，然后使抽象的东西变得生动起来。我们对看不见的东西既不会太感兴趣，也不会被其打动。对于公共事务，我们每个人所见甚少，因此它们通常显得枯燥无味，直到某个具备艺术家的潜质的人将其转化为生动的画面。只有如此，我们接触现实的局限性，和偏见强加给我们的知识的抽象，才能得到某种补偿。我们当然不是无所不在或全知全能的神，因此我们无法看清我们必须思考和讨论的大部分事情。作为血肉之躯的我们，也不能仅仅靠词语、名字和枯燥的理论为生。作为某种程度上的艺术家，我们会从这些抽象中描绘画面、编排戏剧和绘制漫画。

如果可能的话，我们会找到那些能够为我们将思想具象化的人才，毕竟人们在图像化的能力上并非都具备同样的天赋。然而，我想我们如柏格森所断言的那样：实用型的头脑最容易接受空间性的特质。[1]一个“清晰”的思考者几乎总是一个好的图像化者。但正是因为这个原因，正因为他能把所有事物“电影化”，他的认知往往浮于表面且缺乏敏感性。那些拥有直觉的人（这类人往往会在音乐或运动方面有所成就），往往比擅长图像化的人更能欣赏事件的特性和行为的

[1] 亨利·柏格森，《创造进化论》（*Creative Evolution*），第三、四章。

内在深意。如果关键元素是某种从未被粗暴显现出来的欲望，仅表现为某种隐晦的姿态或语言的节奏，这些人反而更能理解其本质。擅长图像化的人往往能捕捉到刺激和结果，但对中间的内在过程却常常产生误解，就好比作曲家在少女声部中故意放进一个嘹亮的女高音一样。

然而，虽然直觉常常有其独特的准确性，但它们仍然是高度个人化的、难以言传的。而社会交往依赖于沟通，尽管一个人凭借其直觉可以优雅地驾驭自己的人生，但他通常很难让别人感同身受。当他谈论这些直觉时，别人往往会听得一头雾水。因为尽管直觉确实可以更准确地感知人类的情感，但由于空间和触觉的隔阂，这种直觉往往与理性相去甚远。因此，当行动取决于是否有一群人意见一致时，就会发现最初的想法总是不够清晰，只有在它能被视觉或触觉感受到时，想法才能得到实际决策。但是，图像化的想法，只有在涵盖了我们内心的某种诉求后才有意义，只有在能够释放或抵抗、压抑或增强我们自己的某种渴望时，它才不再无关紧要。

2

图像一直是传达思想最可靠的方式，其次则是能够在记忆中唤起画面的文字。然而，只有当我们对画面的某个方面产生了认同感时，所传达的思想才能真正成为我们自己的思想。这种认同感，或弗农·李所称的移情，[1]可能是极为微妙和象征化的。这种移情可能在我们毫无察觉的情况下进行，有时甚至会以一种触动我们自尊心的方式进行。对于谙熟人情世故的人而言，他们的参与感或许并不在于认同英雄的命运，而在于认同那个英雄与反派都不可或缺的整体思想。但这些是更为高深的层面了。

在大众传播中，对认同过程的处理几乎总是显得很清楚，让你一眼就能看出谁是英雄。而任何标记不明确、选择不清晰的作品，[2]都不可能轻易流行起来。但这还不够：观众必须有事可做，而对于“真、善、美”的沉思并不算一种“做事”。为了让观众在观看图像时不至于无所事事，观众必须通过画面得到调动，这一点同样适用于新闻故事、小说和电影。而且，有两种调动方式远远超越其他所有方式，既容易被唤起，又最为渴望找到刺激点。它们分别是性激情和战斗，这两者之间又有着无数关联，并且如此紧密地融合，以至于围绕性的争斗在吸引力上超越了其他所有主题。没有任何主题能像它那样引人入胜，或者无视所有文化和边界的区分。

性主题在美国的政治议题中几乎没有出现过。除了战

---

[1] 弗农·李，《美与丑》(*Beauty and Ugliness*)。

[2] 这是一个对于新闻的特性有着重大影响的事实。详见本书第七部分。

争中的某些轻微狂热、偶尔的丑闻，或与黑人或亚洲人的种族冲突阶段，单独谈论这一主题总是显得有些牵强。只有在电影、小说和某些杂志中，劳资关系、商业竞争、政治和外交才会与“女孩”“其他女人”纠缠在一起。但战斗的主题则无处不在。政治在有争斗时就会变得有趣，或者用我们的话说，出现“议题”时才能引人注目。为了让政治受欢迎，必须找到议题，即使是在关于真实和公正的议题上，也要在判断、原则和事实的选择等差异微小的事情上引发争斗。

然而，如果争斗没有被引发，那些没有直接参与的人很难维持他们的兴趣。对于那些参与其中的人来说，即便没有议题，他们的投入可能也足够强烈，并将持续参与。他们可能因为活动的纯粹快乐、微妙的竞争或创新而受到激励。但对于那些觉得整个问题事不关己的人而言，他们的感官很难被调动起来。为了让这件事的淡淡影像对他们有意义，必须让他们能够体验到斗争、悬念和胜利的快感。[1]

帕特森小姐坚持认为“悬念……构成了大都会艺术博物馆中的杰作与里沃利或里亚尔托剧院中的电影之间的差异”[2]。如果她明确说明杰作缺乏一种容易引发认同的方式，

[1] 弗朗西斯·帕特森《电影工业》(*Cinema Craftsmanship*)，第31—32页：“三、如果情节缺少悬念，则：(1) 增加一个反派角色，(2) 设置一个阻碍，(3) 设置一个问题，(4) 强调观众心中存在的一个疑问……”

[2] 同上，第6—7页。

或缺乏这一代人所喜爱的主题，她的观点就完全正确了："这解释了为什么只有零零散散的人走进大都会艺术博物馆，却有成百上千的观众涌进里沃利和里亚尔托剧院。观众在艺术博物馆看一幅画只会花费不到十分钟——除非他们碰巧是艺术学生、评论家或鉴赏家。而在里沃利或里亚尔托，数百人会观看电影超过一个小时。就美的角度而言，电影根本无法与画作相提并论。然而，电影吸引了更多的观众，并让他们的注意力保持得更久，这并不是因为它本身有什么内在的优点，而是因为它展示了正在展开的事件，观众在屏息等待着结果。它拥有斗争的元素，而斗争总能引发悬念。"

因此，为了避免那些遥远的情境从我们注意力的边缘被逐渐淡忘，它们必须能够转化为某种图像，并且这些图像中的信息还要能得到我们的认同。如果这一点没有发生，那么它就会被大多数人忽视掉。它必须要被观看而非感知，要能够冲击我们的感官，但又要保持着一股尚未被我们认知的神秘感。我们需要做出选择，也应该做出选择，以发自内心深处的勇气，从观众席走上舞台，如同英雄一般为正义战胜邪恶而斗争。我们必须为故事注入生命的气息。

3

因此，尽管有批评者的意见，但在现实主义与浪漫主义之间的古老争论中，还是能够做出一个最终的判决。我们的大众审美倾向于让戏剧在一个足够现实的背景中展开，以使观众能够合理地进行认同；然后，让它在一个足够浪漫的背景中结束，使结局具有吸引力，但又不至于浪漫得不可思议。在故事的开头和结尾之间，尺度是相当宽松的，但现实的开端和幸福的结局却是固定的。电影观众会拒绝彻底的浪漫主义，因为观众们无法从自身所处的机械时代中与纯粹的浪漫产生共鸣；但他们也会毫不留情地拒绝彻底的现实主义，因为他们早已在这场斗争中产生了严重的挫败感，不愿再从中寻找什么乐趣。

什么是真实的、现实的，什么是美好，什么是丑恶，什么是人人都向往的？这些都没有永远固定的答案。早期的刻板印象为我们固定了一些结论，而我们又将这些结论带入对后来事物的判断中。因此，只要电影或者杂志不存在过高的财务压力，不需要立刻大红大紫以回笼资金，那些富有思想和想象力的人本可以利用银幕和期刊来扩展、提升、验证和批判我们想象中所运用的图像库。然而，鉴于现今的高昂成本，电影制作者就像其他时代的教堂画家和宫廷画家一样，必须遵守现存的各种刻板印象，否则就得为破坏观众的期望而付出代价。刻板印象是可以改变的，但这种改变显然不会在影片上映六个月内就发生。

那些真正改变刻板印象的人，也就是先锋艺术家和评论家们，自然会对那些想要保护投资利益的经理人和编辑感到沮丧和愤怒。他们在冒一切风险，为什么其他人不可以呢？这一想法并不完全公平，因为在他们的义愤中，他们忘记了自己所能获得的回报远超他们的雇主所能感受到的回报。他们没有换位思考过，也不会这样去做。而且，在与“庸俗”的无休止的战争中，他们还忘记了一个问题：他们在用一些过去的艺术家和智者从未想到的标准，来衡量自己的成功。他们在追求的是那些直到最近几代艺术家才会考虑的读者和观众群体。而当他们无法实现自己的目标时，他们就会感到失望。

辛克莱·刘易斯《大街》一书之所以能取得成功，正是因为他明确地表达了许多人一直试图说出却总是无力言明的话。“你替我说出来了。”他建立了新的表达形式，而这种形式随后被不断模仿，直到变成一种新的刻板印象。之后的先锋者发现，很难让公众用另一种与《大街》不同的方式看待问题。于是，他就像辛克莱·刘易斯一样，与公众发生了争斗。

这种争斗不仅源于刻板印象之间的冲突，也源于先锋艺术家对其素材的敬畏。无论他选择了何种创作层次，他都始终坚持在那个层次上。如果他探索的是事件的内在因素，他会不顾过程如何痛苦，一直探究到底。他不会为了迁就谁而给他的幻想加上标签，也不会在没有和平的地方呼唤和平。他的心中已经构建了一个只属于他自己的美国。然而，大众观众对这种严谨没有兴趣。他们对自己比对世界上其他任何事物都更感兴趣。他们所感兴趣的“自我”，是那些通过学校和传统所揭示的“自我”。他们坚持认为，艺术作品应当是一辆带有阶梯的交通工具，他们可以轻松地登上然后直达异域，并且这辆车的行驶路线也不应拘泥于国界和地形限制，而是通向一个没有生活琐碎、没有工作杂务的世界。

为了满足这些需求，世间会存在一种中间阶层的艺术家，他们有能力并愿意将这些创作层次糅合起来，从伟大的艺术家们的发明中拼凑出一种现实与浪漫的混合体，正如帕特森小姐所建议的那样，提供“现实生活中很少见的一套胜利解决难题的办法；将美德的痛苦与罪恶的胜利……变成了美德的荣耀与对罪恶的永恒惩罚”[1]。

[1] 弗朗西斯·帕特森《电影工业》(*Cinema Craftsmanship*)，第46页：“一般来说，男女主人公必须拥有青春、美丽、善良、崇高的优点，拥有自我牺牲精神和坚定不移的决心。”

4

政治的意识形态也遵循这些规则。政客们总是以现实主义为立足点。他们的论点中，总是会强调一些人们可以辨认的、现实存在的邪恶图景，如德国的威胁、阶级冲突。这些都是对世界某些侧面的描述，因其与熟悉的刻板印象相符而具有说服力。然而，由于意识形态不仅处理现实的当下，还涉及看不见的未来，它很快就会不知不觉地跨越验证的边界。描述现实的当下时，你或多或少被普遍的经验所约束；而描述无人知晓的未来时，你注定可以天马行空。这就好比你想象自己站在哈米吉多顿战场*上，为了上帝而战斗……你的想象都是基于事实的（按照当时的标准是事实的），最后又以一个幸福的结局作为结束。有些政治煽动者坚信当下既残忍又冷酷无情，但只要遏制了独裁，就会迎来光明的未来。战争的宣传家们也是如此：他们发现人性中最兽性的一面无处不在——如果宣传家们是德国人，这兽性就在莱茵河以西；如果是其他国家的人，这兽性就在莱茵河以东。兽性确实存在，但他们却斩钉截铁地断定：胜利之后，就会迎来永恒的和平。

很多时候，这些只是他们的宣传伎俩。因为一个熟练

*《圣经·启示录》中所预言的末世中善恶对决的最终战场。——译者

的宣传家知道，虽然你必须以一个看似合理的分析开头，但你不能一直进行分析，因为现实政治领域的枯燥很快会让人失去兴趣。所以，宣传家在用一个相当合理的开端耗尽了人们对现实的兴趣之后，就会通过挥舞通往天堂的通行证来诱导人们将激情与能量投入长期奋斗之中。

当公众的意识及刻板印象与个人的迫切需求交织在一起时，这个公式就能发挥其效果。不过，在交织的同时，在激烈的争斗中，最初发挥这种作用的刻板印象与迫切需求很快就会被人们完全遗忘。

第十二章　自我利益的再审视

1

即便是相同的故事，对不同听众而言也会存在不同的理解。每个人都会从一个略有不同的角度进入故事，因为没有两个人的经历是完全相同的。他会以自己的方式重新演绎这个故事，并注入自己的情感。有时，一个技艺高超的艺术家，会引导我们进入与自己完全不同的生活，那些生活乍看之下可能显得乏味、令人厌恶或古怪。但这样的情况很少见。在几乎每一个吸引我们注意力的故事中，我们都会代入其中的一个角色，并通过自己的想象演绎这个角色。这个想象可能是细致的，也可能是粗糙的，可能与故事产生共鸣，也可能只是粗略类比；但它一定包含了那些由我们对角色的理解所激发的情感。因此，原始主题在传播过程中，被所有经历过它的头脑所强调、扭曲并加以润色。这就像莎士比亚的戏剧，每次上演时都会被重新演绎，伴随着演员和观众所带来的各种强调和意义而产生变化。

在各种古老传说被正式写成文字之前，都发生过类似的情况。而在我们的时代，书面记录多少遏制了每个人对故事的自由发挥。但流言不会受到这种遏制，无论最初的故事是真实的还是虚构的，都会在每一个传播者的艺术加工下长出翅膀和犄角、蹄子和喙。第一位叙述者的讲述不会一直保持其原有的形状和比例。它会被每一个听过它、把它当做白日梦并传递它的人修改和润色。[1]

因此，听众成分越是混杂，变化就越大。因为随着听众的增多，共同词汇的数量会减少，故事中的共同元素会变得更加抽象。这个故事本身缺乏精确的个性，而它的听众则性格各异，他们会赋予它自己的个性。

2

人们赋予故事的个性，不仅会因性别、年龄、种族、宗教和社会地位不同而变化，还会在一些粗略的分类之内，比如个人的遗传与后天形成的体质、才能、职业、职业生涯的进展、职业生涯中某个突出的方面、情绪和焦虑，或因他在生活中某种竞争中的位置而各有不同。他从公共事务中接收到的，可能是几行文字、几张照片、一些轶事和

[1] 卡尔·荣格曾描述过一个有趣的例子，见《精神分析杂志》，1911 年第一卷，第 81 页；见《分析心理学》(*Analytical Psychology*）第四章，由康斯坦斯·朗转译为英文。

自己的随意经历，但他会通过自己固定的模式来理解，并用自己的情感重新构建这些内容。他不会将自己的私人问题视作更大环境的部分样本，而是将自己与大环境的故事当作个人生活的扩大版。

但这并不一定是他对私人生活的描述。因为在他的私人生活中，选择范围有限，他的许多自我被压缩并隐藏起来，无法直接支配外在的行为。因此，除了那些将自己生活的幸福投射为普遍善意，或将不幸投射为怀疑和仇恨的普通人，还有一些表面上很幸福，却在自己圈子之外无情残酷的人；更有越是厌恶自己的家人、朋友、工作，越是对人类充满爱意的人。

当你从概括性谈论转向具体细节时，便会更加清楚地看到，人们处理事务所体现的特质往往各不相同。或许他们的不同自我有共同的根源和品质，但具体的细枝末节各不相同。没有人会以同样的特质面对每一种情况。时间的推移和记忆的积累本身就会在某种程度上影响性格的变化，毕竟人并非一成不变的机器。他的性格不仅随着时间推移而变化，也会因环境不同而变化。那个传说中在南太平洋孤岛上独居的英国人，每次吃晚饭时都会刮脸并系上黑领带，这表明他有一种文明人对失去所习得特质的直觉性恐惧。日记、相册、纪念品、旧信、旧衣物，以及对一成不变的生活的热爱，都印证了赫拉克利特的箴言：“人不会两次踏入同一条河流。”

并不存在一个永远处于主导地位的自我。因此，在任何公众舆论的形成过程中，哪个自我在参与其中一事至关重要。例如，对于“日本人要求在加州定居”一事，如果理解这种要求时的观点不同，就一定会产生截然不同的反应。你是将这一要求视为种植水果的愿望，还是与白人女性通婚的企图？如果两个国家在争夺一片领土，你是将这一争端理解为普通的房产交易，是外交上的羞辱，还是用更具有煽动性的语言将其描述为“侵略”，显然也会有着巨大的差异。我们在想象柠檬这种水果时、想象一片遥远的土地时起到主导作用的那个自我，与我们想到自己可能作为愤怒的一家之主时出现的自我截然不同。在前一种情况下，私人情感是温和的；而在另一种情况下，则是炽热的。因此，“自我利益决定观点”这种说法虽然看似正确，却只是句无用的废话，除非我们知道在众多自我中，到底是哪个自我在选择和引导这种利益。

宗教教义和民间智慧总是会区分出人类的多种人格。它们被称为“高尚的”和“低俗的”,“精神的”和“物质的”,“神圣的”和“肉体的”；虽然我们可能不完全接受这种分类，但我们不能否认这种区别的存在。现代人不会如此简单地将人格一分为二，而是会注意到更多并非截然对立的自我。他可能会认为神学家划分的界限是武断和浅薄的，因为他们将许多不同的自我归为“高尚”一类，只要它们符合神学家的标准。不过，现代人还是得承认，这为我们理解人性的多样性提供了一种真实的线索。

我们早已学会了注意到许多不同的自我，并且不会那么轻易地对它们做出评判。我们明白，虽然看到的是同一个躯体，但面对不同的情境，我们往往会看到不同的人。比如，当一个人面对社会地位与自己相同、比自己低或者比自己更高的人时；当他可以向与自己能合法结婚的女人或不能合法结婚的女人求爱时；当他与自己的孩子、合伙人、最信任的下属或能决定他命运的上司打交道时；当他还在为温饱奋斗，或者已经功成名就时；当他面对的是一个友好的陌生人，或一个他鄙视的人时；当他处于极大危险之中，或处于完全安全之时；当他独自一人在巴黎，或与家人在皮奥里亚时……在面对不同的人时，人们总是会采取截然不同的态度。

人与人的性格稳定性差异极大。有的人可能像杰基尔医生*一样有着分裂的双重人格，有的人可能像布朗德、帕西法尔**或堂吉诃德般始终如一。如果一个人的自我过于

* 英国小说家斯蒂文森《化身博士》中的主人公，平时是体面绅士，服下自己发明的药物后就会化身邪恶而毫无人性的“海德先生”。后世以“杰基尔医生与海德”代指双重人格。——译者

** 布朗德，挪威剧作家易卜生的悲剧《布朗德》的主人公，是一位坚定追求信仰的牧师，但过于理想主义而又待人严苛的处事方（转下页）

矛盾，我们便会对他产生不信任；如果他过于固执、始终如一，我们则会觉得他木讷、顽固或古怪。在人的种种性格中，对于那些孤僻或自闭的人而言，性格的类型是贫乏的；而对于适应性强的人来说，性格则是丰富多样的。我们有着各种自我，既有我们希望上帝看见的那个高尚自我，也有我们希望藏匿起的、自己都不敢面对的丑恶自我。在这个范围中可能有为家庭而展现的自我：可能是父亲、上帝、暴君，可能是丈夫、主人、大男子主义者，可能是情人、色鬼。可能有职业中的自我：可能是雇主、老板、剥削者，可能是竞争者、阴谋家、敌人，可能是下属、追随者、势利小人。有些自我从未公开展现过，另一些只有在特殊情况下才会被唤起。但这些性格的形成，源于一个人对自己所处情境的理解。

如果他感到自己所处的环境恰好是上流社会，他就会模仿他认为适合这种环境的性格。这种性格将影响他的举止、言谈、话题的选择以及偏好。生活中的许多喜剧正源于此，因为人们在陌生情境中会为自己想象一个性格，以为自己正在从事去伪存真的工作，实际上却根本不知何为真何为假。

** （接上页）式使其遭到他人的孤立。帕西法尔，亚瑟王传说中的圆桌骑士，寻找圣杯的英雄人物。——译者

3

一个人的性格在形成过程中，会受到许多不同影响的作用，想将这些影响区分开来并非易事。❶如今，我们在这些影响方面的分析，可能还像公元前五世纪希波克拉底所提出的“体液学说”那样令人充满疑问。希波克拉底将人的气质分为多血质、抑郁质、胆汁质和黏液质，分别归因于血液、黑胆汁、黄胆汁和黏液。现代如坎农❷、阿德勒❸、肯普夫❹等人的理论在外在行为、内在意识与身体生理学的关系上，都似乎沿袭了同样的思路，尽管技术有了巨大进步，但似乎没有哪个人敢声称自己已经得出明确结论，能将先天本性与后天教养分离开来，能分辨出先天性格和后天习得的区别。只有在约瑟夫·贾斯特罗所称的“心

---

❶ 约瑟夫·贾斯特罗的《信念的心理学》(*The Psychology of Conviction*)中的“性格和气质研究的早期研究”(The Antecedents of the Study of Character and Temperament)一章中对各种关于解释性格的有价值的早期研究做了一番有趣的叙述。

❷ 见《快乐、痛苦和愤怒时的身体变化》(*Bodily Changes in Pleasure,Pain and Anger*)。

❸ 见《自卑与超越》(*The Neurotic Constitution*)。

❹ 见《自律神经功能与人格：精神病理学》(*The Autonomic Functions and the Personality: Psychopathology*)。另见路易斯·柏曼《调节性格的腺体》(*The Glands Regulating Personality*)。

理学的贫民窟”里，性格的解释才能形成一种固定的体系，被相面师、手相师、占卜师、读心术者以及少数政治学教授所应用。在那里，人们仍然会断言，“中国人喜欢色彩鲜艳的事物，眉毛高耸”，而“卡尔梅克人的头顶扁平，但侧面非常宽大，这种器官让他们富有占有欲，而该民族的偷窃倾向等特征已得到公认”。[1]

现代心理学家倾向于将成年人的外在行为视为一个包含多个变量的方程式，变量中包括环境的阻力、各个成熟期被压抑的欲望，以及显现出的个性。[2]有些事情他作为一个爱国者是不会做的，而当他不把自己当作一个爱国者时，他就会去做。毫无疑问，有些冲动在童年时就或多或少会萌芽了，但在人的一生中，这些冲动只会与其他冲动隐晦地、间接地结合在一起，而不会单独地发挥出来。但事情也不是总是如此，因为压抑并非不可消除。正如精神分析学派可以让埋藏在内心深处的冲动浮出水面一样，社会环境也可以。[3]当我们的周围环境保持正常和平静，当

---

[1] 约瑟夫·贾斯特罗，《信念的心理学》(*The Psychology of Conviction*)，第 156 页。

[2] 肯普夫在《精神病理学》(*Psychopathology*) 第 74 页做出了如下表述：青春期前受到压抑的欲望，青春期受压抑的欲望，青春期之后受压抑的欲望，能够得到表达的欲望，所有这些欲望都会受到环境的抑制。经过抑制后所表现的，就是人的行为。

[3] 参见埃弗雷特-迪恩-马丁非常有趣的著作《群体行为》(*The Behavior of Crowds*)。另见霍布斯：《利维坦》(*Leviathan*)，第二部分，(转下页)

我们与人相处时对我们的期望一致，我们就会不自觉地过着不去了解自己诸多性格的生活。而当意外发生时，我们才会发现许多原本未知的自我。

这些自我是在所有影响我们的人的帮助下构建起来的，它们决定我们怀有哪些冲动，冲动的强度和方向，以及在何种典型情境下以冲动来应对。对于某种特定类型的环境，必定会有一种性格来控制我们整个人的外在表现。例如，平时生活中的杀意、恨意被严格控制。即便你因愤怒而感到窒息，作为父母、子女、雇主或政治家，你也不能表现出来。你不愿展示出一个充满杀意的性格，会主动压制这种情感，周围的人也都是这么做的。但如果战争爆发，大家开始觉得杀戮和仇恨是正当的。起初，这种情感的宣泄渠道非常狭窄。首先出现的自我是那些与真正的爱国情感相一致的自我，比如鲁珀特·布鲁克的诗作、爱德华·格雷 1914 年 8 月 3 日的演讲，或威尔逊总统 1917 年 4 月 2 日对国会的演说。一开始，人们仍然厌恶战争，而对战争意义的了解还需要很长的过程，因为此前人们只有一些被美化过的战争记忆。在蜜月期，现实主义者们常常指出，国家尚未完全清醒，并彼此安慰道：“等着看伤亡名

（接上页）第 25 章。“人的激情没有聚集在一起时，往往会比较温和，就像一块单独燃烧的木头；但如果聚集在一起，他们就会像柴堆一样燃起大火，以激情相互激怒对方，尤其是当他们用演说相互煽动时。”这种现象在勒庞《乌合之众》(*The Crowd*) 中也有过细致的描述。

单吧。”随着时间的推移，杀戮的冲动成为主要事务，所有能够缓和这种冲动的性格开始分崩离析。这种冲动逐渐成为核心，被神圣化，最终变得难以控制。它不仅会指向敌人（此时，大多数人对于“敌人”只存在一个抽象的想法），还会逐渐蔓延到所有长期以来一直让人憎恨的人、事和观念。对敌人的仇恨是正当的，而其他仇恨则通过最粗糙、最牵强的类比（这一点我们往往在事后冷静下来后才能认识到），使自身的冲动正当化。一旦这种强烈的冲动失控，需要很长时间才能将其压制。因此，当战争事实上结束后，人们需要时间和努力才能恢复自我控制，并以文明的性格来应对和平时期的挑战。

赫伯特·克罗利先生曾指出，现代战争是现代社会的政治结构中的固有产物，却为现代社会的理想所摒弃。对于平民来说，不存在像士兵那样在战争中遵循的理想行为规范，昔日的骑士精神曾规定的行为准则也不复存在。平民心中没有什么标准，只有一些临时创造出来的认识和约定。他们唯一拥有的标准是：战争是一件被诅咒的事情。尽管战争可能是必要的，但他们没有接受过任何道德训练来为战争做好准备。只有他们的高尚自我拥有行为准则和模式，当他们不得不从高尚自我的角度去做自认为低劣的事时，才会引发深刻的内心冲突。

道德教育的一项重要功能，是为人们可能面临的各种情境塑造性格。显然，这种教育的成功取决于环境探索是否足够诚实和深入。因为在一个被错误认识的世界中，我们的性格也会被错误地塑造，我们的行为也会随之失当。因此，道德家必须做出选择：要么为生活的每个阶段提供行为模式，无论其中某些阶段多么令人不快；要么保证他的学生永远不会面对他不赞成的情况。要么他必须废除战争，要么他必须教导人们如何以最低的心理成本来进行战争。要么他必须废除人类的经济生活，让人们如神话般以星尘和露水为食；要么他必须深入研究经济生活中的所有困惑，并为一个没有人能自治的世界提供适用的行为准则。但这恰恰是当今主流的道德文化通常拒绝去做的。你可以说这是对现代世界的复杂性怀有敬畏，也可以直接指责这是懦弱无能。至于道德家是否应该研究经济学、政治学和心理学，或社会科学家是否应该教育道德家，这并不重要。如果没有教导每一代人如何理解他们将在现实世界中可能遇到的问题，他们就只能在毫无准备的情况下进入现代社会。

4

大多数人的关于自我利益的朴素观点中，往往忽略了很多因素。它忘记了“自我”和“利益”本身其实都是被构想出来的，而且这些构想大多是通过社会惯例形成的。

传统的自我利益理论往往会完全忽略人的认知功能。它如此执着于人类总会将一切归结为自身的事实，以至于忽略了人们对万事万物和自我的观念都不是天生的，而是后天习得的。

因此，詹姆斯·麦迪逊在《联邦党人文集》第十篇中写到的内容也许很有道理："土地利益、工业利益、商业利益、金融利益，以及许多较小的利益，必然会在文明国家中出现发展，并将这些国家分为由不同观点和利益驱动的不同阶级。"然而，如果你仔细研究麦迪逊文中的背景，就会发现他其实是用经济来解释历史，实际上是一种本能的宿命论的体现。在写这篇文章时，麦迪逊是在为当时的联邦宪法辩护，并列举了"联盟的诸多优势"之一，即其"有助于打破并控制派系的暴力"。派系争斗是麦迪逊最为担忧的。而对于派系出现的原因，他追溯到"人性的本质"，这种本质中潜在的倾向会"根据社会的不同情况以不同的程度被激发出来"。在宗教、政治和其他诸多社会领域中，无论是根据理论还是实践中的不同意见、对不同领袖的忠诚，抑或是对以某种方式引发人类激情的人的兴趣，都会将人类分为不同的党派，并用相互敌对的情绪点燃他们，煽动他们互相敌对的情绪，而不是合作以实现共同利益的理性。麦迪逊写道："这种倾向在人们之间如此强烈，以至于即便没有实质性的利益纷争存在，一些微不足道的区别也足以激发他们的不友好情绪，并引发最激烈的冲突。”不过，最常见和持久的派系来源，是财产分配的复杂和不平等。

因此，麦迪逊的理论是，派系的分裂可能由宗教、政治意见或者对领袖的忠诚引发，但最常见的源头是财产的分配。不过需要注意的是，麦迪逊仅仅声称人们因与财产的关系不同而分裂，并没有说财产和人的意见之间存在因果关系，而是说财产分配差异引发了意见差异。麦迪逊论证中的关键字眼是“差异”。从不同的经济状况可以暂时推断出意见的差异性，但绝对推测不出这些意见的具体内容。

5

享乐主义的计算法假设未受教育的天性会不可避免且充满智慧地作出某种特定的行为。它认定人们会追求快乐，避免痛苦。但实际上，它建立在对本能的朴素看法之上，这种看法由威廉·詹姆斯定义，[1]尽管他对此有严格限制，认为本能是“能够以某种方式行动以达到某些目标的能力，人们无须预见这些目标，也无须在此行为上有任何先前的教育”。

然而，这种本能行为在人类社会生活中是否起作用，

[1] 威廉·詹姆斯，《心理学原理》(*Principles of Psychology*)，卷二，第383页。

仍值得怀疑。正如詹姆斯所指出的:“任何有记忆的动物的本能行为在重复一次后都不会再是‘盲目’的。”[1]无论出生时具备怎样的能力和怎样的性格，从婴儿时期开始，人就沉浸在经验之中，而这些经验决定了哪些刺激会激发这些性格。正如麦独孤所说:“它们不仅会通过那些直接激发天生性情的自然或本能的刺激物而激发，还能通过对某种对象的感知激发，也可以通过对这些对象的想法、感知以及其他类型的对象的想法激发。”[2]

麦独孤进一步指出，只有“核心部分的性格”才会保持其稳定的特性，且在所有的个体身上、在所有本能都被激发时都会保持稳定。认知过程和为达成本能目的所实施的实际行为可能是极为复杂的。换句话说，人类确实有恐惧的本能，但他会害怕什么以及如何逃避恐惧，却不是与生俱来的，而是由经验决定的。

如果没有这种可变性，我们就无法想象人性的复杂多变。但是如果我们考虑到，一个人的所有重要倾向，比如欲望、爱、恨、好奇心、性欲、恐惧和攻击性等，都可以自由地与各种刺激物联系在一起，并以各种方式得到满足，

---

[1] 同上。

[2] 威廉·麦独孤,《社会心理学绪论》(*Introduction to Social Psychology*)，第四版，第31—32页。另请参见第29页脚注:“大多数关于本能和本能行为的定义都只考虑到它们的意动方面……而忽视本能心理过程的认知和情感方面则是一个常见的错误。”

人性的复杂性就不再难以理解了。而且，当你想到每一代人都是上一代人所造就环境的产物，同时也是这种环境的继承者时，你也能马上认识到为什么人性的组合总是无穷无尽了。

因此，我们不能轻易地假定，因为某些人渴望某个特定事物或以某种特定方式行事，他们的欲望和行为就一定是人类天性使然。欲望和行为都是后天习得的，不同代际的人可能会以不同方式学会。分析心理学和社会史都支持这一结论。心理学研究表明，特定刺激与特定反应之间的联系本质上是偶然的。人类学从广义上强化了这一观点，证明了激发人类激情的事物及其实现手段在不同的时代和地域是千变万化的。

人类总会追求自己的利益。但他们将如何追求这些利益，并不是命中注定的。因此，只要这个星球还能在一段时间内支持人类生存，人类创造力的潜力就不会被限制住。我们不可能对无意识行为做出任何审判性结论，认为这些行为是好还是坏。我们只能说，在我们有生之年，可能不会发生什么我们认为好的改变。但如果我们真的这么说了，我们就是将自己的想法局限在自己肉眼可见的狭小世界内，却拒绝了心智能够认知到的广袤空间。我们会以现有的认知标准作为衡量善的标准，哪怕这只是我们偶然获得的标准中的一个。

我们没有理由轻易放弃最高的希望，也不应放弃有意识的努力，除非将未来视为不可知的，或是认定现在无人知晓的东西将永远无人知晓，认定无人掌握的知识将永远无人掌握。

第五部分

公共意志的形成

第十三章　兴趣的转移

1

前文已经论述，每个人对不可见世界的印象中包含了许多变量，比如接触的时间点不同，刻板印象的期望不同，投入的兴趣不同等，其中尤以投入兴趣的机制最为微妙。每个人所形成的生动印象，都是非常个性化的，复杂到难以把握。那么，在人们头脑中的事物与超出他们认知范围的环境之间，是如何建立起任何实际的联系的？用民主理论的话来说，许多人对于如此抽象的图景各自怀有不同的私人感受，他们又是如何发展出任何“民意”的？在如此复杂而又多变的各种变量中，如何产生一个简单而稳定的观念？那些被称为“民意”或“国家目标”或“公众舆论”的事物，如何从如此转瞬即逝和偶然的影像中凝结出来？

1921年春天，美国驻英大使哈维先生与许多其他美国人之间的激烈争论，显示了形成民意的困难。哈维先生在一次英国的宴会上，毫不犹豫地向世人介绍了1917年美国人参战的动机。而他所描述的动机，与威尔逊总统所强调的“美国精神”中的动机并不相同。当然，哈维先生、威尔逊先生，或是任何一方的批评者或支持者，甚至其他毫不相关的人，都不可能定量或定性地知道三四千万成年人究竟都在想什么。大家只知道，通过多方努力，美国赢得了战争；但没人知道发挥更大作用的究竟是威尔逊总统的动机，是哈维大使的动机，还是两者皆有。人们参军、战斗、工作、纳税、为共同目标作出牺牲，但没有人能确切地说出是什么推动了每个人去做这些事。因此，如果哈维先生想打消某位士兵脑中的“这场战争是‘结束所有战争’的正义之战”的话，那他的行为就没有任何意义。士兵仍然会这样认为，而哈维先生依旧会那样认为。

也是在这场讲话中，哈维先生对1920年大选的选民想法做出了断言。这种断言显然太过武断了，因为你不能一厢情愿地简单假设所有投票支持你政党的选民，都和你有同样的想法。选票显示，一千六百万人投了共和党，九百万人投了民主党，于是哈维先生说，他们是为反对国联而投票。为了证明自己的主张，他可以提出威尔逊请求公投的事实，以及民主党和考克斯先生坚持认为国联是选举焦点的不可否认的事实。然而，说国联是焦点并不意味着它就是议题，通过统计选举日的投票数，你也看不出关于国联的真实意见分歧。例如，有九百万人投民主党，那么他们就一定都是坚定的国联支持者吗？当然不是。你对美国政治的了解告诉你，数百万选民只是为了维持南方现有的社会制度，无论他们对国联的看法如何，他们也不可能因此而投给共和党。而那些不喜欢国联的人，也有可能强忍着不快投给民主党。他们只是在结果上做出了支持国联的投票行为。

那么，共和党人的意见就比民主党更一致吗？任何人都可以从自己的朋友圈中找出足够多的共和党选民，这些选民的观点既有像参议员约翰逊和诺克斯一样的强硬反对，也有像国务卿胡佛和首席大法官塔夫脱一般的全力支持。没有人能确切地说出有多少人支持或者反对国联，也无法知道有多少人是根据对这个问题的感受决定他们的投票。当上百种情感只能通过两种选择表达出来时，我们就无法确定是哪种决定性的观点组合起了作用。参议员博拉在共和党选票中找到了支持共和党的理由，洛威尔校长也是如此。大多数共和党选民由以下三类人组成：认为共和党胜利会终结国联的人、认为共和党获胜能确保国联的人、认为共和党获胜就能更高效地修正国联的人。这些选民与他们自己或其他选民的愿望组合在一起：有人希望改善商业，有人希望让劳工“做他们该做的”，有人希望因为民主党发动了战争而惩罚他们，有人希望因为民主党没有更早参战而惩罚他们，有人只是想把伯勒森赶下台，有人希望提高小麦价格，有人希望降低税收，有人希望阻止丹尼尔斯造更多的船，有人希望帮助哈定造更多的船，等等。

然而，所有的愿望最终展现为一种决定：哈定成了白宫的主人。所有选票的最小公约数就是让民主党下台、共和党上台。在所有矛盾相互抵消后，这是唯一剩下的因素。而这个因素足以改变接下来四年的政策。1920 年 11 月的那一天，人们为什么希望变革的确切原因没有记录下来，投票的选民自己可能也早已将此事遗忘。因为这种原因并不固定，它们会发展、改变，并融入其他理由中。因此，成为总统的哈定面对的公众舆论与当初选举时的舆论，早已不是一回事了。1916 年的大选早已告诉我们，意见的差异与具体行动间并没有必然联系：那时，威尔逊总统凭借“他让我们避免战争”的口号而上台，可就在他上台五个月后，美国走向了战争。

因此，民意的形成和运作机制一直还有待解释。那些对其反覆无常的表现印象深刻的人，将勒庞先生奉为先知，并深信罗伯特·皮尔爵士所说的“所谓公众舆论，就是由愚蠢、软弱、偏见、错误的情感、正确的情感、固执和新闻文章组成的大杂烩”的概括。另一些人则得出结论，既然在飘忽和混乱中依然会出现确定的目标，那么一定有某种神秘的机制在国家之上运作。他们将这种机制诉诸集体灵魂、国家意志或时代精神之类的概念，认为这些东西给随机的意见带来秩序。人们似乎需要一些“超验”的东西来解释一切，因为群体中的每个成员的情感和思想所揭示出的内容，并不存在什么能精准概括的公式；而且，群体中的每个成员都不一定会认为这些内容就是公众舆论的真实表达。

2

但我坚持认为，在不依靠“超验”之类的假设下，我们也能做出更具说服力的解释。毕竟，在每场政治竞选中，诱导各种持不同观点的人做出相同投票的艺术都已经是司空见惯了。比如1916年大选，共和党需要在形形色色的选民中争取选票。让我们来看一看休斯接受提名后发表的第一次演讲。[1]演讲的背景众所周知，想必各位读者至今仍然记忆犹新，此处不做过多解释。这位休斯先生言辞十分简洁，他本已脱离政坛多年，也很少卷入过去的争议话题中。他没有罗斯福、威尔逊或劳合·乔治那样吸引大众的魔力，也缺乏那些人领袖式的表演天赋，无法像他们那样以一种表演的方式点燃追随者的热情。他的性格和所经受的训练让他看起来与政治似乎保持着一定距离。然而，他工于心计，十分熟悉各种政治家应有的技巧。他属于那类懂得如何做事，却无法亲自做得很出色的人。这些人往往

[1] 见1916年7月31日，于纽约卡耐基音乐厅发表的演说。

比那些技艺精湛的行家更适合当老师，因为对行家而言，技艺已经成为第二天性，连他们自己也说不清自己是如何做到的。“能干的动手，不能干的动口”这句话，似乎并不适合用来形容教师。

休斯知道这个场合非常重要，他精心准备了稿子。他演讲时，包厢中坐着刚从密苏里回来的西奥多·罗斯福。会场各处坐着战后复员的老兵，他们正处于战后的各种怀疑和困惑之中。在台上和其他包厢里，1912 年那些曾被抨击的政客显然精神焕发，气氛融洽。会场之外，还有强大的亲德派和亲协约国派；东部和大城市中有主战派；中西部则有主和派。墨西哥问题也引发了强烈的对立。休斯需要在这些分歧中，结合塔夫脱与罗斯福的对立、亲德派与亲协约派的对立、主战与中立的对立、干涉墨西哥与不干涉的对立，构建出一个反对民主党的多数派。

在这里，我们当然不是来讨论这场事务的道德或智慧问题的。我们唯一关心的是，一位面对异质性的意见的领袖是如何赢得人们的一致投票的。

> 这次代表集会是一个美好的预兆。它意味着*重聚*的力量。这意味着*林肯的党*得以复兴……

斜体字的部分是用来联合各派的：在这样的演讲中，

“林肯”当然与亚伯拉罕·林肯没有直接关系。它仅仅是一个刻板印象，把这个名字所带来的崇敬感转移到当下的共和党候选人身上。林肯这个名字提醒着共和党的进步党*和保守派，在1912年分裂之前，他们曾有着共同的历史。而关于分裂，谁都不能提及；即使它依然存在，尚未愈合。

演讲者必须修复这个裂痕。1912年的分裂源于国内问题，而1916年的重聚，如罗斯福所言，是基于对威尔逊处理国际事务的共同愤慨。然而，国际事务本身也是冲突的危险源。因此，必须找到一个开场主题，既能忽略1912年的分裂，又能避开1916年的爆炸性冲突。演讲者巧妙地选择了外交任命中的“分赃”作为开场话题。休斯引用了“值得称道的民主党人”这个令人反感的短语，它毫无辩护余地，自然也就是最合理的攻击方向。从逻辑上讲，这是一个理想的开场话题，有利于形成共同情绪。

接着，休斯转向墨西哥问题，开始回溯历史。他讲到了墨西哥事务的不顺，但也顾及了反对在美墨之间爆发战争的普遍情绪。此外，还需要顾及两大主流意见：一方认为威尔逊总统在不承认韦尔塔时是对的，另一方则认为韦尔塔至少比卡兰萨好，这两者都需要干涉。墨西哥总统韦

* 1912年，由于在共和党内提名中输给塔夫脱，西奥多·罗斯福与其他共和党进步派自行组建“进步党”，以第三党身份参加1912年美国大选。但在选举失败后，进步党影响力迅速下降，最终于1920年消失。——译者

尔塔是第一个不可回避的敏感话题……

他确实是墨西哥政府的事实上的首脑。

但那些把韦尔塔视为醉汉、杀人犯的道德家们也必须被安抚：

是否应该承认他，这个问题应慎重考虑，但要根据正确的原则。

因此，候选人并没有直接说应该承认韦尔塔，而是表示应当应用“正确的原则”。人人都相信“正确的原则”，而且当然每个人都认为自己掌握这些原则。为了进一步模糊问题，威尔逊总统的政策被描述为“干涉”。从法律上讲，威尔逊或许确实在“干涉”，但这种“干涉”与当时人们通常理解的意义并不相同。通过扩展“干涉”一词的含义，休斯将威尔逊的“干涉”和真正主张干涉的人的期望都包含在内，两个派别之间的分歧就被压制下来了。

在通过故意模糊“韦尔塔”和“干涉”这些敏感话题的含义，并用适合各方解释的方式绕过了两个爆炸性话题之后，演讲暂时进入了更安全的领域。候选人讲述了坦皮科、维拉克鲁斯、比利亚、圣伊萨贝尔、哥伦布和卡里萨尔的事件。休斯具体列举这些事件，要么是因为新闻中已知的事实让人感到愤怒，要么是因为坦皮科等地的事件很难真实解释清楚。他的描述有意避免了人们的反对可能。但是，候选人总要明确表示立场，因为他的听众期待如此。那么，休斯先生是否接受罗斯福的方案，支持干涉？

国家对墨西哥没有侵略政策。我们对它的领土毫无兴趣。我们希望它获得和平、稳定和繁荣。我们应该随时准备帮助它愈合创伤，解除饥饿和苦难，尽我们所能给予它我们无私友谊的好处。本届政府的行为制造了我们必须克服的困难……我们将不得不采取一项新政策，一项通过坚定和一致才能促进持久友谊的政策。

“友谊”这个主题是为非干涉派准备的，“新政策”和“坚定”则是为干涉派准备的。在没有争议的细节上，所有事情都很清楚；但在有争议的话题上，一切都变得模糊不清。

关于欧洲战争，休斯使用了一个巧妙的说法：

我主张坚定维护美国在陆地和海洋上的所有权利。

要理解这一声明在当时的力量，我们必须记住，在中立时期，各派都认为他们反对的欧洲国家单方面侵犯了美国的权利。因此，对亲协约国派而言，休斯在说:“我会强制对付德国。”而亲德派则坚持认为英国的海上力量在侵犯大部分美国权利。这个说法通过“美国权利”这一象征性短语涵盖了两个截然对立的意见。

但是，卢西塔尼亚号事件*客观存在。就像1912年的分裂一样，它是和谐的不可逾越的障碍。

我确信，卢西塔尼亚号被击沉时没有发生任何美国生命的损失。

因此，对于无法妥协的事情，就必须予以抹除。当我们无法在某个问题上达成共识时，最好的方法就是假装它不存在。至于美国与欧洲未来的关系，休斯保持沉默。无论说什么都不可能令他所争取的两个对立派别感到满意。

不必多说，发明这种技巧的肯定早有其人，休斯先生也并不是将其运用得最为成功的人。但他展示了一个由不同意见组成的公众舆论是如何变得模糊的，就好比是将调色盘中的各种色彩混合成某个中性色调。当人们的目标是

* 卢西塔尼亚号，英国的一艘豪华客轮。1915年5月7日，载有上千名美国旅客的客轮在被划为战区的爱尔兰外海被德国潜艇击沉，大部分旅客葬身海底。事件导致反德情绪高涨，并成为日后美国对德宣战的导火索之一。——译者

表面的和谐，实际的冲突却难以抹杀时，模糊就会充斥在对公众的呼吁中。一旦关键议题出现了这种模糊，就意味着各派的利益存在着冲突。

3

那么，为什么一个模糊的想法常常能凝聚许多深刻的意见呢？我们回想一下，无论这些意见多么强烈，它们与它们所声称要处理的事实，其实都缺少持续且紧密的联系。对墨西哥、欧洲战争等缺乏切身体验的环境，我们可能没有多少了解，尽管我们可能会有很强烈的情绪。最初引发这些情绪的图景和语言，并没有情感本身那么强大的力量。对于那些发生在我们从未去过的地方，也超出我们视听范围的事件，哪怕我们能在梦境中或幻想中想象它的样子，也不可能涵盖现实的全部维度。然而，它依然能激发出所有的情感，有时甚至比现实更强烈。因为有很多种刺激都能触动人的情感。

最初能触发我们情感的刺激，可能是通过印刷或口头语言传播描述的图景。这些图景会逐渐褪色，很难保持稳定，它们的轮廓和力量会不断波动。渐渐地，人们进入了一种状态，即知道自己有某种感觉，但不完全确定为何会有这种感觉。褪色的图景被其他图景取代，然后又被名字或符号取代。但情感依然存在，现在能够通过这些替代的图像和名称被激发。即便是在严谨的思考中，这种替换也会发生。因为如果一个人试图比较两种复杂的情况，他很快会发现，试图在所有细节中完全掌握两者，只会令人筋疲力尽。他会使用名称、符号和样本的简化记忆。只要他想取得进展，他就必须这样做，因为他不可能在每一个步骤中都携带所有的细节信息。但如果他忘记了自己进行了替换和简化，他很快就会陷入字面的陷阱，开始对名字本身望文生义，而忽略了实际对象。这样一来，他便无从知道这个与最初事物脱离的名字，是否与某个其他事物结合得不伦不类。公众想要在日常政治生活中防止这种错位现象发生就更难了。

心理学家所说的“条件反射”现象表明，情感并不只与一个特定的想法绑定。能够激发情感的事物是无穷无尽的，能够满足情感的事物也是无穷无尽的。在刺激物模糊且只能被间接感知，唤起的情感也同样间接时尤为如此。比如恐惧感：你首先会将它与直接的危险相关联，然后与你对该危险的想法相关联，再与类似的想法相关联，如此不断延伸下去。从某种意义上说，人类文化的整个结构就是对这些刺激和反应的精细化，而最初的情感感受能力依然处于相对固定的核心地位。毫无疑问，情感的品质在历史进程中有所变化，但其变化的速度和复杂性远远不及对情感的条件化。

人们对想法的敏感度差异很大。有些人对俄罗斯饥饿儿童的想象几乎和眼前的饥饿儿童一样生动，另一些人却几乎无法对遥远的想象产生任何感触，大多数人则处于两者之间的不同阶段。还有一些人对事实迟钝，却对想象敏感。但即使情感被想象激发，我们也无法亲自对场景本身采取行动来满足这种情绪。对饥饿的俄罗斯儿童的想象唤起了救助的欲望。但这个被唤起的人无法亲自喂养那个孩子。他只能把钱捐给一个非个人化的组织，或一个他称之为胡佛先生的拟人化象征。他的钱不会直接送到那个孩子手中，而是汇入一个为大量儿童提供食物的资金池。因此，正如想法是间接的一样，行动的效果也是间接的。认知是间接的，行为的冲动也是间接的，只有情感是直接的。在这个过程中，刺激来自看不见的某处，反应传递到看不见的某处，唯有情感完全存在于个人之内。对孩子的饥饿，他只有一个想法；对孩子的救助，他也只有一个想法；但对自己想帮助的渴望，他有真实的体验。这是整个过程中最核心的事实——他内心的情感是第一手的。

在一定的范围内，情感的刺激和反应都是可以转移的。因此，如果在一群人中找到一个能够激发相同情感的刺激，你就可以用它来代替原有的刺激。举个例子，如果一个人不喜欢国联，另一个人讨厌威尔逊，还有一个人害怕劳工运动，你或许可以通过找到某个象征他们共同厌恶的东西来将他们团结起来。假设这个象征是“美国主义”，第一个人可能将其理解为维护美国的孤立主义，或他所谓“独立”；第二个人将其解读为对某个与他心目中的美国总统形象相冲突的政客的排斥；第三个人则认为这是号召抵制革命。这一象征本身并没有具体指代什么特定事物，但它可以与几乎任何事物相关联。正因为如此，它能够成为各种情感的共同纽带，尽管这些情感最初是源于不同的观念。

当政党或报纸宣扬“美国主义”“进步主义”“法律与秩序”“正义”“人道”等概念时，他们希望将那些原本可能因为意见分歧而对立的派系的情感融合起来。如果他们不是依赖这些象征性的概念，而是直接邀请讨论具体政策，派系之间必定会产生分裂。而当围绕某个象征形成联盟时，情感就会向概念代表的团结倾斜、汇合，而不是向对具体措施的批判性审视倾斜。我认为，将这样的多义词语称为“象征”是方便且在技术上正确的。它们并不代表具体的思想，而是各种观念之间的一种协调或融合。它们就像一个战略性的铁路枢纽，许多道路在此交会，无论它们的起点或目的地是什么。然而，谁能够控制这些象征符号——也就是暂时承载公众情感的载体，谁就能在一定程度上掌控公共政策的走向。只要某个象征有着联合的力量，各个有野心的派别就会为争夺它而斗争。

当然，象征的作用是有限度的。如果过度滥用某些人群赋予象征的实际含义，或者以这个象征的名义对新的目的产生过分的排挤，那么这个象征就可能崩溃。比如，在1917年，“神圣的俄罗斯”及其“小天父”的象征在苦难和失败的冲击下瓦解了。

4

俄罗斯崩溃带来的巨大影响波及了所有战线和各个民族，直接促成了一次独特的实验，即在战争引发的多种意见中凝聚出一种共同的观点。十四点原则是针对所有政府的，无论是盟国、敌国还是中立国，当然也面向各国人民。这是一次试图将世界大战中的主要无形因素联系在一起的努力。这是一种新的尝试，因为第一场可以让全人类的决定性力量思考相同理念（或至少相同理念名称）的大战刚刚发生。没有电报、广播、电线和每日新闻，十四点原则的实验将不可能成功。这是一次利用现代传播技术的尝试，旨在在全球范围内恢复“共同意识”。

但首先我们必须审视1917年底的一些重要背景，这些背景在十四点原则最终形成的文件中得到了体现。1917年夏秋之际，一系列事件发生，深刻影响了民众情绪和战争进程。7 月，俄罗斯进行了最后一次进攻，惨败，随后导致了 11 月爆发的布尔什维克革命。稍早些时候，法国在香槟战役中遭遇了几乎灾难性的失败，引发了军队中的兵变和平民中的失败主义情绪。英国则在潜艇袭击的打击下备受煎熬，佛兰德斯战役带来的巨大损失进一步拖累了英国的士气，而 11 月康布雷战役的失利令前线部队和国内领导人感到震惊。厌战情绪和疲劳感笼罩了整个西欧。

实际上，痛苦和失望动摇了人们对战争原有观念的关注。他们对官方声明不再感兴趣，开始转而关注自身的苦难、各自的党派和阶级目标，以及对政府的普遍不满。由官方宣传操控的感知，以及通过希望、恐惧和仇恨等刺激维持的那种“士气”，开始瓦解。各地的人们开始寻找新的依托，希望找到摆脱困境的方式。

突然间，他们看到了一场伟大的戏剧性转折。在东线，出现了圣诞停战，屠杀和噪声终止了，和平的希望浮现。在布列斯特－立陶夫斯克，所有普通人的梦想成真：谈判是可能的，结束战争的方式不再仅仅是与敌人拼命厮杀。人们怀着胆怯却又全神贯注的心情转向东方。他们问：“为什么不可以继续这么做呢？这场战争到底是为了什么？政治家们真的知道自己在做什么吗？我们真的在为他们所说的目标而战吗？有没有可能在不打仗的情况下实现这些目标？”虽然这些问题在审查制度的压制下难以见诸报端，但当兰斯当侯爵发声时*，人们的内心深处产生了共鸣。战争的早期象征已经变得陈腐，失去了凝聚力。各盟国的内部逐渐出现了深刻的裂痕。

中欧也发生了类似的情况。那里对战争的狂热情感也在逐渐减弱，民族团结已经破裂。战争将世界垂直分割为两大阵营，现在又被各种难以预见的横向分裂交织切割。战争的道德危机已然到来，而军事结果尚未浮现。所有这些，威尔逊总统及其顾问都意识到了。当然，他们并没有对形势有完美的了解，但我所描述的这些，他们心知肚明。

他们还知道，各国政府被一系列承诺束缚住了，而这些承诺无论是字面上还是精神上都与民众对战争意义的理解相抵触。巴黎经济会议的决议是公开的，1917年11月，布尔什维克公布了盟国之间的秘密条约。❶对民众来说，尽管他们对这些条约的内容只有模糊的了解，但人们普遍认为它们与“民族自决”“无吞并、无赔款”的理想口号相冲突。公众的质疑形式表现为：阿尔萨斯-洛林或达尔马提亚值多少英国士兵的生命？波兰或美索不达米亚值多少

---

* 兰斯当侯爵，英国政治家，曾任英国外交大臣、战争大臣等。他于1917年11月29日发表公开信，呼吁战争双方和谈。他的信引发了巨大争议，遭到了英国政府及主流英国媒体的反对。——译者

❶ 威尔逊总统声称，在抵达巴黎前，他从未听过该秘密协定。这样的说法令人困惑。事实上从文本上看，如果他真的不知情，“十四点”就不可能被制定出来。可以断定，在总统与豪斯上校拟定“十四点”的最终文本时，秘密协定的文本一定就放在总统的办公桌上。

法国士兵的生命？这种质疑在美国也并非完全不存在。盟国拒绝参与布列斯特－立陶夫斯克谈判，使得整个协约国的立场陷入了被动。

当时的这种敏感情绪，没有一个有能力的领导者会忽视。理想的回应本应是盟国的联合行动。然而，1917 年 10 月的协约国会议表明这是不可能的。到 12 月，压力变得如此之大，劳合·乔治先生和威尔逊先生不得不独立作出回应。威尔逊总统选择的回应形式是一份包含“十四点”的和平条件声明。将这些条件整理为“十四点”是为了确保精准，并立即给人一种这是“务实”文件的印象。提出“和平条件”而不是“战争目标”的想法，源于需要为布列斯特－立陶夫斯克的谈判提供一个真正的替代方案。这些条件的目的是通过替代俄德会谈的景象，创造一个更宏大的世界范围的公开辩论场景。

在引发全球关注之后，还必须将这种关注保持在统一且灵活的状态，以应对局势中包含的各种可能性。这些和平条件必须足以让盟国中的大多数人认为它们是值得的。它们必须满足各个国家的民族愿望，但又要限制这些愿望，以免任何一个国家觉得自己只是为另一个国家服务。条件还需要满足官方利益，以避免政府间的分裂，同时也要符合公众的观念，以防止士气崩溃。简而言之，它们要维持并巩固盟国的团结，以防战争继续下去。

这些条件也必须成为潜在和平的基础。如果德国的中间派和左派成熟到可以进行煽动的程度，他们就需要这样一个文本来打击统治阶层。因此，这些条件必须把盟国领导人拉近他们的人民，把德国领导人推离他们的人民，并在盟国、德国的非官方势力以及奥匈帝国的被压迫民族之间建立起一条共同理解的路线。十四点原则是一项大胆的尝试，试图树立一个几乎所有人都可以响应的旗帜。如果有足够多的敌方民众准备好响应，那么和平就可能到来；如果没有，盟国将更好地准备迎接战争的冲击。

所有这些因素都在十四点原则的制定中得到了体现。或许没有一个人能完全想到所有的细节，但所有参与制定的人都考虑到了其中的一部分。以这个背景为基础，让我们来分析该文件的某些方面。前五点和第十四点涉及“公开外交”“海洋自由”“平等的贸易机会”“裁减军备”“无帝国主义式的殖民地吞并”，以及“国联”。这些条款可以被描述为当时每个人都自称信奉的普遍原则的声明。然而，第三点更具针对性，直接瞄准了巴黎经济会议的决议，旨在缓解德国人民对经济封锁的恐惧。

第六点是首次涉及特定国家的条款，意在回应俄罗斯对盟国的怀疑，其承诺的措辞与布列斯特-立陶夫斯克的谈判戏剧性地呼应。第七点涉及比利时，其形式和目的毫无保留，反映了几乎全世界（包括中欧的大部分地区）的共识。第八点则需要我们停下来仔细思考，它以一个绝对的要求开头，要求撤离并恢复法国领土，随后提到了阿尔萨斯–洛林问题。该条款的措辞完美地展示了公共声明是如何在几句话中浓缩复杂的利益。“1871 年普鲁士对法国在阿尔萨斯–洛林问题上所犯的错误，已经扰乱了世界的和平近五十年，应予以纠正。”每一个字都经过了仔细斟酌。用“纠正”来表达而非简单地说“阿尔萨斯–洛林应归还”，是因为当时并不确定如果提供公民投票，所有法国人是否会无限期为将阿尔萨斯–洛林重新并入而战，也不确定英国和意大利是否会继续作战。因此，这一表述必须涵盖所有可能性。用“纠正”这个词确保了法国的满意，却没有明确承诺直接的并吞。

为什么要提到普鲁士在 1871 年犯下的错误？显然，“普鲁士”这个名字的目的是提醒南德意志人，阿尔萨斯–洛林不是他们的，而是属于普鲁士的。为什么要提到“五十年”和“1871 年”呢？首先，法国和世界其他地方记得的正是 1871 年，那是他们不满的核心。然而，十四点原则的制定者知道，法国官员的计划不仅仅是收回 1871 年的阿尔萨斯–洛林。1916 年沙皇大臣与法国官员之间的秘密备忘录涵盖了对萨尔河谷的吞并以及某种形式的莱茵兰分裂。法国官方计划将萨尔河谷纳入“阿尔萨斯–洛林”的范畴，因为在 1814 年，它是阿尔萨斯–洛林的一部分，在 1815

年后才被分割出来，并且在普法战争结束时不属于阿尔萨斯－洛林。法国吞并萨尔河谷的官方说法是将其归为“阿尔萨斯－洛林”，即1814—1815年的阿尔萨斯－洛林。通过坚持提到“1871年”，威尔逊实际上在明确德法边界的最终位置，并拒绝了秘密条约。

第九点在意大利问题上也是类似的做法，只是没那么隐晦。“明确的民族边界”正是《伦敦条约》所不具备的。那些边界部分是战略性的，部分是经济的，部分是帝国主义的，部分是民族的。唯有能够收复真正的意大利未统一领土的边界，才可能获得盟国的同情。其他部分，如所有知情者所知，只是为了延缓即将到来的南斯拉夫人的起义。

5

如果假设十四点原则所获得的表面一致的热情，代表了人们对某个具体计划的共识，那就大错特错了。每个人似乎都从中找到了自己喜欢的内容，并各自强调某个方面或某个细节，但没有人敢冒险展开讨论。这些言辞承载着文明世界潜在的冲突，但被普遍接受了。虽然它们代表了对立的观念，但它们唤起了共同的情感。在某种程度上，这些条款在凝聚西方人民的力量上起了作用，使他们在即将经历的那十个月艰难的战争中坚持下去。

只要十四点原则仍然关注那个模糊而美好的未来，关注痛苦终结的时刻，真正的解释冲突就不会显现出来。这些计划是为解决完全不可见的环境问题而设定的，因为这些计划激发了各个群体的私人愿望，所有的愿望汇聚成了公众的希望。正如我们在休斯的演讲中所看到的，调和是一个由各种象征组成的层次体系，当你在这个象征的层级中上升以涵盖更多的派系时，情感联系暂时可以维持，但理智上的联系却会逐渐丧失。而且，情感也会变得越来越淡薄。当你离开经验的世界，进入更高的抽象或微妙层次时，你就像在乘热气球一样，不断抛弃具体的对象。当你到达顶端时，看到的是“人类权利”或“为民主而安全的世界”这样的短语，你能够看到很远，但能看清的事物并不多。被这种情感吸引的人们并不会始终保持被动。当公众诉求变得越来越迎合所有人的时候，情感被激发，而意义却被分散，每个人都会给自己的私欲赋予普遍的含义。无论你迫切想要什么，都会被解读为“人类权利”。因为这些逐渐变得空洞的短语能够代表几乎任何含义，很快，它们就真的会被用来表达一切。

威尔逊的言辞在世界的每一个角落都被以无数种不同的方式理解。没有任何一份经过协商并公开记录的文件能纠正这些混乱。[1]因此，当和平解决的日子到来时，每个

[1] 直到一战结束前，美国才向协约国各国给出其对“十四点”的解释。

人都期待得到一切。欧洲的条约起草者面临着众多选择，他们选择满足国内拥有最多权力的同胞的期望。

他们从“人类权利”的象征层面下降到“法国、英国和意大利权利”的象征层面。虽然他们没有放弃使用象征，但他们放弃了那些在战后无法在其选民的想象中扎根的象征。他们通过象征保持了法国的统一，但并不愿为欧洲的统一冒险。法国这一象征深深扎根，而欧洲这一象征则仅有短暂的历史。然而，像“欧洲”这样的综合象征和“法国”这样的民族象征之间的界限并不明确。国家和帝国的历史揭示了一个事实，即统一观念的范围有时会扩大，有时会缩小。我们不能说人类一直在从小规模的忠诚向大规模的忠诚迈进，因为事实并不支持这一说法。比如，人们常常拿统一民族国家来类比想象中的“世界国家”，而罗马帝国和神圣罗马帝国的扩张进程比十九世纪民族国家统一的范围更广。不过，尽管帝国经历了暂时的扩张与收缩，人类社会的整合程度确实还是增强了。

6

这样的真实整合无疑在美国历史上发生过。在 1789 年之前的十年间，大多数人似乎认为他们的州和社区是真实的，但州与州组成的联盟则显得不真实。州的概念、州旗、州内最杰出的领导人，或者代表马萨诸塞州或弗吉尼亚州的事物，都是真正的象征。这意味着这些象征由人们的实际经验所构筑，如童年的生活、职业、居住地等。那时，人们的生活经验很少跨越各州之间的假想边界。“弗吉尼亚人”这个词几乎涵盖了大多数弗吉尼亚人所知和所感受到的一切。这是与他们的经验最有联系的、最广泛的政治概念。

但这是他们的经验，而不是他们的需求。因为他们的需求源于他们的实际环境，而在那个时代，这个环境至少包括了十三个殖民地。他们需要共同的防御体系，经济和金融制度，也需要像联邦那样广泛的组织。然而，只要“州”这个虚拟环境包围着他们，州的象征就耗尽了他们的政治兴趣。像邦联这样的跨州概念则过于抽象而无力了。邦联更像是一个大杂烩，而不是象征，虽然它创造了不同群体之间的和谐，但这种和谐只是暂时的。

我说邦联的概念抽象而无力，但在美国宪法通过之前的十年里，统一的需求确实存在。这个需求的存在是因为事务的运转不顺，人们必须考虑统一的需求。逐渐地，各殖民地的某些阶层开始打破州内的经验。他们的个人利益跨越了州界，逐渐在他们的头脑中构建出了一幅真正具有全国范围的美国环境图景。对他们而言，联邦的概念成了真正的象征，而不再是一个大杂烩。其中最富有想象力的人是亚历山大·汉密尔顿。汉密尔顿恰好对任何一个州都没有原始的情感依附，因为他出生在西印度群岛，从他开始活跃的那一刻起，他便与所有州的共同利益联系在一起。对于当时的大多数人来说，首都应设在弗吉尼亚州还是费城是个极其重要的问题，因为他们有着地方主义的思维。而对汉密尔顿来说，这个问题没有情感上的重要性；他所追求的是各州债务的承担问题，因为这将有助于进一步使拟议中的联邦国家化。因此，他欣然用首都选址的妥协换取了来自波托马克地区的两票。*对汉密尔顿来说，联邦是一个代表了他所有利益和经验的象征；而对波托马克的怀特和李来说，州的象征才是他们所服务的最高政治实体，尽管他们不愿为此付出代价，他们仍然选择了服务。正如杰斐逊所说，他们同意改变投票后，“怀特几乎反胃到痉挛的地步”[1]。

在凝聚共同意志的过程中，总有一个像汉密尔顿那样的人在发挥作用。

---

* 1790年，美国首任财政部长汉密尔顿与杰斐逊、麦迪逊达成妥协，南方各州同意由联邦政府接管并偿还各州外债（这让建立强有力的联邦政府的汉密尔顿方案能够落实），北方则同意在南方离北方不远的波多马克河畔新建首都（也就是后来的华盛顿）。——译者

[1]《杰斐逊文集》，第九卷，第87页，引自查尔斯·A.彼尔德《杰斐逊民主的经济起源》（*Economic Origins of Jeffersonian Democracy*），第172页。

第十四章　是或否

1

象征常常如此有用，且神秘地强大，以至于象征词本身就能散发出一种神奇的光彩。在思考象征时，我们很容易把它们看作是拥有独立力量的事物。然而，曾经引发狂喜的无数象征，大部分都已完全失去了对任何人的影响。博物馆和民间传说书籍里充满了失效的符号和咒语，因为那些象征已经再也没有力量了（但也许某一天，它们会通过与人类心灵的联系而重新获得力量）。那些失去力量的象征，以及那些不断被提出但未能扎根的象征提醒我们，如果我们有足够的耐心详细研究一个象征的流通历程，我们将看到一段人类现实生活的历史。

在休斯的竞选演讲中，在十四点原则中，在汉密尔顿的计划中，象征被广泛运用。然而，它们是由特定时刻的某些人所使用的。单靠文字并不能凝聚随意的情感。这些话语必须由那些处于战略位置的人在合适的时机说出。否则，它们只是一阵风而已。象征必须被置于特定情境之中，因为它们本身没有意义，并且可供选择的象征总是太多，让人在多个有吸引力的象征中犹豫不决——就像一头站在两垛干草堆之间的驴子一样。

举个例子，以下是1920年大选前某些公民向报纸陈述的投票理由。支持哈定的理由：

今天那些为哈定和库利奇投票的爱国男女，将被后世视为签署了我们的第二次《独立宣言》。

——威尔莫特先生，发明家

他将确保美国不会陷入"有害的联盟"，并且通过将政府从民主党手中转交给共和党，华盛顿这个城市将受益。

——克拉伦斯先生，推销员

支持考克斯的理由：

美国人民意识到，在法国战场上作出的承诺是我们的责任，我们必须加入国联。我们必须肩负起在世界范围内维护和平的责任。

——玛丽小姐，速记员

如果我们拒绝加入国联以争取国际和平，我们将失去自己的尊重以及其他国家对我们的尊重。

——斯宾塞先生，统计员

这两组短语同样高尚、同样真实，从对方的口中说出也没有不妥。克拉伦斯和威尔莫特会承认他们打算违背在法国战场上作出的承诺，或不渴望国际和平吗？当然不会。玛丽和斯宾塞会承认他们支持“有害的联盟”或放弃美国独立吗？他们会争辩说，国联正如威尔逊总统所称，是一种“解决问题的联盟”，是一份世界范围的《独立宣言》，再加上一点全球性的“门罗主义”。

2

象征的来源是如此多样，而且其含义可以被赋予极大的弹性，那么，为什么某个特定的象征能在某个人的头脑中扎根呢？答案是，这些象征是由我们认为有权威性的人植入的。如果这些象征植入得足够深，或许未来当有人再次挥舞这些象征时，我们便会称其为权威。最初，象征之所以被人们接受并认为重要，是因为它们是由那些我们认为重要且有影响力的人引入的。

毕竟，我们不是十八岁时才从蛋中孵化出来，并立刻拥有对现实的想象力的。正如萧伯纳所说，在我们幼年时，我们仍然依赖年长者为我们与外界的接触搭建桥梁。我们通过这些我们深爱且信任的人，建立与外部世界的联系。他们是我们与未知世界的第一个桥梁。虽然我们可能逐渐掌握那个更大环境的许多方面，但总有一个更广阔的领域是我们所不了解的。对于这个领域，我们依然通过权威人物来与之联系。在所有事实都不可见的情况下，真实的报告和看似合理的错误报告读起来、听起来、在感觉上都是一样的。除非能涉及我们极为熟悉的少数主题，否则我们无法区分真实与虚假的信息。因此，我们更多是选择可信的报道者，而不是直接选择真相。[1]

理论上，我们应该选择每个领域中最具权威的专家。但即使选择专家比选择真理要容易得多，这依然太困难且常常不可行。即使在专家中，他们自己也不一定知道谁是最有权威的。而即便我们能够找到专家，专家往往太忙，难以咨询，或根本无法接触到。但我们可以很容易地识别一些人，因为他们是事务的领导者，父母、老师和有主见的朋友是我们最早接触的此类人群。

我们无须探讨为什么孩子更信任某个父母或某个老师，而不是其他人；也不必讨论信任如何从报纸、对公共事务感兴趣的熟人，逐渐扩展到公共人物。精神分析的文献对此有丰富的假设。

无论如何，我们总是能发现自己会信任某些人，他们成了我们接触几乎所有未知事物的途径。有趣的是，这种

[1] 参见一本离奇但有趣的老书：乔治·刘易斯，《一篇关于权威在舆论事务中的影响的论文》（*An Essay on the Influence of Authority in Matters of Opinion*）。

现象有时被视为缺乏尊严，或证明我们具有像羊群或猴子一样的从众天性。然而，在宇宙中完全独立是不可能的。如果我们不能将几乎所有事情视为理所当然，那么我们的一生将被平凡的琐事所占据。最接近完全独立的成人是隐士，而隐士的活动范围非常有限。完全为自己行动的人只能在极小的范围内，追求简单的目标。如果他有时间思考伟大的问题，那我们可以确定他在成为隐士之前，已经不假思索地接受了一整套有关如何取暖、如何不挨饿，以及有关重要问题的痛苦得来的知识。

在我们一生中的绝大部分时间里，所谓独立行动只是扩大我们愿意倾听的权威范围。作为天生的外行，我们追求真理的过程就是激发专家的讨论，并促使他们对任何带有信念的异端进行回应。在这样的辩论中，我们常常可以判断出谁在辩论中占据了上风，但我们对辩论者都没有涉及的错误前提或忽视的角度几乎是无力应对的。后文中我们将看到，民主理论在此采取了相反的假设，即政府可以依赖无穷无尽的自治的个体。

我们赖以接触外部世界的人，通常是那些似乎在“掌控”世界的人，虽然他们可能只掌控了世界的一小部分。[1]保姆喂养孩子、给孩子洗澡并哄孩子入睡，但这并不能使保

[1] 詹姆斯·布莱斯，《现代民治政体》（*Modern Democracies*），卷二，第544—545页。

姆成为物理学、动物学或高等批判学的权威。史密斯先生经营或至少雇佣了经营工厂的人，这并不使他成为美国宪法或福特尼关税法案*的权威。斯穆特先生执掌犹他州的共和党，但这本身也不能证明他是税收问题上的权威专家。然而，保姆可以在一段时间内决定孩子学习动物学；史密斯先生将对他妻子、秘书，甚至他的牧师的宪法观念产生很大影响；而谁又能界定斯穆特参议员权威的边界呢？

牧师、庄园领主、船长、国王、党派领袖、商人、政客，不论这些人是如何被选中的，无论是通过出身、继承、征服，还是选举，他们及其有组织的追随者都在管理着人类事务。他们是指挥官，虽然在家里可能是元帅，在办公室是少尉，在政治上是新兵；尽管许多机构的等级制度模糊不清或隐藏着，但在任何需要多人合作的机构中，某种形式的等级制度都存在。[1]在美国政治中，我们称之为机制或“体制”。

---

* 1922 年，众议院筹款委员会主席约瑟夫·福特尼和参议院财政委员会主席波特·麦坎伯发起了福特尼-麦坎伯关税法案，大幅提高多种进口货品关税，以保护本国工农产品。该关税法案引发了美国与欧洲各国的关税大战，反而导致了农民的损失和批评。——译者

[1] 参见莫伊塞·奥斯特罗果尔斯基《民主与政党组织》(*Democracy and the Organization of Political Parties*)；罗伯特·米歇尔斯《政党》(*Political Parties*)；詹姆斯·布莱斯《现代民治政体》(*Modern Democracies*)的个别章节；爱德华·罗斯《社会学原理》(*Principles of Sociology*)的第 22—24 章。

3

机制（体制）的成员和普通群众之间存在若干重要区别。领导者、指导委员会和核心圈子与他们的环境保持直接联系。当然，他们对应当如何定义环境的理解可能非常有限，但他们处理的并不都是抽象的事物。具体的候选人、他们希望改善的财务报表、必须实现的具体目标，都是他们所关注的。我并不是说他们逃脱了人类倾向于刻板印象的天性。他们的刻板印象常常使他们变得可笑、拘泥于常规，但无论他们的局限性如何，这些领导者确实与更大环境中的某些关键部分有实际接触。他们做出决定，发号施令，进行交易。他们也会促使某些事情发生，即使这些事情的结果可能并不像他们所预想的那样。

他们的下属并不是通过共同的信念与他们联系在一起的。也就是说，机制中的低阶成员，并不会根据对领导者智慧的独立判断来决定他们的忠诚。在这个等级体系中，每个人依赖于一个上级，同时又是某些依赖者的上级。将机制团结在一起的是一种特权体系。这些特权因追求者的机会和个人兴趣的不同而有所差异，从裙带关系和任人唯亲，到帮派意识、个人崇拜或某种固定的观念。在军队中，它们表现为军衔；在封建制度中，它们表现为土地和臣属关系；而在现代民主中，它们则表现为职位和公众关注。这就是为什么通过取消特权可以瓦解一个特定的机制。然而，我认为，在任何有凝聚力的群体中，机制必然会再次出现。因为特权是相对的，完全的均等是不可能的。我确信，仅仅是作为那个发表演讲、赢得最多选票的人的朋友，这种愉悦感就足以使某些人围绕他形成一个内部圈子。

因此，我们不需要发明一种集体智慧，来解释为什么群体的判断通常比街头巷尾的个人言论更加明确，且更符合人们的预期。一个人或少数人可以追寻一个特定的思路，但一个群体试图集体思考时，则不会仅仅是集体表示同意或反对。等级体系中的成员可以拥有一种共同的传统。作为学徒，他们从师傅那里学到了技艺，而师傅也是在他们当学徒时从他们的前辈那里学到技艺。在任何持续发展的社会中，治理阶层内部人员的更替都是缓慢的，缓慢到可以传递某些根深蒂固的刻板印象和行为模式。从父亲到儿子，从主教到新手，从老兵到学员，某些观察和行动的方式得以传授。这些方式变成了常规，并被大多数外部人士认同。

4

正是距离使人产生了一种幻想，即认为大量人群在任何复杂事务中，可以不借助由少数人操控的中央体制而进行合作。正如布莱斯所说："任何在立法机构或行政部门工作过几年的人都会发现，真正治理世界的人数少得惊人。"[1]在这里，他指的是国家事务。确实，如果你把所有的人类事务都考虑进去，那么治理者的数量可能相当庞大；但如果你专注于某个特定的机构，无论是立法机构、政党、工会、民族主义运动、工厂还是俱乐部，真正掌权的人只占理论上应该掌权者的极少一部分。

政治风向的变化可能会将一个体制赶下台，换上另一个体制；革命有时甚至会彻底摧毁一个特定的体制。美国民主革命建立了两党交替执政的体制，其中每一个体制都在几年内因另一个体制的失误而获益。然而，体制从未消失。理想化的民主理论也从未在任何地方实现。在这些体制中，总是存在一个核心圈子，然后外层的人们如同心圆般一层层将其包围。权力随着圈层逐渐远离核心而不断弱化，处于最外端的只有漠不关心或毫无兴趣的普通成员。

---

[1] 詹姆斯·布莱斯，《现代民治政体》（*Modern Democracies*），卷二，第542页。

民主主义者坚持认为，这是一种扭曲的现象。因为民主有两种愿景：一种假设每个个体都具备自治的能力；另一种则假设有一个“超灵”*来调节一切。这两者相比，“超灵”的说法似乎更具优势，因为它至少承认大众的决策并非自发产生于每个成员的内心。但如果我们把注意力集中在“体制”上，“超灵”作为集体行为的主导力量就显得过于神秘且多余了。体制是一个相当平凡的现实，它由穿着衣服、住在房子里的人类组成，这些人都是现实存在的人。他们履行所有通常归于“超灵”的职责。

5

体制存在的原因并不是人性的扭曲，而是因为在任何群体中，仅凭个体的私有观念不可能自然地形成共同的思想。人群总是很难直接对超出他们掌控范围的局势施加影响。他们可以通过各种形式的迁徙、罢工或抵制，可以通过鼓掌或嘘声来表达态度。他们偶尔可以通过这些手段抵制不喜欢的事物，或胁迫那些阻碍他们目标的人。然而，仅靠群众行动，是无法建构、设计、协商或管理任何事物的。如果作为整体的公众没有围绕某个组织化的层级结构，

* 超灵（oversoul），系梵语词Paramātmā之英译，指某些超验于自我本身的绝对身份或绝对人格。——译者

他们便无法汇聚在一起，完全有可能因价格过高拒绝购买商品，或是因工资过低拒绝接受工作安排。而工会则可以通过罢工迫使资本家屈服，并与资本家达成有利的协议，比如与资方共同控制企业。但这个权利的行使仍然需要通过组织进行。

在实际操作中，直接行动最多也只能做到对公众提出的某个问题做出“是”或“否”的选择。[1]因为只有在最简单的情况下，公众才能对某个问题自发地、以大致相同的形式表达一致看法。有些情况下可能出现非组织化的罢工或抵制，不仅限于工业领域，当怨愤如此明确时，在几乎不需要领导的情况下，许多人便会产生相同的反应。但即使在这些原始的情况下，也有一些人比其他人更早知道自己想做什么，并迅速成为临时的领袖。如果没有这些领袖出现，群众可能会毫无目的地乱走，陷入各自的私人目的，或者像最近有五十个人旁观一名男子自杀时那样，听天由命般地站在一旁无所作为。

对于大多数从不可见的世界传递给我们的印象，我们通常会在幻想中上演一场无声的戏剧。我们很少会对不了

[1] 见威廉·詹姆斯《一些哲学问题》(*Some Problems of Philosophy*)，第227页。“对大多数紧急情况来说，我们都不可能采取微观层面的解决方案。在微观层面，我们很难有什么作为。”另见劳伦斯·洛威尔《公众舆论与人民政府》(*Public Opinion and Popular Government*)，第91、92页。

解的事件做出有意识的决定，每个人对于自己尝试后能够取得什么样的成果，也少有信心。因为人们没有现实的议题可供选择，自然也无法做出任何判断。如果不是因为大多数信息在到达我们时，附带了一些关于我们应该如何感受的暗示，这一点会更加明显。当我们无法从新闻中找到这种暗示时，我们会转向社论或某个可信的权威。如果我们觉得自己被卷入其中，但没有找到立场，幻想就会令人不安，直到我们明确地知道自己站在哪一边——也就是直到事实被组织成我们能够对此作出“是”或“否”的判断的形态。

当一群人都说“是”时，他们可能有各种不同的理由。正如我们之前提到的，他们头脑中的画面因细微且私人的方式而各不相同。但这种细微之处仅停留在他们的内心；在公众场合，这种差异被某些象征性短语所代表，这些短语承载了个体的情感，却去除了大部分的意图。等级结构，或者说存在竞争关系的两种等级结构，则需要将这些象征与明确的行动联系起来，比如投票“是”或“否”，或采取支持或反对的立场。于是，反对国联的史密斯、反对《第十条款》的琼斯，以及反对威尔逊和他所有政策的布朗，各自基于自己的理由，都以某种程度上相同的象征性短语的名义，通过投票支持共和党表达了他们对民主党的反对。共同意志由此得以表达。

人们必须做出一个明确的选择，而这种选择必须通过象征的转移，将这种选择与个人的意见联系起来。职业政治家早在民主哲学家之前就掌握了这一点。因此，他们组织了党团会议、提名大会以及指导委员会，作为明确选择的手段。任何希望驱使大量人员合作以达成某个目标的人，都会效仿他们的做法。有时这种做法相当粗暴，例如巴黎和会缩减成十人委员会，然后又进一步缩减为三巨头或四巨头；他们起草了一份条约，而其他盟国的小国、他们的本国选民和敌国只能接受或拒绝这份条约。通常，在做出选择前都会有相当多的协商。但根本事实是永恒不变的：少数的几个领导者直接代表大部分人做出选择。

6

少数人的权力滥用引致了各种提案，比如公民提案权、公投和直接初选。但这些措施只是通过复杂化选举过程，推迟或掩盖对体制的需求。正如H.G.威尔斯曾非常准确地指出的那样，这些措施并没有消除选举中的问题，而只是对候选人或议题的选择产生了影响。无论投票次数多少，创造一个选民可以表态“是”或“否”的议题和“支持”或“不支持”某个候选人的需求依然存在。事实上，所谓“直接立法”是不存在的。比如，在直接立法系统中，公民去投票站，拿到一张印有若干法案的选票，但这些法案几乎总是简化版的。公民如果要表态，只能对这些法案说“是”或“否”。即使他能想到世界上最精彩的修正案，他也只能在那份提案上说“是”或“否”，除此之外别无选择。这根本就不是什么“立法”。当然，我并不是说这种程序没有任何好处；我认为对于某些特定问题，这种程序确实有显著的好处。但任何大众决策的必要简化，在我们所处的复杂世界中是非常重要的现实选择。最复杂的投票形式可能是偏好投票。在这种系统下，选民可以在多个候选人中表达他们的选择顺序，而不是只对一个候选人说“是”，对其他人说“否”。但即便如此，投票的结果仍然取决于候选人的质量，[1]而这些候选人是通过积极的少数派，通过请愿和召集代表选定的。最终，少数人提名，众人投票。

[1] 参见哈罗德·拉斯基《主权的基础》(*Foundations of Sovereignty*)，第224页。“比例代表制……似乎在导向一种群体制……可能会剥夺选民对领导人的选择权。”正如拉斯基先生所言，群体制无疑会使行政机构的遴选更加间接，但毫无疑问，它也会使立法议会中的各种意见得到更充分的体现。这究竟是好是坏，我们无法先验地确定。但我们可以说，与僵化的两党制议会相比，在一个更具有准确代表性的议会中，成功的合作与责任需要更高的政治智慧和政治习惯。这是一种更为复杂的政治形式，因此可能效果较差。

第十五章　领袖与普通民众

1

由于象征在实践中的至关重要性，任何成功的领袖都会花费大量精力，通过象征对其追随者进行组织。象征在基层群众中发挥的作用，与特权在等级结构中发挥的作用相似。象征维护了团结，从图腾柱到国旗，从木偶像到无形的上帝，从魔法咒语到语焉不详的亚当·斯密或边沁，象征一直被领袖们珍视，虽然许多领袖本身可能并不真正相信这些象征。象征之所以被重视，是因为它们成了差异融合的焦点。一个旁观者可能会轻视“星条旗”相关的仪式，而亨利四世为了得到巴黎甘愿做几次弥撒。*领导者通过经验了解到，只有当象征发挥其作用后，他才能掌握影响群众的权柄。在象征体系中，情感集中释放到一个共同的目标上，而真实思想的个性被抹去。因此，领导者总是

* 亨利四世，法国国王。他继位时正值法国宗教战争流血纷争的年代，身为新教胡格诺派信徒、讨厌天主教烦琐礼拜仪式的亨利四世为了得到巴黎的天主教信徒的支持，宣布改信天主教，从而顺利继承王位。他也因此而留下名言：“巴黎值得一场弥撒。”——译者

憎恶他所说的“破坏性批评”，而这种批评常被自由主义者认为是去除谬误。

正如白芝浩所言：“我们的君主制需要被敬畏，但如果你开始探究君主制的根源，你就再也无法敬畏它了。”❶因为探究就意味着清晰的定义和坦率的陈述，它们有助于追求人类的各种崇高目标——不过轻松维持共同意志的目标不包括在内。每个有责任心的领导者都知道，探究总是会倾向于打破从个体思想到制度象征的情感转移过程。而这样做的第一个结果就是个体主义的泛滥和派系争斗的出现。象征的瓦解，无论是“神圣俄罗斯”，还是“铁人迪亚斯”*，都会带来一段漫长的动荡。

这些伟大的象征通过情感转移，拥有了静态社会中所有细微的忠诚。它们唤起了每个个体对其所熟悉的风景、家具、面孔、记忆的感情，而这些正是一个人在静态社会中唯一的现实。这种图像和情感的核心构成了民族性。伟大的象征吸纳了这些情感，无须调用那些原始的图像便能唤起它们。政治辩论中的次要象征和政治中的日常闲谈，始终会被追溯到这些原始象征，在允许的情况下还会与它

❶ 沃尔特·白芝浩，《英国宪法》(*The English Constitution*)，第 127 页。

* 铁人迪亚斯，即波费里奥·迪亚斯，曾六次连任墨西哥总统，以铁腕政策闻名，号称“铁人迪亚斯”。一方面他的铁腕统治让墨西哥经济得以发展，另一方面他对墨西哥社会需求的漠视也引发了人民的不满，最终于 1911 年被推翻。——译者

们联系起来。比如，关于地铁票价的合理性问题被象征化为人民与利益集团之间的对立，然后人民被嵌入美国的象征中，最终在竞选的热潮中，“八美分的车票”变得不符合美国精神。革命先辈们为阻止它的发生而献身，林肯努力抗争以避免它的到来，那些在法国战场上长眠的人的死亡中也隐含着反对它的精神。

由于象征能够将情感从具体思想中抽取出来，因此它既是团结的机制，也是剥削的工具。它使人们能够为了共同的目标而努力，但正因为处于战略位置的少数人必须选择具体的目标，象征也成为少数人可以通过它压榨多数人，转移批评，甚至诱导人们为了自己不了解的目标而承受痛苦的工具。

如果我们把自己看作现实主义、自足且自律的个体，那么我们对象征的依附有许多方面是并不令人感到自豪的。然而，也不可能简单得出结论，认为象征完全是恶魔的工具。在科学和思考的领域中，它们无疑是诱惑本身，但在行动的世界里，它们有时却是有益的，甚至是必要的。这种必要性经常是想象出来的，危险则是人为制造的。但当人们必须快速得到结果时，通过象征操纵大众，可能是完成关键任务的唯一快速途径。行动有时比理解更重要，有时如果所有人都理解，行动反而会失败。很多事务无法等待全民公决，也未必经得起公众审视，尤其在战争期间，国家、军队，甚至指挥官都必须将战略托付给极少数人；在这种情况下，同时存在两种对立意见（哪怕有一种是正确的），也比只存在一种错误意见更危险。错误的意见可能带来不良后果，但对立的意见可能因瓦解团结而导致灾难。❶

因此，福煦和亨利·威尔逊爵士虽然预见到，预备队分散可能对高夫的军队造成灾难性后果，但他们仍将意见控制在小圈子内。因为他们知道，比起可能的惨败，报纸上的争论带来的破坏性才更为可怕。1918 年 3 月那种极度紧张的局势下，最重要的不是某个特定行动的正确性，而是指挥来源的一致性。如果福煦“向人民诉说”，他或许能赢得人民支持，但在他赢得辩论之前，他将要指挥的军队可能早已瓦解了。“神灵之争”的景象既吸引人又具破坏性。

此外，还有一种危险的“不谋而合”。赖特上尉说：“伪装艺术被最大程度应用的地方不是前线，而是最高指挥部。军事领袖们被无数公关人员忙碌地粉饰，远远看去都仿佛成了拿破仑……无论这些‘拿破仑’多么无能，他们也几乎不会被取代，因为这些粉饰掩盖了失败、夸大或捏造了胜利，并积累了巨大的公众支持……但这种精心组织的虚

❶ 最高战争委员会助理秘书彼得·S. 赖特上尉在《在最高战争委员会》（*At the Supreme War Council*）一书中对保密和统一指挥的论述值得细细品读。他对盟军领导人进行了言辞激烈的论述。

假行为所产生的最隐秘、最糟糕的影响却发生在将军们自己身上。尽管他们大多数人都谦逊且爱国，但这些普遍的幻想最终也影响了他们自己。每天早晨读到这些新闻后，他们也开始相信自己是战争中的天神，是不可战胜的，认为他们留在指挥岗位上是一件神圣的事情，值得用任何手段来维持地位……以上种种情况，尤其是那种公开的欺骗，最终让所有参谋部门脱离了一切控制。他们不再为国家而生存，国家反而要为他们而生存，或者更准确地说，为他们而死。胜利或失败不再是最重要的事情。对这些事实上的'半主权机构'来说，重要的是'亲爱的威利'还是'可怜的哈里'会掌权，或者尚蒂伊派会胜过荣军大街派。"[1]

然而，即便赖特上尉能如此雄辩地揭示"不谋而合"的危险，他仍然不得不承认福煦的沉默是有必要的，他没有公开摧毁人民心中的那些幻想。其中存在复杂的悖论，正如我们稍后将更全面看到的那样，因为传统的民主生活观不是为紧急和危险时刻设计的，而是为安宁与和谐设计的。因此，当大量人群在不确定和动荡的环境中必须合作时，通常需要在没有得到所有人认同的情况下实现团结和灵活性。象征便是这样做的工具。它模糊了个人意图，削弱了辨别能力，遮蔽了个体目的。它冻结了个性，但同时极大地增强了团体的意图，在危急时刻使这个团体能够被

[1] 同上，第 98、101—105 页。

焊接成一个具有目的的行动单位。它虽然使个性僵化，但却使群众变得灵活。象征是短期内使大众摆脱自身犹豫不决的惰性或盲目冲动的惰性的工具，使其能够跟随领导穿越复杂局势的曲折道路。

2

然而，从长远来看，领导者与被领导者之间的互动会逐渐增多。用来形容基层对其领袖心态的词语最常见的是“士气”。当个体全身心投入地履行分配给他们的任务时，就叫做“士气旺盛”，此时每个人的全部力量都被上级的指令所激发。因此，每个领袖在制定政策时必须考虑到这一点。他不仅要基于“效果的优劣”来做出决定，还要考虑到该决策对他所依赖的追随者中的任何一部分产生的影响。如果他是在计划一次进攻的指挥官，他会明白，如果伤亡比例过高，他组织起来的军事单位可能会瓦解为一盘散沙。

在第一次世界大战中，战前对于伤亡的预估被极大程度上颠覆了，因为“每九个去法国的士兵中有五个成了伤亡者”[1]。人们的心理承受极限确实远超所有人的预期，但它也是存在极限的。因此，一方面是不想助长地方气焰，

[1] 同上，第 27 页。数据来自赖特上尉从战事局档案中摘录的数据，既可能是英军的伤亡，也可能是英法联军的伤亡。

另一方面则是出于对士兵及其家属的考虑，在这场战争中，任何指挥官都不敢公开损失的真实数据。在法国，伤亡名单从未公布。在英国、美国和德国，大战的伤亡数字被分散在较长时间内发布，以免公众对总数有统一的印象。直到战争结束很久，除了内部人士，几乎无人知道索姆河战役或佛兰德斯战役究竟付出了多大的代价；❶而鲁登道夫毫无疑问比伦敦、巴黎或芝加哥的任何普通人对这些伤亡情况都有更为准确的了解。各方的领导人都竭尽所能地限制任何一个士兵或平民对战争的真实感知。然而，对于那些久经沙场的老兵，尤其是 1917 年的法国军队来说，他们对战争的了解远比公众知道的要多得多。他们开始依据自身感受的痛苦来评价指挥官。当另一个关于胜利的吹嘘再次变成了惯常的血腥失败时，一个小小的失误（比如 1917 年尼韦勒的攻势❷）就可能引发兵变。这是无数次失误的累积。革命和兵变通常是由某个小问题引发，但背后往往是一系列重大弊端的累积。❸

政策的影响决定了领袖与追随者之间的关系。如果他

❶ 同上，第 34 页。索姆河战役的伤亡人数约为五十万人，阿拉斯和佛兰德斯战役则导致六十五万英军伤亡。

❷ 在尼韦勒攻势中，协约国遭受的多次损失比同盟国在贵妇小径（Chemin des Dames）所遭受的惨败更为血腥。

❸ 参见让·德·皮埃尔夫关于苏瓦松哗变及贝当处理哗变的论述，《在总司令部的三年》（*G.Q.G.Trois ans au Grand Quartier Général*），卷一，第三部分及后文。

计划中需要的人距离行动发生的地点很远，如果结果被推迟或被掩盖，如果个人义务是间接的或尚未明确的，尤其是，如果“同意”意味着一种愉悦的情感体验，领袖通常会有较大程度的决断自由。那些不会立即影响追随者私人习惯的政策总是最受欢迎的，就好比滴酒不沾的人总是十分欢迎禁酒令一样。这也是政府在外交事务中拥有更大自由度的重要原因之一。两个国家之间的摩擦往往涉及一系列模糊的、冗长的争议，有时发生在边界地区，但更多时候是发生在地理课本都找不到精确信息的偏远地区。在捷克斯洛伐克，美国被视为解放者；而在美国的报纸文章和音乐喜剧中，甚至在美国人的日常对话中，人们都搞不清美国解放的那个国家到底是叫捷克斯洛伐克还是南斯拉夫。

在外交事务中，政策的影响长期局限于不可见的环境。在那里发生的一切都不会让人们产生完全真实的感受。因此，在战前，没人必须战斗，也没人需要付出代价，政府可以按照自己的判断行事，而不需要过多地考虑其人民的意见。在地方事务中，政策的成本更容易显现。因此，除非是极少数例外的领导者，大多数领导者都会倾向于选择那些人们难以把握其成本的政策。

领导者们不喜欢直接税收，也不喜欢随用随付。他们更倾向于长期债务，并希望选民相信外国人会支付账单。政府总是从生产者的角度来计算繁荣，而不是从消费者的角度，因为消费者的范围被分散在许多琐碎的项目上。工会领袖通常更倾向于提高货币工资，而不是降低物价。一直以来，公众对百万富翁的财产更感兴趣，因为这些利润显而易见；对工业体系中的浪费则兴趣寥寥，因为这些浪费巨大但难以捉摸。

以一个正在应对住房短缺问题的立法机构为例，首先，它并没有采取任何措施来增加住房数量；然后，它对贪婪的房东进行打击；最后，它调查了牟利的建筑商和工人。这是一个典型例子，表明建设性的政策往往涉及遥远且乏味的因素，而一个贪婪的房东或一个牟利的管道工才是显而易见且直接的问题。

然而，尽管人们容易相信在一个想象不到的未来和看不见的地方，某种政策会对他们有利，但政策的实际运作逻辑与他们的观念是不同的。一个国家可能被说服，相信提高货运费率会让铁路公司繁荣起来。但如果这种费率对农民和发货人产生影响，导致商品价格高到超出消费者的支付能力，那么这种信念就不会带来繁荣。消费者是否会支付这个价格，并不取决于他是否在九个月前点头同意提高费率以挽救经济，而是取决于他是否还想要一顶新帽子或一辆新车，并为此支付更高的价格。

3

领导者常常假装他们只是揭示了公众心中早已存在的计划。当他们相信这一点时，通常是在自欺欺人。计划并不会同时在一大群人的头脑中自发出现。这并不是因为群体的智慧低于领导者，而是因为思考是有机体的功能，而群体并不是一个有机体。

这种事实往往被暗示的力量所掩盖。群众接收到的并非单纯的新闻，而是带有某种行动暗示的新闻；听到的报道并不是客观的事实，而是已经被刻板化、被引导到某种行为模式中的信息。因此，徒有虚名的领导者常常发现，真正的领导者其实是一个强大的报业大亨。但是，如果像在实验室中那样，能够去除所有暗示和引导，我们可以发现：面对同样的刺激，群体的反应可以被理论化为一个“谬误多边形”。某些群体会有足够相似的感受，以至于可以归为一类，而在多边形的两端会出现不同的情感变异。当这些感受被言语表达出来时，原本模糊的感受会变得更加清晰，感受也会变得更加确定。

与公众情绪保持接触的领导者能迅速感知到这些反应。他们知道物价高企正在压迫大众、某些人群正变得不受欢迎、对另一个国家的情感是友好还是敌对。但是，如果将记者们通过对领导意图进行猜想而产生的暗示的效果排除在外，群众的情绪中就没什么东西能从根本上促使他们对某项特定的政策做出选择了。群众的情绪只要求政策与情绪相关联，如果不能在逻辑上相关联，那也至少得通过类比或联想与最初的感受相关联。

因此，当一个新政策要推出时，通常会有一个情感共鸣的预热，就像马克·安东尼对布鲁图的追随者的演讲一样。[1]第一阶段，领导者会将群众的普遍意见用言语表达出来。他通过讲一个好笑的故事、炫耀爱国主义、激发不满情绪等来让自己得到听众的认同。当发现领导者值得信赖时，犹疑不决的群众可能会聚拢到他身边。接下来，领导者将被期待提出一个行动计划。但这个计划不会直接从群众的口号中得来，有时甚至与口号无关。当政策影响深远时，最关键的就是计划的起点必须在情感上与群众已表达的情绪相关联。那些在领导角色中使用已被认可的象征符号的受信赖的领导者，可以很长时间按自己的意图自由行事，而无须解释其计划的实质内容。

但明智的领导者并不仅仅满足于此。只要他们认为公开不会过度加强反对意见，辩论不会延迟行动太久，他们就会寻求某种程度上的同意。他们可能不会向全体民众解

[1] 埃弗利特·马丁，《群体行为》（*The Behavior of Crowds*），第130—132页。作者在该书中有十分精彩的分析。

释，而是将决策告知等级体系中的下属，以便让他们为可能发生的事情做好准备，并让他们感觉到自己自由选择了结果。然而，无论领导者多么真诚，当事实非常复杂时，这种咨询往往会带有一定的错觉。因为不可能让所有人对所有情况都像那些有经验和有想象力的人一样了解透彻。相当大一部分人注定会在没有充分理解领导者所提出的选择的情况下同意。

但是，大部分人都没有要求更多选择的能力。只有理论家才会提出这样的要求。如果我们有机会表达意见，并且我们的意见被听取，而最终的结果是好的，大多数人就不会停下来，思考自己当初的意见在多大程度上影响了事情的进展。

因此，如果当权者能够直觉敏锐且消息灵通，如果他们显然在努力迎合民众情绪，确实在消除部分不满的原因，无论他们进展多么缓慢，只要他们被看作是在前进，他们就不必过于担心。要从下层发动一场革命，需要极其重大的、持续不断的错误，再加上彻头彻尾的无能。宫廷革命、部门内的革命则是另一回事。煽动民意也是如此，煽动只不过是通过表达情绪来缓解紧张而已。然而，政治家知道这种缓解是暂时的，若屡次放任，最终会产生不良后果。因此，他确保自己不会激起他无法引导入与事实相关的具体行动中的情绪。

但并非所有领导人都是政治家，所有领导人都不会愿意辞职，大多数领导人都会认为如果换成别人糟糕的情况只会更糟。他们不会被动地等待公众感受到政策的影响，因为产生的任何后果通常会首先落在他们自己头上。因此，他们时不时会修补自己的篱笆，巩固自己的地位。

修补篱笆通常需要提供一个替罪羊，或是安抚某个强大个人或派系的小怨言、重新安排某些职位、安抚那些想要在家乡建造兵工厂的团体，或者通过一项法律来制止某人的恶行。仔细研究任何依赖选举的公职人员的日常活动，你都可以进一步扩展这个列表。有些国会议员年复一年地当选，但从不把精力浪费在公共事务上。他们更愿意为许多人的许多小事提供一点小服务，而不是去尝试在不明朗的前景中完成一项重大服务。然而，能够享受这种服务的人数是有限的，精明的政治家会小心照顾那些有影响力的人，或者那些完全没有任何影响力的人，因为关注这样的人可以表现出一种引人注目的宽宏大量。而无法通过恩惠维系的“沉默的大多数”，则只能默默接受宣传。

任何组织的领导人都有着强大的天然优势。人们相信他们拥有更好的信息来源。账簿和文件在他们的办公室里，他们参加过重要会议，见过重要人物。他们拥有特定的权力。因此，他们更容易引起注意，并以令人信服的语气发言。同时，他们对事实的接触也有很大的控制权。每个官员在某种程度上都是一个审查者。由于没有人能够在没有明确目标的情况下，通过隐藏或遗忘来压制信息，因此每个领导人必须得先帮助公众明确目标，这也意味着领导人在某种程度上是一个宣传家。由于身处高位，并且常常不得不在机构安全与向公众坦诚之间的同样有力但相互冲突的理想中做出选择，官员越来越自觉地决定他将允许公众知道哪些事实，在何种背景下以及以何种形式呈现。

4

没人会否认，“制造共识”的技术是可以在后天训练中大幅精进的。公众舆论的形成过程无疑像本书中所描述的那样复杂，任何了解这一过程的人都能轻易地学到一些操控技巧。

制造共识并不是一门新艺术。它是一门非常古老的艺术，曾被认为随着民主的出现就会消失。然而，它并没有消失。事实上，它在技术上有了极大的进步，因为它现在是基于分析而非凭经验。因此，伴随着心理学研究的成果以及现代传播手段的出现，民主实践已经进入了一个新的阶段。一场革命正在发生，其意义远远超过任何经济权力的转移。

在现今掌权的一代人的生活中，劝服已经成为一门自觉的艺术，并成为大众政府的常规机制。我们谁也无法完全理解其后果，但可以毫不夸张地预言，如何创造共识的知识将改变所有政治计算，并修正每一个政治前提。在宣传（不仅仅是恶意的误导性宣传）的影响下，我们思维中的旧常量已经变成了变量。例如，我们已不再对民主的原始教条深信不疑，也不会认为管理人类事务所需的知识是自发地从人类内心涌现的。如果我们继续教条主义地按照这一理论行动，我们就是在自我欺骗，而且在不知不觉中已经被“劝服”。事实证明，如果我们要处理超出我们掌控范围的世界，我们决不能依赖直觉、良心或偶然形成的意见。

第六部分

民主的形象

我承认，在美国，我看到的不仅仅是美国；我在寻找的是民主本身的形象。

——阿历克西·德·托克维尔

第十六章　以自我为中心的人

1

由于“公众舆论”被认为是民主国家的主要推动力量，人们理应期待有大量相关研究文献。然而，事实并非如此。虽然有多部关于政府和政党的优秀著作，也有许多讨论在理论上如何记录公众意见的机制的图书，但关于这些公众意见的来源及其形成过程的著作却相对较少。公众舆论的存在基本上是被理所当然地接受的，而美国的政治作家们最关心的要么是如何让政府表达共同意志，要么是如何防止共同意志颠覆他们认为政府应当服务的目的。根据他们的传统，他们要么希望政府驯服舆论，要么希望政府服从舆论。因此，一位编纂过一系列著名教科书的编辑曾写道：“政府中最困难和最重要的问题，是如何将个人观点转化为公共行动。”❶

但显然，还有一个更重要的问题，那就是如何验证我

❶ 参见埃尔布特·哈特为劳伦斯·洛威尔的《公众舆论与人民政府》(*Public Opinion and Popular Government*）一书所写的序言。

们对政治场景的个人见解是否属实。在后文中我将进一步指出，那些早已应用的原则是如何在发展过程中对时局产生根本性的影响的。但这种发展取决于，我们将在多大程度上学会利用意见形成的过程，并用于监督我们自己的意见形成。因为具有高度偶然性的舆论是经过人与人的局部接触，基于传统和个人利益形成的，从本质上来说，它无法适应基于精确记录、测量、分析和比较的政治思维方式。那些决定人们眼中什么事物有趣、重要、熟悉、个人化和戏剧化的心智特征，首先就会被现实主义的意见所挫败。因此，除非整个社会存在着普遍的确信感，使偏见和直觉不足以发挥作用，否则耗费了时间、金钱、劳力、心智、耐心，并占据了主导地位的舆论，就一定会产生重要的影响。自我批评又会进一步强化这种确信感，让我们意识到空谈的存在，并在空谈出现时使我们对自己的空谈感到鄙视，时刻保持警惕，不让自己再次陷入空谈。如果没有在阅读、谈论和决策时对意见进行分析的习惯，大多数人几乎不会意识到要去追求更好的观点，也不会对已存在的更好观点感兴趣，自然也无法阻止新的政治技术来操控我们。

然而，如果我们以最古老、最强大的民主国家的制度为标准，就会发现民主国家似乎将公众舆论视为一种神秘力量。确实有些熟练的舆论组织者深谙这种神秘力量的本质，其技巧足以在选举日创造多数意见。但这些组织者往往被主流政治学视为“不入流”甚至“问题人物”，根本称不上是掌握了创造和操纵公众舆论的最有效知识的人。在其他社会形态中，人们往往将决定某事物的最终力量视为一种“神秘力量”；而那些天天在口头上宣传着民主，实际上对民主制度基本没有影响的人，也就是学生、演说家和编辑，总是倾向于将舆论力量等同于这种“神秘力量”。

几乎在每一个政治理论中，都有一个不可知的因素，在该理论盛行的时代，这一因素往往不会被深入探讨。比如，在表象背后往往有着诸如命运、守护神、天命、君权神授、上帝代理人、天生高贵等各种概念。在民主思维中，那些明显的天使、恶魔和国王已经消失，但相信有某种神秘力量的需求仍然存在。它在设计民主框架的十八世纪思想家中持续存在。虽然他们心中有一个苍白的上帝，但他们拥有炽热的内心，在人民主权的教义中，他们找到了新社会秩序的可靠起源。虽然这里面还存在着一种神秘力量，但只有“人民的敌人”才敢以亵渎和好奇的手触碰它。

2

在艰苦而前途未卜的斗争中，那些实干的政治家始终没能揭开这种神秘力量的面纱。他们深刻感受到民主的愿望，这种愿望远比任何政府理论都更为深刻、重要，与人民生活息息相关。他们正致力于对抗从古至今的偏见，宣扬人类的尊严。他们所关心的不是约翰·史密斯对某个公共问题有何正确见解，而是约翰·史密斯作为一个一直被视为低等人群后裔的个体，如今是否再也不用向他人屈膝。这种景象，让人感到“活在黎明时分是如此幸福”*。然而，每个分析家似乎都在贬低这种尊严，否认所有人始终是理性的、受过教育的、见多识广的，指出人民可以被愚弄，他们并不总是了解自己的利益，并且不是所有人都适合治理。

这些批评者就像吵个没完的小男孩，不受他人欢迎。每个关于人类存在何种缺陷的观察都是如此。如果民主派承认贵族派的任何论点有道理，他们就会在自己的防线上打开一个缺口。因此，正如亚里士多德坚持认为奴隶天生为奴，民主派也必须坚持自由人天生是立法者和管理者。他们不可能公开说，一个人的灵魂可能不具备，甚至永远不具备立法和管理的专业能力，但他们也不可能承认，所有人都有在非自愿的情况下，不被作为其他人的工具使用的权利。总是有些自认为优越的人，他们恰好身居高位而又肆无忌惮，根本不愿放弃这样的坦率表述。

因此，早期的民主派坚称，理性的正义感会自发地从大众中涌现出来。每个民主派都认为理应如此，许多人相

---

* “Bliss was it in that dawn to be alive.”出自英国诗人华兹华斯的《序曲》（*The Prelude*）。——译者

信事实就是如此，虽然一些最聪明的人，比如托马斯·杰斐逊还会持有一些保留意见。但有一件事是确定的：如果公众舆论不能自发产生，那么在那个时代，就不会有人相信它真实存在。因为从根本上讲，民主所依赖的政治学与亚里士多德所阐明的政治学是一样的。无论是民主派还是贵族派，无论是王权主义者还是共和派，政治学的主要前提都是认为治理的艺术是一种天赋。人们在尝试确定哪些人拥有这种天赋时产生意见分歧，但他们一致认为，最重要的问题是找到那些天生具备政治智慧的人。王权主义者确信国王天生是统治者。亚历山大·汉密尔顿认为，虽然“各行各业中都有强大的头脑……但代表机构还是要由地主、商人和学者组成，只有一些不足以影响政府精神的机构例外”[1]。杰斐逊则认为政治才能是上帝赋予农场主和种植园主的，但有些人声称这些才能存在于全体人民之中。[2]以上两种言论的主要前提是相同的：治理是一种本能，可能出现在一个人或少数被选中的人身上；可能出现在所有男性身上，或者仅限于二十一岁的白人男性身上，甚至可能是所有男人和女人身上——到底出现在谁的身上，全由你的社会偏好决定。

[1]《联邦党人文集》第35、36篇。引自亨利·福特《美国政治的兴起与发展》(*Rise and Growth of American Politics*)，第五章。

[2] 见下文的论述。

在决定谁最适合治理时，对世界的了解被视为一项理所当然的标准。贵族相信那些处理大事的人拥有这种本能，而民主派则主张所有人都拥有这种本能，因此所有人都能处理大事。但这两派都没考虑过统治者如何去了解世界的问题。如果你站在人民一边，就不会去思考如何保持选民知情权的问题，因为任何年满二十一岁的公民*都自动拥有了自己的政治能力。关键在于有一颗善良的心、一个理性的大脑和公正判断的能力。这些能力会随着年龄的增长而成熟，但人们并不需要考虑如何培养内心和滋养理性。人们吸收事实就像他们吸入空气一样自然。

3

但是，人们通过这种毫不费力的方式所能掌握的事实是有限的。他们可以了解自己生活和工作的地方的习俗，以及其他更为明显的特征。但对外部世界，他们必须进行想象，而这种想象并非本能，也不能单纯通过日常的生活经验就吸收可靠的知识。因此，唯一可以进行自发政治活动的环境，是统治者能够直接和确实了解的范围之内的环境。只要将政府建立在人的自然能力之上，就不可能避免

* 在 1971 年美国宪法第二十六修正案通过后，美国人的投票年龄限制才调整为十八岁。——译者

这个结论。正如亚里士多德所说："如果一个国家的公民要根据功绩来判断并分配官职，那么他们必须了解彼此的性格；如果他们不具备这种了解，那么无论是选举官职还是法律诉讼的裁决都会出错。"[1]

显然，这一原则对每一种政治思想流派都具有约束性。然而，它给民主派带来了特殊的困难。那些相信阶级统治的人可以合理地声称，在国王的宫廷或乡绅的乡间别墅里，人们都能做到彼此了解，只要其余的人保持被动消极，那么只需要了解统治阶级成员的性格就可以了。但想要提高所有人的尊严的民主派，则会被他们庞大而混乱的统治阶层——男性选民——所困扰。他们的科学告诉他们，政治是一种本能，而这种本能只能在有限的环境中发挥作用。但他们的理想却要求在一个非常大的环境中的所有人都能进行统治。在理想与科学的这一致命冲突中，唯一的出路是不多加讨论，直接假定人民的声音就是上帝的声音。

这种矛盾过于巨大，赌注太高。民主派的理想过于珍贵，无法接受批判性审视。他们无法解释波士顿的公民如何在生活在波士顿的同时，又能构想出弗吉尼亚人的观点，弗吉尼亚的公民如何能够在弗吉尼亚对华盛顿的政府产生什么真知灼见，国会议员在华盛顿如何能够对中国或墨西哥有准确的看法。因为在那个时代，许多人无法将看不见

[1] 亚里士多德，《政治学》(*Politics*)，第四卷第四章。

的环境纳入他们的判断领域。当然，自亚里士多德以来已有一些进步，已经有了一些报纸，还有书籍，或许还有更好的道路和更好的船只。但政治思想并没有取得重大进展，十八世纪的政治假设基本上还是延续了两千年来政治科学中的那些主导思想。民主派先驱没有足够的物质条件，来解决人类注意力的有限范围与他们对人类尊严的无限信心之间的矛盾。

民主的假设不仅早于现代报纸、全球新闻服务、摄影和电影的诞生，更早于测量与记录、定量与比较分析、证据准则以及纠正和排除证人偏见的能力的精神分析的出现。我并不是说我们的记录是毫无瑕疵的，我们的分析是公正的，我们的测量是可靠的。我是想说，将看不见的世界纳入判断领域的关键发明已经出现了。在亚里士多德的时代，这些发明尚未出现；在卢梭、孟德斯鸠或托马斯·杰斐逊的时代，它们也还不够重要，无法进入政治理论的视野。在后面的章节中我们将看到，即使在最新的社会重建理论中，例如英国基尔特社会主义者的理论中，所有更深层的前提仍然是从这一古老的政治思想体系中继承而来的。

这个古老的体系，无论能否成立、是否可靠，都必须假设：人对公共事务的经验总是非常有限的。从某种意义上说，一个人只能投入少量时间在这些事务上，而且我们可以认为直到今天这一假设仍然成立，且具有重大作用。

但古代理论不仅假设人们只能少量关注公共问题，还不得不假设这种有限的关注只能集中在身边的事务上。当时的人认为，未来也不会出现能充分报道、分析并呈现远方的复杂事件，使外行人也能做出真正有价值的选择的时代。然而，如今我们就站在这个时代的门口。持续报道看不见的环境已成为可能。虽然这种报道常常做得不好，但它能够做到这一点的事实已经表明，这是可以实现的；我们开始意识到它常常做得不好，这表明它可以做得更好。对于远方的复杂情况，每天都有工程师和会计师为商人、秘书报告，有公务员为官员报告，有情报官员为总参谋部报告，有一些记者为一些读者报告，虽然这些报道的技巧和诚实程度各有不同。这些尽管只是个粗略的开端，却具有极具颠覆性的影响，比战争、革命、退位或复辟等更具颠覆性。其所产生的颠覆性如同人类生活范围的变化一样深远，在这种颠覆之下，劳合·乔治先生可以在伦敦吃完早餐后讨论威尔士的煤矿开采问题，在巴黎晚餐前谈论阿拉伯人的命运。

之所以会发生这种颠覆效应，正是因为将任何人类事务的方面纳入判断范围的可能性，打破了束缚政治思想的魔咒。当然，有很多人没有意识到注意力的范围是政治学的主要前提。他们理论的地基是打在沙子上的。他们亲身展示了对世界极其有限的认知和自我中心的知识所带来的影响。然而，那些重要的政治思想家，从柏拉图和亚里士多德到马基雅维利、霍布斯，直到今天的民主理论家，则围绕着“自我中心之人”来展开所有的理论思考，因为这些人的思辨只是通过自己头脑中少数的几幅图景而展开的。

第十七章　自治社区

1

如果一群以自我为中心的人之间发生摩擦，他们就会卷入一场生存斗争，这是显而易见的一件事。霍布斯《利维坦》中有一段话证实了这一点："虽然历史上从没出现过每个人都互相敌视的特殊时期，但国王以及其他拥有主权权力的人，总是会因自己的独立性而对彼此充满嫉妒，处于剑拔弩张的角斗士姿态。他们的武器总是指向对方，眼睛也紧盯着对方……"❶

2

为了反驳这一结论，一套拥有众多学派的人类思想体系就此出现，该体系致力于构想一种理想的人类关系模式，在这种模式中，每个人都有明确的职责和权利。如果每个人都能够尽职尽责地履行自己被分配的角色，无论他的观点是对

❶ 见《利维坦》(*Leviathan*)的"关于人类幸福与不幸的自然状况"一章。

是错都无关紧要。他履行了自己的职责，其他人也履行了他们的职责，所有这些尽职的人共同创造了一个和谐的世界。每一个阶级社会都体现了这一原则；你可以在柏拉图的《理想国》和亚里士多德的著作中发现这一原则，在封建主义理想中可以看到它，在但丁《神曲》中的天堂里有这种表现，在官僚型社会主义中，在自由放任主义中，在工团主义、基尔特社会主义、无政府主义以及罗伯特·兰辛先生所理想化的国际法体系中都能令人惊讶地发现它。它们都假设存在一种预先设定的和谐，这种和谐要么是后天生成、强加于人的，要么是与生俱来的，使得每个自以为是的个人、阶级或社区能够与全人类协调共存。更专制的体制则想象出一位交响乐指挥，他负责确保每个人都演奏好自己的乐章；而无政府主义者则倾向于认为，如果每个演奏者即兴发挥，可能会听到更加神圣的和谐之音。

但也有一些哲学家对这种权利和义务的讨论感到厌倦，他们将人类的冲突视为理所当然，并试图找出让自己的观点占据上风的办法。尽管他们的观点有些令人震惊，但他们都是货真价实的现实主义者，他们只需要概括每个人都无法逃避的经验就可以了。马基雅维利是这一学派的经典代表，他是一个被无情诽谤的人，因为他恰好是第一个在此领域使用直白语言的自然主义者，而此前这个领域一直为超自然主义者所占据。[1]他是所有政治思想家中名声最坏但门徒最多的人。他真实描述了自治的国家的生存技巧，这正是他拥有众多门徒的原因。他之所以声名狼藉，主要是因为他向美第奇家族献媚，夜晚在书房中幻想自己身着“高贵的宫廷礼服”成为自己想象中的君主，并将对事物运作方式的辛辣描述转化为对这种方式的谄媚。

在《君主论》最臭名昭著的一章中，他写道：“一位君主应当注意，自己的口中永远不要说出任何不具备前文中的五种品质的言论，以便他在听到他话语的人眼中显得完全仁慈、忠诚、仁爱、正直和虔诚。在这些品质中，最有必要表现出的就是虔诚，因为人们通常更多地凭眼睛而非手去判断事物。每个人都能看到你，却只有少数人能够接触到你。每个人看到的是你的外表，只有少数人知道你的内心，而这些少数人也不敢反对大多数人的意见，因为大多数人背后都有国家的威严作为支撑；在人类的所有行为中，尤其是那些很少会被人质疑的君主的行为中，最终人们只会根据结果进行判断……现在就有这么一位君主（这里我不会提到他的名字），他的口中只有和平和信义，可实

---

[1] F.S. 奥利弗在其《汉密尔顿传》（*Alexander Hamilton*）一书的第 174 页中写道：“他（马基雅维利）假定已经存在的条件——即人和事物的本性——是不可改变的。他仿佛只是一位讲授青蛙的生物知识的讲师，以一种冰冷而毫无道德的方式，向人们展示了一个英勇而睿智的统治者如何才能最好地扭转局势，使自己的利益和王朝的安全得到保障。”

际上他是世上最敌视这两件事的人。如果他真的言行如一，那他的声誉和王国可能早就丧失殆尽了。”[1]

这是犬儒主义的表现。然而，这更是一个真正看到了事实，却不完全明白为何能看到这些事实的人的犬儒主义的表现。马基雅维利所谈的是“那些通常凭眼睛而非手来判断”的普通人和君主，这意味着他明白这些人做出的都是主观判断。他的说法过于直白，不像他那个时代的意大利人一样，能够稳定地、全面地看待世界。他不会沉迷于幻想，他也没有足够的材料来想象，人类已经学会了如何修正自己的视野。

马基雅维利所看到的世界是由那些几乎无法纠正其视野的人组成的，他知道，因为这样的人总是以个人化的方式看待所有公共关系，他们必然陷入永无休止的纷争。他们看到的是自己个人的、阶级的、国家的或地方的部分事务，只能看到与自己有关的一个方面——但他们以为这就是真理。然后，他们会与同样以自我为中心的其他人发生冲突，因为他们会觉得自己的存在（或者说，基于自己不为人知的理由构想出的存在）受到了威胁。基于真实但私人化的经验，他们的目的变得不可动摇，因此他们为自己不合理的手段进行辩护。为了拯救所有理想，他们愿意牺牲任何一个理想……“最终人们只会根据结果进行判断……”

[1] 见《君主论》（*The Prince*）的“君主守信的方式”一章。

3

马基雅维利这些直白的真理使民主哲学家们感到困惑。无论是有意还是无意，他们都意识到政治知识的范围是有限的，人的自制力的范围必然有局限，而当独立的国家彼此接触时，它们就可能如同角斗士般剑拔弩张。但他们也明白，人类有决定自己命运的意愿，并渴望寻找到一种不靠武力强加的和平。民主哲学家如何调和这一愿望与现实？

他们展开了全面的思考。在希腊和意大利的城邦中，他们发现的是腐败、阴谋和战争的编年史。[1]在他们自己的城市里，他们看到的是党争、虚伪和焦虑。这种环境不适合民主理想的繁荣，也不可能让独立且高素质的群体自发管理自己的事务。也许是受到了让-雅克·卢梭的引导，他们开始转向那些遥远、未经破坏的乡村，而他们看到的景象足以使他们相信，民主理想的归宿就在那里。杰斐逊对此深表认同，他比任何其他人都更加明确地阐述了美国的民主制度。是乡镇的力量推动了美国革命走向胜利；也

[1] “民主政体从来都是动荡和争斗的舞台……一般来说，这些政体的生命有多短暂，其死亡就有多惨烈。”《联邦党人文集》第10篇，作者为詹姆斯·麦迪逊。

是乡镇的选票将杰斐逊的政党送上权力的宝座。在马萨诸塞州和弗吉尼亚州的农耕社区中，如果忽略奴隶制的存在，你就可以在心中看到民主应有的形象。

托克维尔说："美国革命爆发了，在乡镇中培养起来的人民主权的学说接管了国家。"[1]它确实接管了那些构建并普及民主刻板印象的人的思想。杰斐逊写道："我们的原则就是热爱人民。"[2]不过，他热爱的范围仅限于小农场主："如果真的存在神选子民的话，那么这些在土地上劳作的人就是上帝所选的子民。他们的心中承载着上帝所寄托的真正的美德。由于他们的存在，上帝的神圣火种才得以保留，而不会从地球上消失。古往今来的任何时代、任何国家都从没有出现过耕种者道德大规模败坏的现象。"

无论这番话中有多少浪漫的自然回归情怀，它仍然包含了某种实际的意义。杰斐逊认为，独立的农民群体比任何其他人类社会形态更接近于自发民主的要求，这是正确的。但如果要维护这种理想，必须将这些理想化的社区与外界的罪恶隔离开来。如果农民要管理自己的事务，他们必须将事务限制在他们熟悉的范围内。杰斐逊从逻辑上推导出了这些结论。他反对制造业，反对对外贸易和海军，

---

[1] 托克维尔，《论美国的民主》（*De la Démocratie en Amérique*），第三版，卷二，第 51 页。

[2] 引自查尔斯·A.彼尔德《杰斐逊民主的经济起源》（*Economic Origins of Jeffersonian Democracy*）。

反对无形财产，并在理论上反对任何不以小型自治团体为基础的政府。早在他所处的时代，就有许多人批评他，其中一位评论道："我们沉溺于自治，并因此感到自满；同时，我们又在现实中强大到足以抵御任何入侵者。这样，我们或许就会永远享受田园生活，永远在自私而自满的冷漠庇护下过着麻木且粗俗的生活。"[1]

4

杰斐逊所塑造的民主理想，由理想环境和选定阶层两大要素组成。它符合当时的政治学观点，但是，它也确实与现实发生了冲突。当这一理想被以绝对化的方式进行转述时，部分是由于热情，部分是为了竞选目的，很快人们就忘记了该理论最初是为非常特殊的条件设计的。它变成了政治福音，并提供了美国各政党看待政治的刻板印象。

这种福音源自杰斐逊时代的一个必要条件：当时没人能想象出非自发且非主观的公众舆论。因此，民主传统总是试图以如下方式看待世界：在这个世界中，人们仅关注与自己生活区域有关，且会影响自己生活区域的事务。民主理论从未能够将自己置于一个更广阔且更难预料的环境中来设想。民主如果是一面镜子，那就是一面凹面镜。虽

[1] 同上，第 426 页。

然民主派认识到他们当然会接触外部事务，但他们坚持认为任何自治群体之外的接触，都是对民主概念的威胁。这种恐惧是明智的。如果民主要保持自发性，它所追求的利益必须保持简单易懂且易于管理。如果人们只依赖于日常经验来获取信息，当一个群体想要实行民主制度时，他们就只能是一个隔绝于世的乡村小镇，其环境也必须限制在每个人直接且确定的知识范围内。

民主派早已理解了对公众舆论的分析所揭示的内容：在处理不可见的环境时，“决策的制定总是具有极大的偶然性，但这本就是不正常的”[1]。因此，他们一直以各种方式努力削弱不可见的环境的重要性。他们害怕对外贸易，因为贸易带来对外接触；他们不信任制造业，因为制造业催生了大城市和拥挤的人群；即使不得不接受制造业，他们也希望在自给自足的名义下实施保护主义。当发现现实世界中不存在符合自己想法的社会时，他们便会激动地跑进荒野，建立一个远离外界的乌托邦。

他们的口号揭示了他们的偏见：他们主张自治、自决、独立；但在他们谈论这些概念时，这些字眼都被严格地限制在一个自治的小群体范围内。民主只能在一个极为有限的区域内运行。在这个有限的区域内，民主致力于实现自治，避免混乱。这条原则并不仅限于外交领域，但外

[1] 亚里士多德，《政治学》(*Politics*)，第七卷第四章。

交领域表现得最为明显，毕竟国界之外的生活与国界之内差距太大了。历史也表明，民主国家往往只会有两种外交政策："光荣孤立"，或者"背叛民主"。事实上，公认最成功的民主国家——瑞士、丹麦、澳大利亚、新西兰和最近的美国——都没有奉行欧洲大国的那种外交政策。即使像门罗主义这样的规则，也只是出于让一圈实行共和体制的国家来作为大洋之外的缓冲屏障的目的，而这些国家并不奉行任何外交政策。

危险的局面是专制独裁出现的必要条件，[1]安全的环境则是民主制度运行的基本保证。想要形成自治的社区，首先必须尽可能减少动乱。动乱越多，意外就越多，能够影响你的生活而你却又无法与之沟通或加以控制的人也就越多。动乱也意味着出现了某种力量，这种力量扰乱了熟悉的日常，并提出了需要迅速解决却又不能通过惯常程序解决的新问题。每个民主派都本能地感到，危险的局面与民主不相容，因为他知道：大众的惰性使得在紧急情况下，少数人若能快速做出决定，其余人就会盲目跟随。当然，这并不是说民主派都是盲从者；但是，所有基于民主

[1] 费舍尔·埃姆斯被1800年的民主革命吓坏了，于是他在1802年写信给鲁弗斯·金："和所有国家一样，美国需要将强大的邻居屏蔽在我们的圈子之外，因为它的存在在任何时候都会激起人们的恐惧，其危害比蛊惑人民恐惧政府的煽动者还要严重。"引自亨利·福特《美国政治的兴起与发展》(*Rise and Growth of American Politics*)，第69页。

旗号的战争又的确都是以和平为目标的。即使事实上这些战争是征服战争，他们也真诚地相信，这些战争是为了捍卫文明。

民主派本质是在试图封闭地球上的某一范围。这并不是因为他们懦弱、冷漠，或是如杰斐逊的一位批评者所言的“过苦行僧般的生活”。民主给人以一种令人炫目的可能性：每个人都能摆脱人为的限制，实现真正的自由生长。凭借他们所掌握的治国之道，他们构想出了一个自治的社会，虽然这一构想并未超越亚里士多德当年的构想，仍然保留了封闭和简单的社会特征。如果他们坚持认为所有人都能自发管理他们的公共事务，他们就必须将这些社会特征保持下去。

5

鉴于这种社会特征是他们一切希望的前提条件，民主派还得出了一些其他的结论。要实现自发的自治，就必须拥有一个简单的自治的社区，那么他们便理所当然地认为，社区中的每个人都有能力管理这些简单且自治的事务。他们的希望是他们思想的起点，此时他们当然会认为自己的思想完全合乎逻辑。此外，在农村乡镇中，“全能公民”的理念也确实在大多数事务中得到了切实贯彻。乡村中的每个人迟早都会尝试参与村里的各项事务，村里的官职则由那些“万事通”轮流担任。在民主制度的刻板印象广泛流行前，“全能公民”理论的问题还尚未暴露出来；而在广泛流行后，人们便将复杂的人类文明简单地视为一个巨大的封闭村庄。

在民主制度下，个体公民不仅会被假定能够处理所有公共事务，还被认为始终具有强烈的公共精神和不竭的兴趣。在现实的乡镇中，公民的确有足够的公共精神，因为他认识每一个人，并对每个人的事务感兴趣。而这种“足够”的公共精神很容易转变为对任何事物都“足够”关注，正如前文所言，量化思维不适用于刻板印象。不过，我们也可以从另一个角度来看：由于民主制度假定每个人对重要事务都足够感兴趣，所以只有那些所有人都感兴趣的事务才被认为是重要的。

而这意味着，人们对于外部世界的认知来源于他们头脑中不可置疑的图景。这些图景由父母和老师加以定型，而很少通过自身经验得到修正。事务范围能超出本州的人本就不多，超出本国的就更少了。大多数选民终其一生可能都从未离开过自己生长的这个环境，对于那个更大的环境，还有商业、金融、战争与和平之类的宏大概念，他们只能通过少量的新闻报道、政治宣传、宗教教育以及流言蜚语来构想。在公众舆论的构成中，这种基于随意空想的舆论远比基于客观报道形成的舆论要多得多。

因此，出于各种各样的原因，自治就成了一种尚处于襁褓阶段的精神理想。乡镇的物理隔绝、拓荒者的孤独、民主理论、新教传统以及政治科学的局限性，都促使人们相信，只有运用自己的政治智慧才对得起自己的良知。这并不奇怪，因为从绝对原则中推导出来的法律很大程度上限制了他们的自由。美国的政治思想必须要依赖于自己积累的经验。在法律的框架下，美国找到了一套久经考验的规则，从这些规则中可以衍生出新的规则，而无须费力从经验中获得新的真理。很快，这些规则变得奇妙而神圣，以至于每一位优秀的外国观察家都对美国人民充满活力的实践精力与他们公共生活中僵化的理论之间的反差感到惊讶。对固定原则的坚定热爱是实现自治的唯一途径。但这也意味着，任何一个社区对外部世界的公众舆论，都主要是由一些刻板印象的图景组成的，这些图景来源于他们的法律和道德准则，并受到当地经验所激发的情感的影响。

因此，尽管民主理论怀着其对人类终极尊严的美好愿景而诞生，但由于缺乏报告外部环境的知识工具，民主不得不依赖投票者所积累的智慧和经验。正如杰斐逊所言，“他们的心中承载着上帝所寄托的真正的美德”，就像是这些身居自治社会的上帝选民早已获知所有的事实。他们对自身所处的环境极为熟悉，以至于我们可以理所当然地认为，他们讨论的都是同一件事。此时，唯一可能出现的分歧将是关于相同事实的不同判断。信息来源也无须特别关注，因为每个人都能平等地获取信息。更不用担心什么道德准则，因为在自治的社区中，人们可以假设（或至少假设了）一种相同的道德体系。因此，意见的分歧仅会在于如何将公认标准合理地应用于公认事实上。由于理性也是标准化的，因此通过自由讨论，推理谬误很快就会被暴露出来。于是，人们相信，只有将自由置于理性框架内，才可以获得真理。社区可以理所当然地接受其信息来源；通过学校、教会和家庭传承的准则，以及从前提中得出结论的能力（而不是找到前提的能力），则被视为智识教育的主要目标。

第十八章　武力、委任制和特权的角色

1

汉密尔顿曾这样写道："事情的发展正如所预见的那样，联邦的政令没有得到执行，各州的失职一步步将状况极端化，最终导致国家政府运转完全停滞，陷入了可怕的僵局。"[1]这是因为"根据邦联条例，每一项来自联邦的重要政令都需要十三个主权州的同意"。随后他又问道，如果事情不这样做，又能怎样呢？"各州的统治者……将自行判断这些措施是否合适。他们会考虑所提议或要求的事物是否符合他们的直接利益或目标；会带来怎样的短期便利或不便。所有这些都会在一种自利和怀疑的审视中完成，这种审视缺乏对国家状况和国家利益的了解，而这些正是正确判断所必需的。同时，过分重视地方目标几乎肯定会误导决策。每个决策群体都会重复这一过程，而由国会制定的政策的执行，也会因拥有自由裁量权的议员个体不明智且带有偏见的意见而摇摆不定。那些参与过集体决策程

[1]《联邦党人文集》第 15 篇。

序的人，都明白在没有外部压力的情况下，要在重要问题上达成和谐一致的决议是多么困难。他们明白，要让多个这样的议会在不同地点、不同时间、不同印象下进行合作，追求共同目标，简直是件不可能做到的事。”

正如约翰·亚当斯所说，经过了十多年的风雨交加，国会“不过是一个外交集会”，为独立战争的领导者们提供了一堂“既富有启发又令人痛苦的教训”。[1]这说明了当许多自我中心的社区陷入同一个环境时会发生的情况。因此，当领袖们在1787年5月前往费城时，表面上是为了修改《邦联条例》，实际上他们早已发自内心反对十八世纪民主的基本前提。正如麦迪逊所说，领袖们不仅反对当时的民主精神，认定“民主制度一直是动荡和纷争的舞台”，而且决心在国家边界内尽可能压制在自治环境中的自治社区理想。他们亲眼看到了自发管理一切事务的“凹面镜”民主的分裂与失败。他们认为问题的解决关键是恢复政府的权力以对抗民主。他们理解的政府，是能够做出国家决策并在全国范围内执行的力量；而他们认为的民主，是地方和阶级根据自己的直接利益和目标坚持自私自利的自决的表现。

在他们的考虑中，无法设想出这样一种知识组织方式：不同的社区能够基于相同的事实版本同时采取行动。

---

[1] 亨利·福特《美国政治的兴起与发展》(*Rise and Growth of American Politics*)，第36页。

即使是一百多年后的我们，也只是在发现存在着一些新闻自由且语言相通的地方后，才开始构想这一可能性；但即便如此，构想也只限于生活的某些方面。工业和世界政治中的自由意志联邦主义的整体概念仍然处于初级阶段，正如我们在自己的经验中看到的，在政治实践中它的应用范围十分微小且非常谨慎。既然在一个多世纪之后的我们才刚刚开始意识到，民主只是激励几代人进行智力努力的一种力量，那么联邦宪法的缔造者们就更没有任何理由能够想到了。为了建立国家政府，汉密尔顿和他的同事们不得不基于这样一种理论制订计划：人们不会因为拥有共同利益的意识而合作，而是在利益通过权力平衡受到制约时，人们才会受到政府的有效治理。正如麦迪逊所说："必须用野心来制衡野心。"[1]

一些评论家认为，领袖们的目的是让政府永远处于各方面利益平衡态势，但事实并非如此。相反，他们的目的是阻止地方和阶级利益妨碍政府运行。麦迪逊写道："在设计一个由人管理人的政府时，最大的困难在于：首先，你必须使政府能够控制被统治者；其次，你必须迫使政府自我控制。"[2]因此，联邦领袖提出的制衡理论就成了解决公

---

[1]《联邦党人文集》第 51 篇，引自亨利·福特《美国政治的兴起与发展》（*Rise and Growth of American Politics*），第 60 页。

[2] 同上。

众舆论问题的良方，这一点十分重要。

他们认为以“温和的文官体制”取代“血腥的战争体制”是唯一一种能够中和地方舆论的精密机制。[1]他们不懂得如何操控一个庞大的选民团体，就像他们无法想象在共享信息的基础上达成共识的可能性有多大一样。1800 年，阿龙·伯尔通过坦曼尼协会的帮助控制了纽约市，给了汉密尔顿一个深刻的教训。但汉密尔顿还没来得及吸取这一新发现的教训，他就在决斗中死于伯尔之手，正如福特先生所说，伯尔的手枪“打碎了联邦党人的头脑”。[2]

2

在起草宪法时，“政治仍然可以通过绅士之间的会议和协商来管理”[3]，汉密尔顿也正是想要依靠这些绅士阶层以建立政府。他的设计意图是，当地方利益通过宪法的制衡机制而被抑制后，这些绅士阶层才能合理管理国家事务。毫无疑问，身为绅士阶层一分子的汉密尔顿存在着自己的个人偏好，但仅凭这一点不足以解释他的政治智慧。他对国家统一的强烈热情是毋庸置疑的。我认为，那些批评他

❶《联邦党人文集》第 15 篇。

❷ 亨利·福特《美国政治的兴起与发展》(*Rise and Growth of American Politics*)，第 119 页。

❸ 同上，第 144 页。

为保护阶级特权而推动国家统一的说法，实际上是对事实的颠倒。与其说他为了保护阶级特权建立联邦，不如说他利用阶级特权来实现联邦的建立。正如汉密尔顿所说："我们必须以实际的人性为基础，如果我们希望某人为公众服务，我们就必须激发他为此服务的激情。"[1]他需要的是那些能够迅速与国家利益产生共鸣的人，而这些人就是绅士、公共债权人、制造商、船运商和贸易商。[2]汉密尔顿通过一系列财政措施，将地方名流与新政府紧密联系在一起，堪称通过运用巧妙手段达成明确目标的经典案例。

尽管制宪会议是闭门进行的，尽管宪法的批准是通过"可能不超过六分之一的成年男性选票"[3]来推动的，但几乎没有人对此有任何掩饰。联邦党人争论的是国家统一，而非民主；就连担任了两年多"共和国总统"的乔治·华盛顿本人，在听到"共和"这个词时仍会表现出些许不快。宪法明确试图限制民众权力的范围；它设计的唯一一个民主机构是众议院，只有财产达到一定标准的人才有资格投票。即便如此，联邦党人也认为众议院会成为政府中最容易失控的部分，因此通过参议院、选举团、总统否决权以及司法解释对其进行了严密的制衡。

---

[1] 同上，第 47 页。

[2] 查尔斯·A.彼尔德的《宪法的经济解释》(*Economic Interpretation of the Constitution*)一书中多次提到。

[3] 同上，第 325 页。

因此，在法国大革命点燃了全球民众情绪的同时，1776年的美国革命者却通过一部宪法，让美国在允许的范围内倒退回了英国君主立宪制的模式。然而，这种保守的反动无法长久维持。制宪者们本身就是少数派，他们的动机受到了怀疑，而当华盛顿退隐时，绅士阶层的地位不足以在随之而来的继承斗争中保存下来。制宪先辈的初衷与时代的道德情感之间的矛盾过于明显，这样的矛盾不可能不被一个优秀的政治家所利用。

3

杰斐逊称他的当选为“1800年的伟大革命”，但这更像是一场思想上的革命。没有任何重大政策发生改变，但一种新的传统就此确立。正是杰斐逊首次教导美国人民将宪法视为民主的工具，并为此确立了人们自此以来彼此谈论政治时所用的图景、理念，甚至词句。民主在思想上的胜利如此彻底，以至于二十五年后，当托克维尔前往联邦主义发源地美国时，他惊讶地发现：即便是那些对民主制不满的人，也常在公众场合称颂共和政府和民主制度的优势。[1]

宪法之父们尽管具有智慧，也还是没能预见到一个坦

---

[1] 托克维尔，《论美国的民主》（*De La Démocratie en Amérique*），第三版，卷一，第十章，第216页。

率的反民主宪法不会被长期容忍。对于像杰斐逊这样的人来说，公然否定民众治理国家的权利必然会引起众人的攻击。就宪法观念而言，杰斐逊并不比汉密尔顿更愿意将政府交给“未经教育”的民意。[1]联邦党领袖们是拥有明确信仰的人，他们公开表明自己的立场，他们的公开观点与私下看法几乎没有实质性的差异。而杰斐逊的思想则充满了矛盾，不仅仅是因为他思维存在缺陷（正如汉密尔顿和他的传记作者所认为的那样），还因为他既相信联邦统一，又相信自发的民主。然而，在他那个时代的政治学中，没有令人满意的方式可以调和这两者。杰斐逊的思想和行为因此陷入了混乱，因为他有一个伟大的新想法的愿景，而这个想法还从未有人构想过。然而，尽管没人能清楚理解主权在民的概念，但它蕴含着强大的生命力，以至于任何公然否定这一概念的宪法都难以维持下去。因此，那些公开的否认被从人们的意识中抹去，而那份在表面上是有限宪政民主的文件，却作为直接民主的工具被谈论和思考。

杰斐逊最终确信，联邦党人歪曲了宪法，因此在他看来，联邦党人已不再是宪法的缔造者。因此，宪法在精神上被重新书写了。部分通过实际的修正案，部分通过具体

[1] 参考杰斐逊设计弗吉尼亚州宪法的过程、他在私产所有者组成参议员问题上的观念，以及他对司法否决权的观点。查尔斯·A.彼尔德，《宪法的经济解释》(*Economic Interpretation of the Constitution*)，第450页。

的实践，如选举团制度的变化。但最主要的改变，还是人们通过另一套刻板印象来解读，此后宪法不再被允许显露出寡头化的面貌。美国人民逐渐相信宪法是民主的工具，并如此对待它。这种认知变化是托马斯·杰斐逊胜利的产物，也是一个伟大的保守主义神话。如果人们一直按照宪法的作者们的初衷理解宪法，那么宪法可能早已被推翻，因为对宪法的忠诚和对民主的忠诚是互不相容的。杰斐逊通过教导美国人民将宪法解读为民主的体现，解决了这一矛盾。但他就到此为止了。在接下来的二十五年里，社会条件发生了天翻地覆的变化，安德鲁·杰克逊最终完成了杰斐逊打下基础的政治革命。[1]

4

这场革命的政治中心是关于委任制的问题。对于建立政府的那些人来说，公共职务被视为一种私有财产，不可侵犯，而且他们无疑希望这些职位能够继续掌握在他们的社会阶层手中。然而，民主理论的主要基础之一是全能公民的理念。因此，当人们开始将宪法视为民主工具时，终

[1] 如果读者对于汉密尔顿的思想与杰克逊的实践的差异能否达到“革命”的程度有所疑惑，请参考亨利·福特的《美国政治的兴起与发展》(*Rise and Growth of American Politics*)。

身官职自然显得不符合民主精神了。人的自然野心与时代的伟大道德思潮在这里相吻合。杰斐逊普及了民主观念，但并未致力于强力推行。在接连几任弗吉尼亚出身的总统的统治下，党派内人事变动相对较少。直到安德鲁·杰克逊，公共职务的委任制才真正得以确立。

尽管听起来颇为奇怪，但官职的短期轮换原则当时被视为一项重大改革。这不仅承认了普通人的新尊严，认为普通公民也有能力担任任何职务，而且打破了少数社会阶层的垄断，似乎为有才干的人提供了职业机会。而且，这一原则"几个世纪以来一直被提倡为防止政治腐败的万能药"[1]，是防止官僚主义产生的唯一方法。快速更换公职的做法，显然是将源自自治乡村的民主图景在广阔的国土上进一步推广。

当然，这在国家层面上并未产生与理想社区相同的效果。它甚至带来了完全出乎意料的结果，因为它为取代已经边缘化的联邦党人，而创立了一个新的统治阶层。无意间，委任制为广大的选民群体，做了与汉密尔顿通过财政措施为上层阶级所做的相似的事。我们常常未能意识到我们政府的稳定性在多大程度上归功于委任制。正是委任制使得政治领袖们逐渐摆脱了对自治社区的过度依赖，削弱了地方主义，并将那些没有共同利益意识、可能会撕裂联

[1] 同上，第 169 页。

邦的地方名流团结起来，进行某种和平的合作。

然而，民主理论并不打算产生一个新的统治阶层，民主理论也从不承认这一点。当民主派想要废除职位垄断、实行轮换和短任期时，他们想到的是乡镇，在那里，任何人都可以做公共服务，之后谦逊地返回自己的农场。民主派当然不喜欢一个专职的特权阶层，但是，民主派失望了，因为他们的理论本就源于一个理想情况，而他们生活的环境很现实。他们越是深感民主的道德冲动，就越不愿接受汉密尔顿所说的真理：距离极远且价值观不同的社区，无法长时间在同一目标和追求上合作。这个真理将民主在公共事务中的全面实现，推迟到了获取共识的艺术得到根本改进之后。因此，在杰斐逊和杰克逊领导下的革命产生了委任制，推动了两党制的形成，替代了此前绅士阶层的统治，并将权力制衡确立为美国政治的定律。这一切，仿佛都是在不知不觉中完成的。

因此，尽管官职轮换可能在表面上是符合民主的理论，实际上，职务总是会在党派内部分配。任期可能不是永久性的垄断，但职业政治家却是终身制的。正如哈丁总统说过的，政府或许是件简单的事物，但赢得选举却是件复杂的事情。尽管公务员薪水可能如使用自家纺织布料的杰斐逊所显示的那样微薄，党派的竞选开销以及胜选后的回报却是相当可观的。民主的刻板印象控制着的政府人人可见，而民主制度在现实中对美国人的修正和改造则必须是无形的，哪怕大家对此心知肚明。只有法律条文、政治家演讲、政党纲领和正式的行政机制是必须符合原始的民主形象的。

5

如果问一位哲学意义上的民主主义者，这些自治的社区在公众舆论如此以自我为中心的情况下如何合作，他一定会以国会中体现的代议制政府作为示例。而最让他感到意外的，莫过于代议制政府的声望正在逐渐下降，而总统权力却稳步上升。

一些批评家将这一现象归因于地方名流被选派到华盛顿成为议员的惯例。他们认为，如果国会由全国知名人物组成，美国的集体决策将更加辉煌。这样想确实没错，而且如果卸任的总统和内阁官员以约翰·昆西·亚当斯为榜样就更好了。*不过，即使没有这样的人，也并不是说国会就会因此陷入困境：早在国会还是政府中最杰出的部门时，它就开始衰落了。反过来说反而可能更符合实情：国会失

* 约翰·昆西·亚当斯，美国第六任总统，约翰·亚当斯之子。他是美国历史上唯一一位在卸任后又担任议员的总统。有人批评说，前总统不应再担任任何公职；亚当斯则回答，无论是谁，作为议员为人民服务都是一件光荣的事。——译者

去了对国家政策的直接影响力，因此不再吸引杰出人物。

我认为，国会失去信誉的主要原因——这一现象在全球范围内普遍存在——在于代议制的本质：国会的议员们实际上是一群对广阔世界一无所知的“盲人”。宪法或代议制政府的理论中所认可的唯一信息获取方法是，通过从选区交换意见来使国会了解情况。然而，国会并没有系统、充分且权威的方式去了解世界正在发生的事情。理论上，每个选区的最佳人物会将选民的智慧带到一个中心，而这些智慧的结合就是国会所需的全部智慧。既然如此，那就没有理由质疑议员们表达所在地方的意见以及互相交换意见的举动了。在国会山的衣帽间、酒店大堂、公寓以及国会主妇们的茶话会上，还有在华盛顿国际大都会的客厅的偶遇中，议员们都可以借此拓宽视野。不过虽然表达地方意见并相互交流这些意见的行为是有价值的，但地方印象的总和并不一定足以为国家政策提供足够广泛的基础，更不用说为外交政策提供基础了。由于大多数法律的实际影响是微妙且隐蔽的，因此它们无法被经过地方经验过滤的地方心态所理解。只有通过严格控制的报告和客观分析才能了解这些影响。正如一个大型工厂的负责人不能仅通过与工头交谈来了解工厂的效率，而必须依靠会计挖掘出来的成本数据一样，立法者也不能通过拼凑地方印象来得出国家状况的真实图景。他需要了解这些地方印象，但除非他有工具来校准这些印象，否则所有的地方图景其实都没有太大区别。

总统通过发布国情咨文为国会提供帮助。他之所以能够发布有意义的国情咨文，是因为他掌管着庞大的机构及其代理人，这些机构不仅采取行动执行命令，还进行报告。然而，总统告诉国会的只是他愿意透露的内容。他会确保自己的报告不被质询，而且“符合公众利益”这一标准的审查权掌握在他手中。这种关系非常不平衡，其中充满了各种阴谋诡计，有时事情甚至会显得很荒谬。有时，国会甚至会因为一份重要文件，不得不求助于芝加哥的一家报社，或是需要依赖于某位下级官员的故意失言。国会议员与必要事实的联系如此糟糕，以至于他们不得不依赖私人关系或依赖“合法的暴行”——国会调查。在这些调查中，因缺乏合法的思考材料而“饥饿”的国会议员们展开了疯狂且紧张的追捕，甚至不惜采取极端手段。

除了这些调查所得的少量成果，偶尔从行政部门收到的沟通，私人收集的有用和无用数据，国会议员阅读的报纸、期刊和书籍，以及向专家机构如州际商业委员会、联邦贸易委员会和关税委员会寻求帮助的优秀做法，国会的舆论形成过程基本上是自我封闭的。这就导致了两个结果：要么全国性立法由少数知情的内部人士准备，并通过党派力量推动；要么立法被分解为一系列地方性条款，每一条都是为了地方原因而制定的。关税税则、海军造船厂、陆军基地、河流港口、邮局、联邦建筑、养老金和委任制——这些事务都被推给国会中的各种自治的社群，而且认定只要解决就能给国家生活带来好处。由于这些社群是自治的，他们更容易看到的，是用联邦资金修建的白色大理石建筑如何提升了当地房价、为当地开发商创造了多大利益，却看不到这些政府带来的“油水”所需要付出的成本。公平地讲，在一个规模庞大的议会中，每个议员往往只会对自己所处的选区有实际的了解，一旦法律或议案涉及跨区域事务，大多数议员往往只会不加思考地接受或拒绝。他们只参与那些涉及自己所在选区的法律的制定。

对于一个没有有效的信息收集和分析手段的立法机构来说，它只能在盲目的常规操作、偶尔的冲突和利益交换之间摇摆。而正是利益交换让常规操作变得可以接受，因为通过利益交换，国会议员能够向那些最活跃的选民证明，他在按照他们的构想看护民众的利益。

这并不是个别国会议员的过错，除非他们不以为耻反以为荣。即使是最聪明、最勤奋的代表，也不会对他即将投票的法案中的每一部分都足够了解。他能做到的最好事情就是专注于少数几个法案，并根据他人的意见处理其余的法案。我曾见过一些国会议员在深入学习某一主题时，像准备毕业考试那样努力，将几大杯黑咖啡灌入口中，擦汗的湿毛巾一块接着一块。他们不得不挖掘信息，努力整理和验证事实，虽然这些信息在任何有意识组织的政府中本应以易于决策的形式提供。而即使他们真正掌握了某一主题，他们的忧虑也才刚刚开始。因为在家乡，那些报社编辑、商业委员会、中央联合工会和妇女俱乐部虽然根本不会为决策提供任何帮助，却时时刻刻在准备以地方利益视角审视国会议员的表现。

6

委任制将政治首领与国家政府紧密联系在一起，所产生的作用与各种地方补贴和特权对自我中心的社区产生的作用相类似。委任和各种“油水”结合起来，将成千上万的特殊意见、地方不满和个人野心稳定下来。不过，还有两种不同的政府体制：一种是通过恐怖使民众服从来进行统治的政府，另一种是基于高度发达的信息分析体系的政府。第二种政府具有强烈的自觉性，追求确保所有人都能掌握“对国家状况和国家发展的理性了解”。如今，专制独裁体系正在衰落，而自由意志体系则处于最初的萌芽阶段。因此，在计算大规模群体之间合作的前景，比如国际联盟、工业国家政府或联邦制国家时，预测的关键在于找到衡量人们在多大程度上具备民主意识的标准，而这一标准将决定合作是依赖于武力，还是依赖于武力的较温和替代品——委任和特权。像亚历山大·汉密尔顿这样的伟大人物之所以能缔造国家，秘密就在于他们懂得如何精确计算这些原则。

第十九章　新瓶装旧酒：基尔特社会主义

1

每当自我中心的群体之间的争端变得令人无法忍受，过去的改革者往往不得不在两个主要的选择之间做出决定。他们可以走向罗马的道路，将“罗马式的和平”强加于交战的部落，或选择孤立主义，追求自主和自治的道路。大部分情况下，他们几乎总是选择从未走过的那条路。如果他们经历了帝国制下单调压抑的统治，他们会珍视自己社区的自由，但如果他们看到这种自由被地方争端所浪费，他们又会渴望一个强有力的国家政府所带来的良好秩序。

无论他们选择哪条路，都要面临一样的基本难题。如果决策被分权，很快多种地方意见就会令决策产生混乱。如果决策集中化，国家政策就会基于首都小圈子的意见。无论哪种情况，武力都是必要的：要么是为了捍卫一个地方的利益以对抗另一个地方，要么是为了向各个地方强加法律和秩序，要么是为了抵制中央的阶级统治，或者是为了保护整个社会（无论是集权还是分权）免受外部的入侵。

现代民主与工业体系，都诞生于一个反对君主、王权政府以及经济管制逐步衰落的时代。在工业领域，这种反对表现为极端的分权，也就是“自由放任个人主义”。每一个经济决策都是由拥有相关财产的人来做出的。由于几乎所有东西都有所有者，因此所有事务都会有某人管理。这种体制可以被视为极端的大众主权。

新的政府是一个基于所有人的经济哲学实现管理的经济政府体系，虽然表面上它应当由不可改变的政治经济学法则控制，而这些法则又会带来和谐局面。实际上，它虽然确实产生了许多辉煌的成就，但也产生了足够多的肮脏和可怕的事物，反对之声很快开始出现。其中之一就是托拉斯，它在行业内部建立了一种“罗马式的和平”，在外部则体现为掠夺性的帝国主义。人们转向立法机构寻求帮助，呼吁基于乡镇农场主的代议制政府来监管实际上已经形成半主权的公司。工人阶级则转向工会组织。随后是一段日益集权的时期，以及一种类似军备竞赛的局面。托拉斯互相联合，工会联合并形成了劳工运动，华盛顿的政治体系变得更强大，各州的势力则变得更弱。以上种种，都是因为改革者试图让政府的力量与大企业对抗。

在这一时期，几乎所有的社会主义学派，从左翼的马克思主义者到以西奥多·罗斯福为代表的新民族主义者，都将中央集权视为社会演进的第一阶段，演进的最终结果是政治国家实现对各种半主权企业的管理和控制。实际上，除了短暂的战争期间，这种演进并未真正实现；但这短短的几个月已经足以引发人们对无所不吞的国家的反感了。人们转向几种新的多元主义形式，但这次，社会回归的不是亚当·斯密的“经济人”理论所推崇的“原子个人主义”，或是托马斯·杰斐逊的基于农场主的民主思想，而是一种建立在自愿群体之上的分子个人主义。

在所有这些理论的涌现中，有一件有趣的事情，那就是每一种理论都承诺了一个不需要依靠马基雅维利的理念来生存的世界。它们都在某种形式的强权体制下诞生，自身也依靠强权维持生存，最终也因强权而被人民抛弃。但是，在他们的理想中，他们绝不接受任何强权，无论是武力、特权还是委任制。个人主义者认为，自知的利己主义会带来内外部的和平。社会主义者则确信，人类的侵略性动机会消失，新的多元主义者也希望如此。[1]除了马基雅维利主义，几乎所有社会都没有强权的生存空间。任何试图合理化人类生活的人也都会摒弃强权，因为它既荒谬、难以言喻，又无法控制。

[1] 参见G.D.H.科尔《社会论》(*Social Theory*)，第142页。

2

有的聪明人为了避免全面承认武力的作用，往往采取一些极端策略。这一点在G.D.H.科尔关于基尔特社会主义的书中得到了体现。他说，现在的国家“主要是一种强权工具”[1]；而在一个基尔特社会主义社会中，主权力量不复存在，一个协调机构将取代它。他称这个机构为“公社”。

然后，他开始阐释公社的权力。他认为，公社最核心的一点，就是它不是强权工具。[2]它解决价格争端，有时还会规定价格、分配顺差和逆差；它分配自然资源，控制资金信贷；它“分配公共劳动力”；它批准行会和民事服务机构的预算，并征税；“所有收入问题”都在其管辖范围内；它“分配”收入给社区中的非生产成员；它是所有关于政策和行会管辖权争议的最终仲裁者；它通过宪法和法律，规定各职权机构的职能；它任命法官，授予行会强制权力，并批准行会的规章制度，尤其是具有强制色彩的规章制度；它宣布战争与和平，控制武装力量，是国家在国际上的最高代表；它解决国家内部的边界问题，创设新的职能机构，或向旧机构分配新职能；它管理警察，制定任

[1] G.D.H.科尔，《基尔特社会主义》(*Guild Socialism*)，第107页。

[2] 同上，第八章。

何必要的法律来规范个人行为、保护私有财产。

这些权力不是仅由某一个特定公社行使，而是通过联邦结构由地方和区域公社所共享，顶端是一个国家级公社。科尔坚持认为公社不是一个主权国家。但如果现代政府拥有的任何一种强制权力都在它的体系中存在的话，我想不出除了主权国家它还能是什么。

然而，他告诉我们，行会社会将不存在强权："我们想要建立一个以自由服务精神而非强权精神构建的新社会。"[1]每一个与他怀有相同希望的人（相信大部分人都是如此），自然会仔细观察，看看基尔特社会主义计划中，到底是如何兑现"将强权压制到最低限度"这一承诺的——尽管今日的基尔特社会主义者已经为他们的公社保留了最广泛的强制权力。显然，这个新社会不可能通过普遍同意建立起来。科尔诚实地承认了过渡阶段仍然需要一些强权因素。[2]尽管他无法预测在过渡阶段可能出现多少内战，但他很清楚，在过渡期间，工会仍然需要采取直接行动。

---

[1] 同上，第 141 页。

[2] 同上，第十章。

3

我们暂且撇开过渡过程中的问题，也不考虑当人们经历了艰难困苦后到达“应许之地”时，他们未来的行动会受到何种影响。让我们设想基尔特社会已经存在。那么，是什么使得这个社会能够作为一个不存在强权的社会继续运转？

科尔对此有两个回答。第一个是正统的马克思主义答案，即资本主义私有财产的废除将消除人类的侵略性动机。然而，科尔实际上并不完全相信这一点。如果他的判断是正确的，马克思主义自然就是确凿无疑的真理：如果问题全部出自资产阶级，那么一旦它被消灭，人类解放将自动到来。但科尔对革命后社会的管理模式极为关注：是该由国家集体主义还是行会或合作社管理？是通过民主议会，还是功能性的代议制来管理？实际上，他的基尔特社会主义一直被视为一种关于代议制政府的新理论。

基尔特社会主义者并不指望资本主义财产权的消失会带来奇迹。他们确实期望消失，如果收入平等成为规则，社会关系将发生质变，这一观点无疑是正确的。但他们与正统的俄罗斯共产主义者有所不同：共产主义者打算通过无产阶级专政的力量建立平等，认为一旦人们在收入和责任上都被平等化，他们将失去侵略性动机。基尔特社会主义者也希望通过力量来建立平等，但他们足够聪明，认识到如果要维持这种平衡，必须提供维持平衡的制度。因此，基尔特社会主义者将他们的信念寄托于他们认为的新民主理论上。

科尔说，他们的目标是“建立正确机制，并尽可能调整它以保障人们的社会意志”[1]。这些意志需要通过各种形式的社会活动而得到表达的机会。隐藏在科尔这些话背后的，是真正的民主情怀，是提升人类尊严的愿望，以及传统的假设——如果每个人的意愿都能在影响他们的事务管理中得到体现，他们的尊严就得到了维护。因此，像早期的民主主义者一样，基尔特社会主义者寻找一种可以实现其自治理想的环境。卢梭和杰斐逊的时代已经过去了一百多年，民主的中心已经从农村转移到了城市。新的民主主义者不再转向理想化的农村乡镇，而是转向了工厂。“在能够最好地表达它的领域，必须给予社团精神自由发挥的机会。显然，这个领域就是工厂，在那里，人们有着共同工作的习惯和传统。工厂是工业民主的自然和基本单位。这不仅意味着工厂尽可能自由地管理自己的事务，还意味着工厂的民主单位必须成为行会更大民主的基础，行会的行

[1] 同上，第 16 页。

政和治理的更大机构必须主要基于工厂代表的原则。”[1]

当然，“工厂”是一个非常宽泛的概念，科尔要求我们将其理解为包括矿场、造船厂、码头、车站以及每一个“普通的生产中心”的场所。[2]但科尔所构想的工厂与产业本身是完全不同的概念。在科尔的概念中，工厂是一个工作场所，工人在那里会产生真正的个人接触，是一个足够小、每个工人都能直接了解的环境。“这种民主如果要真实存在，必须贴近每个行会的个体成员，并且能够由他们直接行使。”[3]这一点很重要，因为科尔和杰斐逊一样，都在寻求一个自然的治理单位。唯一的自然单位就是一个所有成员都完全熟悉的环境。因此，一个大型工厂、一套铁路系统或一个大煤田，按照这个定义，都不是自然单位。除了那些非常小的工厂，科尔所考虑的就只剩下传统的手工作坊了。那才是人们可以假设具有“共同工作习惯和传统”的地方。其余的工厂和工业，都不能直接提供可被工人直接了解的环境。

[1] 同上，第 40 页。

[2] 同上，第 41 页。

[3] 同上，第 40 页。

4

任何人都可以看出，并且几乎所有人都会承认，在手工作坊内部事务中实现自我治理，不过是意味着管理那些“可以一览无余”的事务。[1]但争议在于，什么才算是作坊的内部事务。显然，牵扯广泛的各种利益，如工资、生产标准、原材料采购、产品销售以及更大范围的工作规划，都不是纯粹的内部事务。作坊民主虽然有一定自由，但外部的严格限制条件无时不在。它可以在某种程度上处理作坊内部工作安排、个体的脾气，也能管理小规模的工作纠纷，并在稍大的个体争端中扮演初审法庭的角色。最重要的是，它可以作为一个整体与其他作坊以及可能与整个行业打交道。但世间并不存在绝对孤立的作坊，工业民主的单位总是会与外部事务紧密相连。而如何管理这些外部关系，正是对基尔特社会主义理论的挑战。

想要处理这些外部事务吗？必须通过代议制政府来管理，就像一个联邦制国家一样按层级划分，从作坊到工厂，从工厂到工业，从工业到国家，然后来自各个区域的代表将聚在一起进行决策。不过所有这些结构都源于作坊，所蕴含的所有优越性也归因于这一来源。科尔先生断言，那

[1] 亚里士多德，《政治学》(*Politics*)，第七卷第四章。

些经过选举推出的代表、代表选举出的代表，都是由真正的民主选出的能“协调”地“管理”作坊的代表。由于这些代表最初来自自我管理的单位，整个联邦体系将被自我治理的精神和现实所激励。[1]代表们的目标是执行工人“自己理解的实际意愿”，也就是车间中的个体所理解的意愿。

然而，如果按照这一原则字面上运行一个政府，历史经验表明，它要么会陷入永无休止的利益交换，要么会变成车间之间的混乱斗争。因为虽然车间中的工人可以对完全在车间内部的事务有真实的意见，但他对车间与工厂、产业和国家之间关系的“意愿”受到各种限制，包括信息获取、刻板印象和自我利益等因素，就像任何其他自我中心的意见一样。即使是在最理想的情况下，工人在车间中的经验也只能关注到整体中的某些方面。他对车间内事务的判断可能基于对核心事实的直接了解，但对更大、更复杂的外部环境的意见，如果仅凭车间的个体经验进行推测，做出的判断的错误率会大大提高。实际经验告诉我们，基尔特社会主义的代表会发现，他们与今天的高级工会领袖面临相同的问题：在许多不得不决策的问题上，作坊中根本不存在什么“实际意愿”。

---

[1] G.D.H. 科尔，《基尔特社会主义》(*Guild Socialism*)，第 42 页。

5

基尔特社会主义者坚持认为，上文中的批评是盲目的，因为它忽视了一个重大的政治发明。他们可能会说，以上想法也许是对的，由于作坊总是不能形成统一意见，作坊的代表总要从自己的角度来做出决定。但这就会陷入一个古老的谬误：你在寻找一个能代表一群人的代表，而这种代表是不存在的。唯一能够接近要求的代表是“代表某一特定职能”的人。因此，每个人都必须参与选举，选择与要履行的职能相关的代表。

假设这些代表并不是为作坊里的工人发声，而是为工人感兴趣的某些职能发声。他们如果不能贯彻群体关于该职能的意愿，按照群体的理解，这些代表便是不忠于民主的。[1]这些职能代表之所以会汇聚一堂，就是为了执行协调和管理的任务。既然需要协调和管理，我们必须假设不同作坊之间存在意见冲突。那么，每个代表在判断他人提案时，以什么标准来做决定？

民主最为独特的优势在于，人们根据自己的利益真诚地进行投票——而人们都能通过日常经验了解自己的利益是什么。在自治的小群体内，这一机制是可行的；但在处

[1] 见本书第五部分。

理对外关系时，需要处理的事务就远远超出了日常经验的范畴。作坊不可能自发形成对整个局势的一致看法。因此，作坊关于其在行业和社会中的权利和义务的公共意见，是通过教育或宣传形成的，而不是作坊意识的自动产物。无论基尔特社会主义者选举的是一个代表，还是一个代表团，他们都无法逃避正统民主理论遇到的问题。无论是整个群体，还是群体选出的发言人，都必须将思维延伸到直接经验之外。他们需要对其他作坊提出的问题进行投票，还需要对超出整个行业范围的问题作出决策。作坊的基本利益甚至无法涵盖整个行业的职能。职业、行业、地区乃至国家的职能都是概念而非经验，而概念需要被想象、发明、教授和信仰。即使你尽可能明确地定义职能，一旦你承认每个作坊对该职能的看法不会与其他作坊的看法完全一致，你就承认代表某一利益的代表也需要关心其他利益提出的建议。换句话说，代表必须构想出一个共同利益。

因此，当你为这个代表投票时，你选择的并不仅仅是让他代表你对职能的看法（这是你能从日常经验中了解到的全部），而是一个代表你对他人如何看待该职能的看法的人。你实际上是在像正统民主派一样，做出一个带有巨大不确定性的投票。

6

基尔特社会主义者自认为已经通过“职能”一词解决了如何构想共同利益的问题。他们想象出一个社会，在这个社会中，世界的主要工作都被分析为不同的职能，这些职能又被和谐地综合起来。❶他们假设社会的整体目标有基本的一致性，关于每个组织群体在实现这些目标的过程中所扮演的角色也有基本的一致性。因此，他们以一个起源于天主教封建社会的社会机构*为自己的理论命名的行为，确实带有一丝浪漫主义情怀。然而，他们应当记住，那个时代的智者所假设的职能体系并非人类所设计的。基尔特社会主义者似乎并未明确解释，这种职能体系在现代社会将如何被制定并被广泛接受。

有时，他们似乎认为这种体系将从工会组织中自然发展出来；另一些时候，他们又认为公社会定义群体的宪法职能。但问题的关键在于：这些群体是否有能力自行定义自己的职能？在任何一种情况下，科尔先生都假设社会可以通过基于“明确分工的职能群体”这一概念的社会契约来运行。那么，这些“职能”又包括哪些呢？据我理解，

❶ G.D.H.科尔，《基尔特社会主义》(*Guild Socialism*)，第十九章。

* 此处指“同业公会”(guild)，音译即“基尔特”。——译者

科尔先生认为，职能就是某个群体所感兴趣的事务。“职能民主的本质在于，一个人应当根据他感兴趣的职能投票，投多少次票取决于他有多少个感兴趣的职能。”❶

然而，“感兴趣”这个词至少有两种含义。它可以指一个人被卷入某个事务，也可以指他的心思被某件事占据。例如，约翰·史密斯可能对斯蒂尔曼离婚案*非常感兴趣，可能阅读了所有版本的报道。另一方面，整个案件的焦点，年轻的盖伊·斯蒂尔曼却对这一案件毫不关心。约翰·史密斯对一场与自己无关的诉讼感兴趣，而盖伊则对决定其一生命运的诉讼毫无兴趣。科尔先生的“感兴趣”，显然更适用于约翰·史密斯的情况。科尔先生曾对一个“非常愚蠢的反对基尔特社会主义的意见”做出过回应，即按职能投票意味着要频繁投票：“如果一个人对投票不感兴趣，或者无法激发足够的兴趣让他在十几个不同的主题上投票，那么他就会自动放弃投票权。这一结果反而比他盲目投票更符合民主。”

❶ G.D.H.科尔，《社会论》（*Social Theory*），第102页及后文。

* 斯蒂尔曼离婚案是二十世纪初一桩轰动全美的离婚官司。花旗银行总裁詹姆斯·斯蒂尔曼声称小儿子盖伊并非他的亲生儿子，而是妻子与一名印第安导游通奸所生；他的妻子则否认指控，并反诉斯蒂尔曼与一名歌舞团女演员育有两个私生子。五年后，法院驳回了斯蒂尔曼的离婚申请，随后妻子再次提出离婚，但在收到斯蒂尔曼赠送的一条价值五十万美元的项链后撤诉。此后，他们还曾远赴欧洲请著名心理学家卡尔·荣格为他们进行心理辅导。在整个案件中，詹姆斯耗费了上百万美元，但他还是没能成功离婚。——译者

科尔先生认为，“无知的选民放弃了投票权”。也就是说，受过教育的选民的投票体现了他们的兴趣，而他们的兴趣定义了职能。[1]“因此，布朗、琼斯和罗宾逊不应只是一人一票，而应有多个职能票，具体票数取决于需要协同行动的不同问题有多少个，以及他们对这些问题的兴趣有多大。”[2]

我很怀疑科尔先生是否认为，布朗、琼斯和罗宾逊应该在所有他们声称感兴趣的选举中拥有投票资格；对于到底由谁来决定人们是否有资格对某事感兴趣的问题，我也持怀疑态度。如果让我猜测科尔先生的想法，我会说，他通过一种非常奇怪的假设来掩盖了这个难题，即“无知的选民”会放弃他们的投票权。他因此得出结论，不管职能投票是由某种更高权力安排，还是基于“只对自己感兴趣的事情投票”的原则“自下而上”生发出来的，最终有权投票的只有那些受过教育的选民群体。如此，这个机制才能正常运转。

“无知的选民”其实有两种。一种是知道自己“无知”的人，这类人通常是有见识的，他们愿意主动放弃投票权。另一种是“无知”但又不知道自己“无知”或者根本不在

[1] 见本书第十七章：“由于民主制度假定每个人对重要事务都足够感兴趣，因此只有那些所有人都感兴趣的事务才被认为是重要的。”

[2] G.D.H. 科尔，《基尔特社会主义》(*Guild Socialism*)，第 24 页。

意是否“无知”的人。如果政党体制运作良好，他总是可以被动员到投票站投票。这类选民的投票是政党体制的基础。既然基尔特社会中的公社掌握着对税收、工资、价格、信贷和自然资源的广泛控制权力，那么我们就不可能认为该社会下的选举会比我们当下的选举制度更理性。

因此，人们表现出兴趣的方式，并不能划定职能社会中的职能。职能可能通过两种其他方式定义。其一是通过为建立基尔特社会主义而战的工会。工会斗争会根据某种职能关系团结一群人，而这些群体将成为基尔特社会主义社会中的既得利益群体。群体中的某些人，如矿工和铁路工人，将拥有极强的意志，因与资本主义对抗而形成的职能观可能根深蒂固。在社会主义国家下，这种处于重要位置的工会可能会成为政府凝聚力的中心。然而，基尔特社会主义社会将不可避免地发现这些工会很难对付，因为大量的直接行动显露了它们的战略力量，而它们的一些领导人可能不会轻易将这种力量献给自由的祭坛。为了实现“协作”，基尔特社会主义社会将不得不集结各个公会的力量。我认为，人们很快就会发现，在基尔特社会主义下，激进派会要求赋予公社足够的强权来定义同业公会的职能。

然而，如果真由政府（公社）的强权来定义职能，基尔特社会主义的理论前提就不复存在了。基尔特社会主义理论必须假定职能体系能够良好有序地运转，如此才能让各个独立的作坊自愿与社会建立联系。如果每个选民心中都没有一个稳定的职能体系，那么在基尔特社会主义下，选民的投票行为并不比正统民主下将个人意见转化为社会判断的机制好到哪里去。而且，这样一个稳定的职能体系根本就不存在，因为即使科尔先生及其同僚设计出一个良好的体系，位于所有权力源头的作坊民主，仍然会根据他们的经验和想象来调整这个体系。不同的同业公会对同一体系会有不同的看法。因此，这个体系不会成为基尔特社会主义的支柱，而基尔特社会主义政治的主要议题也会转变为对“该体系应当是什么样子”的讨论，这一点和其他政治制度没有什么区别。如果我们允许科尔先生的职能体系成立，我们就应该接受他的一切观点。遗憾的是，他本末倒置地将结论置于了基尔特社会主义理论的前提之下。[1]

[1] 我选择了科尔先生的书，而非西德尼·韦布与贝翠丝·韦布夫妇撰写的逻辑严谨、充满智慧而又令人钦佩的《大不列颠社会主义联邦宪法》(*Constitution for the Socialist Commonwealth of Great Britain*)。在我看来，科尔先生的书更为贴近社会主义运动的真正精神，因此也更适合作为本章的论据。

第二十章 新的图景

行文至此，我认为结论已经很明显了。在没有环境报告机制和相关理念教育的前提下，公共生活的现实根本无法与自我中心的想法做出清晰的区分，公众将无法分辨到底什么才是全社会的共同利益，能够做出判断的只能是超越地方利益的特权管理阶层。这个阶层是不负责任的，因为他们基于非公共的信息做出判断，处理的是公众难以理解的局势，他们只有在既成事实形成后才能被追究责任。

民主理论始终未能认清，自我中心的意见不足以带来良好治理，这一问题导致了民主理论与实践之间的持续冲突。根据理论，人类的全部尊严要求人的意志能够像科尔先生所说的那样，体现在“任何形式的社会行动”中。民主理论假设，人们的意志表达是他们最强烈的追求，因为理论假设他们天生掌握治理的艺术。然而，事实上，自主决策只是人类诸多利益之一。成为自己命运的主人确实是一种强烈的愿望，但这种愿望必须与其他同样强烈的欲望相调和，比如对美好生活的渴望、对和平的追求、对减轻负担的期望。在民主的原始假设中，每个人意志的表达不仅能自发地满足他对自我表达的渴望，还能满足他对美好生活的追求，因为自我表达的本能被认为与对美好生活的追求是天生一致的。

因此，民主理论最为强调的始终是表达意志的机制。民主的“黄金国”一直被设想为一个完美的环境和一个完美的选举与代议制度，能够将每个人天生的善意和本能的政治热情转化为行动。在特定的地区和特定的时间内，如果环境足够有利（也就是足够孤立且充满机会），这个理论运行得还算不错，足以让人们相信它适用于所有时间和地方。然而，当这种孤立被打破，社会变得复杂，人们不得不紧密地彼此适应时，民主主义者便把精力投入到设计更完美的选举机制上，试图像科尔先生所说的那样，“使机制正确，并尽可能调整它以适应人们的社会意愿”。但在忙于这一任务时，民主理论家远离了人类的实际利益。他们只专注于一个焦点：自治。而人类关心的却是各种各样的事物，如秩序、权利、繁荣、视觉与听觉的享受，以及避免无聊的娱乐。因为自发民主无法满足他们的这些兴趣，对大多数人来说，大多数时间里，民主似乎是空洞的。由于成功的自治艺术并非与生俱来，人们根本不会只为了自治本身而渴望自治。他们渴望的是自治带来的结果。这就是为什么在反对恶劣状况时，人的自治冲动才最为强烈。

民主的谬误就在于其对政府起源的过度关注，而忽视治理的过程和结果。民主主义者总是认为，如果政治权力能够以正确的方式获得，它就会是对全民有益的。他们的注意力完全集中在权力的来源上，因为他们被这样一种信念所催眠：表达人民的意志是最重要的事情。他们认为：第一，表达是人类的最高利益；第二，人类的表达具有与生俱来的正义性。

然而，无论如何调节源头，也不可能完全控制事物的整个走向。当民主主义者沉迷于寻找对社会权力产生的源头加以控制的良好机制，即良好的选举和代议制度时，他们忽视了人类的几乎所有其他利益。无论权力如何产生，人民最为关注的永远是权力的行使方式。决定一个文明发展程度的，主要是其权力如何使用，而这种使用是不可能只通过对权力的来源进行调节而控制的。

如果你试图完全从源头控制政府，你必然会使所有关键决策变得隐形。既然不相信政治决策必然能为人们带来美好生活，既然大多数问题的决策上并不会存在什么“人民意志”，那么实际掌握权力的人不仅无法表达人民的意志，他们行使权力时依据的各种意见，也往往是瞒着选民的。

民主哲学假设治理是人类的本能，政府可以完全通过以自我为中心的观点实现管理。那么，如果将这一错误假设从民主哲学中去除，民主哲学中关于人类尊严的信仰又会如何？只有与人的完整人格而非某一片面的人格相关联时，生命力才会重新焕发。传统的民主主义者将人类尊严寄托于一个非常脆弱的假设之上，即人类会在智慧的法律和良好的政府中本能地展现这种尊严。事实上，选民根本没有表现出这一假设，这也导致民主主义者总是被那些冷静务实的人嘲笑。但如果你不再把维护人类的尊严与“自治”这个假设挂钩，而是强调人类的尊严需要一个能够充分发挥人类能力的生活标准，那么整个问题就发生了变化。此时，你评判政府的标准变成了：它是否能提供最基本的医疗服务、体面的住房、物质保障、教育、自由、娱乐和优美的环境。你不再会仅仅看它是否迎合人们头脑中自我中心的意见，而忽视掉以上所有的标准。只要这些标准可以变得精确和客观，虽然政治决策仍然无可避免地会成为少数人的事务，但它依旧能与大众的利益建立联系。

我们明白，所有人都能对整个政府事务形成清晰公共意见这件事，是不可能发生的。即使真的存在这种可能，我们也无法确定是不是每个人都愿意费心去了解，或者花时间对“任何形式的社会行动”形成意见。唯一一种算不上空想的前景是：我们每个人在自己的领域中，对脑海中形成的现实世界图景做出越来越多的反应，而能够让这些图景变得越来越真实的专家也将越来越多。在我们自身能够关注的狭窄范围之外，还要建立一种依赖于设计生活标准和审计方法的社会控制体系，以衡量公共官员和工业领导者的行为。我们无法像神秘的民主主义者所设想的那样，亲自激励或引导所有这些行为。但我们可以通过不断要求将所有这些行为公开记录，并对其结果进行客观衡量，来逐步加强对这些行为的实际控制。也许我应该说，我们可以希望未来能做到这一点。因为这种标准和审计方法的制定才刚刚开始。

第七部分

报 纸

第二十一章　作为购买者的大众

1

在人类政治思想中，认为人们必须亲自研究世界以治理它的想法，只占据了极其微小的地位。这种想法之所以没有受到广泛重视，是因为从亚里士多德到现代民主基础得以奠定的漫长时间里，有助于治理的世界情况报告机制都没有取得过什么实质性的发展。

因此，如果你向一位民主主义先驱询问，人民的意志所依赖的信息来源从何而来，他可能会对这个问题感到困惑。在他看来，这个问题就像你问他生命或灵魂来自哪里一样荒谬。他几乎总是认为，人民的意志一直都是客观存在的，政治科学的责任在于研究出令选举机制和代议制政府正常运行的机制。如果这些研究在合适的条件下得到适当的设计和应用，比如在自治的村庄或作坊里，那么这一机制就可以克服亚里士多德所观察到的注意力过于短暂的问题，以及自治社区理论中所默认的民意范围的狭隘性。即使在现代，基尔特社会主义者仍然被这个观念所吸引：

只要能够建立正确的选举和代议机制，建立一个复杂的合作性共同体是可能实现的。

民主主义者坚信，如果能找到这种智慧，民主的问题就可以解决。因此，他们把如何形成公众舆论的问题视为公民自由的问题。[1]弥尔顿说：“有谁见过在自由公开的交锋中，真理还会处于劣势？”[2]即使假设“真理”永远不会“处于劣势”，我们是否就该相信，真理像摩擦生火一样，是通过交锋生成的呢？实际上，美国民主主义者在《权利法案》中体现的就是这一经典自由主义理念。但在理念的背后，实际上有几种关于真理起源的不同理论。其一是这样一种信念：在观点的竞争中，最接近真理的观点会胜出，因为真理本身具有某种特殊的强大力量。如果有足够的时间，这一观点可能是正确的。人们在表达这种观点时，通常心中想到的是“历史评价”这个概念，尤其是那些在世时被迫害、死后被追封的异端分子的故事。弥尔顿的判断同样基于这样一种信仰，即所有人都具备辨认真理的能力，而真理在自由传播中将赢得认可。这种信仰也源于现实经

[1] 关于这一话题，撒迦利亚·查菲教授在他的《言论自由》(*Freedom of Speech*)一书中，做了许多细致的研究。

[2] 出自弥尔顿《论出版自由》(*Areopagitica*)，引自《言论自由》(*Freedom of Speech*)的开篇语。如需了解学界如何评价弥尔顿、约翰·斯图亚特·密尔和伯特兰·罗素关于自由主义的经典论述，请参见拙作《自由与新闻》(*Liberty and the News*)第二章。

验，除非监视人们的警察头脑过于简单，否则如果人们不能自由讨论真理，他们就不太可能发现真理。

公民自由的实际价值永远不会被高估，维持它的重要性也必须得到强调。当它处于危险之中时，人文精神也随之受到威胁。当然，有些时候总会有人试图限制这种自由（比如在战争期间），此时文明的存续也将面临风险。即使战争结束，这种限制带来的影响可能也难以消除。幸运的是，大多数人对监视者的容忍是有限的，随着不愿被恐吓的人不断批判，这些监视者的狭隘心胸也会被逐渐揭露——他们在大多数情况下甚至不知道自己在说些什么。[1]

然而，尽管公民自由至关重要，但在现代世界中，它并不能保证公众舆论的产生。因为这种自由总是假设：真理是自发产生的，在没有外部干扰的情况下，获取真理的途径会自发显现。但在应对“不可见的环境”时，这种假设是错误的。对于遥远或复杂的事务，真理并非显而易见，而汇集信息的机制既复杂又昂贵。然而，政治学，特别是民主政治学，从未摆脱亚里士多德政治学中的原始假设，未能重新阐述理论前提，使政治思想能够真正应对如何将不可见的世界展示给现代国家公民的问题。

[1] 比如，纽约州卢斯克委员会（即调查煽动活动联合立法委员会，有权对所有涉嫌煽动的人进行审查——译者）出版的一些资料，以及威尔逊总统生病期间担任美国总检察长的米切尔-帕尔默先生的公开声明和预测。

这一传统根深蒂固，以至于直到不久前，政治学在我们的大学中仍然是这样教授的：他们仿佛不知道报纸的存在。我并不是指新闻学院，它只是个职业学校，旨在为男性和女性提供一条职业道路。我指的是教授未来商人、律师、公共官员和普通公民的政治学课程。在这些课程中，对于报纸和大众信息来源的研究几乎不存在。这是一个奇怪的现象。对于任何不沉迷于政治学日常事务的人来说，他们几乎难以理解为何没有美国的政府研究学者或社会学家撰写过关于新闻采集的书籍。虽然各类著作偶尔会提到新闻媒体，并对其是否“自由”和“真实”进行评论，但除此之外几乎找不到更多的内容。这种专业人士的轻视在公众舆论中也有相应的表现。几乎所有人都承认，新闻是接触不可见环境的主要途径。然而，几乎每个人也都假设，新闻应该自发地为我们做原始民主想象中每个人都可以为自己做的事情：每隔一两天就向我们呈现出我们感兴趣的外部世界的真实图景。

2

一种古老而顽固的信念认为，真理不是通过努力获得的，而是被启示、被赐予、被免费提供的，这一信念在报纸读者的功利性偏见中显露无遗。我们期望报纸无论成本多么高昂，都会为我们提供真相。对于这种我们认为至关重要的困难而又危险的服务，我们直到最近还只愿意支付一枚最小面值的硬币。现在，我们逐渐习惯于在工作日为报纸支付两美分甚至三美分；在周末为附带插图、信息丰富的特刊勉强支付五美分甚至十美分。然而，没有人认为自己为报纸支付的费用是合理的。人们期望真理的泉水源源不断涌出，但不会承担任何风险、成本或麻烦。当人们愿意时，只会支付象征性价格；当不愿意时，就停止付费，或是转而阅读其他报纸。有个十分中肯的评价：每天都应该重新选举出新的报纸编辑。

这种读者与新闻界之间随意且单方面的关系，是我们文明的一个异常现象。没有什么事物可以与之完全类比，而且也很难将新闻业与其他行业或机构进行比较。它并不是一个纯粹的商业活动，部分原因是产品经常以低于成本的价格出售，而更主要的原因是社会对新闻业的道德标准与对贸易或制造业的标准不同。人们往往按照教堂或学校的道德标准来评判报纸，但如果试图将报纸与这些机构进行比较，结果又会发现根本没有可比性。公立学校由纳税人供养，私立学校则靠捐赠或学费支持，教堂有补助和募捐。而法律、医学或工程等专业与新闻业也不同，因为在这些领域，消费者直接为服务付费。就读者的态度而言，“自由的新闻”意味着报纸就该是免费赠送的。

然而，批评新闻界的声音其实只是表达了社会的道德标准，他们希望这样的机构能够以学校、教堂等非营利组织应有的标准运作。这再次说明了民主的内在局限性：人们认为不需要费时费力地通过外界获取信息，信息要么自然而然地从公民心中产生，要么就应该免费从报纸获取。公民会为电话、铁路票、汽车或娱乐付费，但他们不愿公开为新闻付费。

不过，人们还是愿意为让他人了解自己的权利付出高昂代价的。他们会直接为广告买单，或者间接为他人的广告支付费用，因为这种支付隐藏在商品价格中，属于一种他们无法有效理解的“间接付费”。如果被要求公开支付一杯冰淇淋汽水的价格来获取全球新闻，这会被视为一种冒犯。然而，当公众购买广告中的商品时，他们实际上支付了同样甚至更多的费用。公众实际上为新闻付费，只是这种支付是隐藏的。

3

因此，提高报纸的发行量就成了报纸的唯一目标。它只有在能够将广告位卖给广告商时才能赚到钱，而广告商通过对读者的间接税收获得收入，此时他们才会购买广告位。❶广告商愿意购买的广告位取决于报纸的销售对象。这可能是“优质”的富裕客户，也可能是“大众”的一般客户。总体而言，这两者之间没有明确的界限，因为大多数通过广告销售的商品的消费者既不会只面向非常富有的小众群体，也不会针对非常贫困的人群，而是面向那些在满足基本生活需求之外还有一些剩余资金可以进行选择性消费的人群。因此，进入相对富裕家庭的报纸通常对广告商最具吸引力。虽然这些报纸也可能进入贫困家庭，但除一些特定的商品类别外，精明的广告商通常不会对这部分发行量多么重视，除非报纸发行量极为巨大——赫斯特先生的一些报纸就是如此。*

那些不能令自己最需要触达的读者满意的报纸，通常就是广告主眼中的糟糕载体。没人会认为做广告是慈善行为，因此广告主总要优先选择更能接触到潜在客户的出版物。因此，我们无须担心纺织品商人的丑闻未被报道，因为这种事实在无足轻重，“不报道”的行为本身其实也没有

---

❶ “一份成熟的报纸有权确定其广告费率，这样才能避免因售价过低而陷入亏损。为了得到利润，我会从毛收入中扣除促销、发行成本以及发行附带的其他费用。”摘自《纽约时报》发行人阿道夫·S.奥克斯先生 1916 年 6 月 26 日在世界广告联合体俱乐部费城大会上的讲话。引自埃尔默·戴维斯《纽约时报史：1851—1921》(*History of the New York Times*, 1851-1921)，第 397—398 页。

* 威廉·赫斯特，二十世纪初的美国报业大亨。在二十世纪三十年代中期，赫斯特集团旗下的报纸每日发行总量达到了惊人的两千万份。——译者

那么恶劣。真正的问题在于，报纸的读者习惯于不为新闻采集成本付费，报纸只能通过将这些读者转化为发行量，并通过发行量吸引制造业和商业的广告资本。最值得广告主投资的读者群体，正是那些购买力最强的人。因此，新闻媒体必然要尽可能讨好购买力强的读者。可以说，报纸的编辑和出版都是围绕他们展开的，没有他们的支持，报纸无法生存。报纸可以无视某个广告主的要求，甚至可以攻击强大的银行或运输业集团，但如果它疏远了购买力强的大众，它就失去了维持自身存在的最关键资产。

曾任《纽约太阳报（晚间版）》记者的约翰·L.吉文[1]在 1914 年表示，美国当时出版的超过两千三百家日报中，约有一百七十五家位于人口超过十万的城市。这些报纸是综合新闻的主要来源，负责收集涉及重大事件的新闻报道。即使是不阅读这一百七十五家报纸的人，最终也需要依赖它们获取外部世界的新闻。这些报纸构成了报业联合体的重要组成部分，彼此协作，交换新闻。因此，不仅仅它们是自己读者的新闻提供者，其他城市报纸也是它们的“读者”。大多数乡村报纸和特殊报纸在很大程度上依赖这些主

[1]《制作报纸》（*Making a Newspaper*），第 13 页。这是我所知道的最实用的技术书籍，每一个致力于讨论新闻媒体的人都应该读一读。G. B. 迪布里先生在《家里的大学图书馆》（*Home University Library*）一书中的《报纸》一卷写道（第 253 页）：“在所有关于新闻媒体的著作中，我只知道有一本书值得一读，那就是吉文先生的书。”

要报纸获取综合新闻。在这些主要报纸中，有些报纸的财力远超其他，因此在国际新闻方面，全国的大部分新闻报道可能依赖于这些报纸的通讯社和一些大都市日报的特供服务。

总体而言，综合新闻采集的经济支持主要来自十万以上人口城市中较为富裕的群体，他们通过购买广告商品间接支付了新闻采集的成本。这些购买者由依靠贸易、商业、制造业管理和金融等收入来源的家庭成员组成。这些家庭是报纸广告最有价值的客户群，他们掌握着集中的购买力，虽然购买力的总量可能不如农民和工人阶级，但在日报覆盖的区域内，他们是可以最迅速转化为收入的资产。

4

此外，这些富裕群体还有双重的关注价值。他们不仅是广告主最好的顾客，他们之中可能就包括了广告主本身。因此，报纸在这些人群中产生的印象至关重要。幸运的是，这一群体并不总是意见一致。尽管他们可能总体上倾向“资本主义”，但对于什么是资本主义以及如何运作，他们存在着内部分歧。除了在面临危险的时期，这个有影响力的意见群体在政策上有足够大的分歧，内部允许不同的观点碰撞。假如报纸出版商们不是这些城市社区的成员，并且诚实地通过他们的朋友和同事的视角来看待世界的话，分歧可能会更大。

出版商从事的是一种投机性行业，[1]它不仅依赖于贸易的总体状况，还特别依赖于发行量这种并不牢固的契约机制。它不是婚姻，倒像是一种“自由恋爱”的关系。因此，每个出版商的目标都是将自己的读者群从随意买报的零散顾客，转变为一群忠实的常规读者。真正能够依靠读者忠诚度的报纸，在现代新闻经济的前提下，都拥有着最大可能的独立性。[2]一群始终支持它的读者力量，比任何个别广告主的力量都更大，甚至有足够的力量打破广告主的联合。因此，当你发现一份报纸为了某个广告主的利益而背叛其读者时，你几乎可以肯定，出版商要么真诚地与广告主观点一致，要么他认为（或许是错误地认为）如果公开反对广告主，他无法只依靠读者的支持存活下去。这归结为一个问题：那些没有用现金为新闻付费的读者，是否会用忠诚度为新闻付费。

---

[1] 有时，由于投机性过强，为了维护报纸的信誉，出版商不得不想尽办法避免得罪读者。这方面的信息很难获得，因此其严重性往往被夸大。

[2] “这是报业的一条公理——‘读者越多，报纸越能不受广告商的影响；读者越少，越依赖广告主’。或许，广告主的数量越多，单个广告主对出版商施加的影响就越小。”阿道夫·S.奥克斯，参见上文。

第二十二章　忠实读者

1

报纸的读者对报纸的忠诚并不是通过什么契约规定的。在几乎所有其他行业中，期望得到服务的人都会签订一份约束其行为的协议。至少，他们会为所得到的服务付费。而在期刊出版中，最接近契约的是订阅制，但我认为这种制度在大都市的报业经济中能占到很大的比例。报纸读者是唯一一种每天都会决定自己是否要对报纸忠诚的评判者，他们不可能因违约或不支持报纸而遭到起诉。

尽管报纸的存亡取决于读者的忠诚度，但读者心中从来就没想过这件事。读者的忠诚依赖于他们的心情或习惯，而这些习惯不仅仅取决于新闻的质量，更多时候还受一些我们与媒体的随意关系中难以察觉的隐秘因素影响。其中最重要的因素是，我们每个人倾向于通过报纸对我们所关心的新闻部分的处理来评价报纸。如果我们对某个事件有直接的经验，报纸对此的报道处理，便成为我们决定是否喜欢或信任它的依据。报纸处理的大量事件都超出我们的直接经验，但其中也包含了一些与我们的生活密切相关的事件。这些处理方式正是我们最常用来决定是否喜欢这份报纸、是否愿意把它带回家的理由。如果报纸对我们自认为了解的事物（如我们的行业、所在的教区、参加的政党）的报道让我们感到满意，那么我们基本上不会对它有过于激烈的批评。毕竟，早餐桌上的人能用来评判报纸的标准，通常就是它是否符合他的个人观点。因此，大多数人往往会以自己的个人经历为标准，而非作为普通读者来对报纸进行最严苛的评判。

除了与事件相关的人，大部分人都不能准确判断报道的准确性。如果新闻是本地的，且存在利益冲突，编辑可能会听到那些认为自己报道不公的人的反馈。然而，如果新闻不是本地的，随着报道内容与读者距离的增加，纠正的力量就会减弱。唯一能够纠正自己对异地报纸的印象的，是那些有足够组织能力、可以聘请公关人员的群体。

有趣的是，报纸的普通读者即使认为自己被新闻误导了，也不可能将报纸告上法庭。只有受害方可以因诽谤或中伤提起诉讼，而且必须证明自己受到了实质性的损害。这表明了一个传统：除非涉及被模糊描述为“淫秽”或“煽动性”的内容，否则一般新闻不被视为民主中公众共同关心的事务。[1]

[1] 这里并不是在呼吁建立审查制度。不过，如果真的能建立一种非官方的审查机制，对一般性新闻的真实性和公正性进行衡量，可能也是件不错的事情。参见《自由与新闻》(*Liberty and the News*)，第73—76页。

尽管整体新闻报道不受非利益相关读者的检查，但新闻中往往包含着一些早已被读者认知的元素，而这些元素往往会引起部分读者的强烈反应。这些元素成为他们评判的依据。至于那些读者没有树立相关个人标准的新闻，他们会根据其他标准而非准确性来进行评判。在处理这些新闻时，这些内容对他们而言与虚构故事没有区别。真理的标准得不到应用，如果新闻符合他们的刻板印象，并且能吸引他们的兴趣，他们便不会在意其真实性。[1]

2

在大城市里，有一些报纸是基于这样一个原则编辑的：读者希望读到与他们有切身关联的新闻。这种理论认为，如果足够多的人经常在报纸上看到自己的名字，读到关于他们的婚礼、葬礼、社交活动、海外旅行、团体会议、学校奖项、五十岁生日、六十岁生日、银婚纪念日、郊游和宴会的报道，那么这份报纸就能获得可靠的发行量。

霍勒斯·格里利在1860年4月3日写给“朋友弗莱彻”的信中，给出了这种报纸的经典模式。当时，弗莱彻正准

[1] 例如，请注意厄普顿-辛克莱先生在反对社会主义报刊时所表现出的义愤填膺的情绪。尽管那些报纸对雇主进行的恶意攻击，与他所引用的那些对激进分子进行的恶意攻击没有什么不同。

备创办一份乡村报纸，格里利建议道：[1]

> 首先，必须明确一个概念：对普通人来说，他最感兴趣的事物就是他自己；自身以外，他最关心的就是他的邻居们。至于亚洲和汤加群岛，根本就没人关心那些……不要错过任何一个事件，无论是新教堂的成立、新成员加入现有社区、农场的买卖、新房的建造、工厂的启动、商店的开张，还是其他任何对本地一些家庭有意义的事情，都应该在你的报纸上得到简明扼要的报道。如果一位农民砍了一棵大树，种出一棵巨型甜菜，或者丰收了大量小麦或玉米，那就尽量简洁、准确地报道这些事情。

正如李先生所说，这种“家乡的印刷日记”的功能，是每份报纸在一定程度上都必须实现的。而在像纽约这样的大城市，综合性报纸无法全面覆盖这一需求，因此大都会的不同地区会专门出版按照格里利模式运作的小型报纸。在曼哈顿和布朗克斯区，社区日报的数量可能是综合性报纸的两倍。[2]这些报纸之外，还有各种行业、宗教和民族的专门出版物作为补充。

这些“日记”是为那些对自己的生活充满热情的人而

[1] 引自詹姆斯·李《美国新闻史》(*The History of American Journalism*)，第 405 页。

[2] 参见约翰·L. 吉文《制作报纸》(*Making a Newspaper*)，第 13 页。

出版的。然而，也有大量人觉得自己的生活乏味，像易卜生笔下的海达·加布勒一样，渴望过上更激动人心的生活。有一些报纸（或其中的部分）就专门为这些人报道一群虚构人物的私人生活，读者可以在想象中安全地认同这些“奢华的恶行”。赫斯特先生对上流社会的不懈关注，迎合了那些渴望进入上流社会的读者，让这些读者通过模糊的感知，觉得自己是所读生活的一部分。在大城市中，“家乡的印刷日记”往往成了上流社会的印刷日记。

正如我们已经指出的那样，城市的日报承担着将遥远的新闻带给普通市民的重任。然而，真正吸引读者的并非主要是报纸的政治和社会新闻，读者对此类新闻的兴趣是间歇性的，很少有报纸可以仅仅依赖此类新闻来维持发行量。因此，报纸需要增添各种其他功能，主要目的是将读者群体维系在一起，因为就重大新闻而言，读者是没有批判性阅读能力的。而且，在重大新闻上，各个群体内部的冲突其实都没有描写的那么激烈。新闻通讯对主要事件进行标准化报道，偶尔才出现一些独家新闻。而能够如近年来的《纽约时报》那样，凭借大量报道让各类读者视其为必读的情况并不多见。为了与其他报纸区分开来并吸引稳定的读者群，大多数报纸不得不拓展一般新闻以外的内容。它们转向了上流社会的炫目生活、丑闻和犯罪、体育新闻、图片、演员生活、爱情建议、择校指南、女性专栏、购物指南、烹饪配方、棋类游戏、园艺、连环漫画以及党派评论等内容。这并不是说出版商和编辑对新闻以外的一切都会感兴趣，而是他们不得不找到一种方式，以留住那些批评者口中热衷于追求真相且只要真相的读者群体。

报纸编辑处于一种尴尬的位置。他的业务依赖于广告主对读者征收的间接税，而广告主的支持又取决于编辑能否将一群有效的顾客聚拢在一起。这些顾客的判断依据是他们的个人经验和固有的期望，因为在本质上，他们对所阅读的大多数新闻无法做出独立的判断。如果他们的判断不负面，编辑至少可以获得足以维持收入的发行量。然而，为了确保这一发行量，他不能仅仅依靠各种大新闻、深度报道。当然，他会尽可能以有趣的方式处理新闻，但公共事务等一般新闻的质量本身不足以让大量读者在日报之间做出明显区分。

这种报纸与公共信息之间有些“别扭”的关系，反映在新闻工作者的薪酬上。报道工作，理论上是整个报纸机构的基础，但记者们却是行业中薪酬最低、最不受重视的部分。总体而言，只有在必要时或者为了积累经验，优秀的人才才会进入这个领域，大多数人还会明确地打算尽快转型。因为单纯的报道工作并不是一个能提供丰厚回报的职业。在新闻业中，丰厚的报酬往往出现在专业人士、署名的特约通讯员、管理人员以及其他特殊人才身上。这无疑与经济学家所称的“能力寻租”有关。这一经济原则在新闻行业中的作用尤为剧烈，以至于新闻采集根本不能吸引到足够多的受过良好训练的优秀人才——而这恰好是公众对于新闻报道的重要要求。

那些有能力的人之所以会从事新闻报道工作，是因为他们计划尽快离开这一领域。我认为，这正是报道工作从未能在足够程度上形成职业传统的主要原因之一。这些职业传统正是赋予行业声望和自尊的因素，它们有助于提升入职门槛，惩戒违反行业守则的行为，并赋予从业者在社会中坚持自己地位的力量。

3

然而，这些探讨并未触及问题的根源。新闻业的经济环境确实低估了新闻报道的价值，因此我确信这是一种错误的决定论，我们不应该在此继续分析下去。众多才华横溢的人才通过报道工作走上职业生涯，因此必然有更深层的原因，来解释为何新闻行业在提升其社会地位上（与医学、工程或法律相比）付出了如此之少的认真努力。

厄普顿·辛克莱代表了美国很大一部分观点，❶他在《黄铜支票》*中声称找到了这个更深层的原因：

❶ 希莱尔·贝洛克先生在分析英国报业时做出的判断也与之近似。参见《自由出版》(*The Free Press*）一书。

* 黄铜支票（brass check），是二十世纪初美国妓院常用的一种代币，顾客付钱后即可凭此代币接受服务。为了痛斥那些为了利益（转下页）

每周发到你工资袋里的黄铜支票，就是你们——你们这些书写、印刷和传播我们报纸和杂志的人的耻辱。黄铜支票是你们将真理的美好身躯贩卖到市场上的报酬。你们将人类美好的希望，出卖给了大资本的肮脏妓院。

根据辛克莱的理论，似乎有一种已知的真理和一系列坚实的希望真实存在着，但这些都被富有的报纸老板通过或多或少有意识的阴谋玷污了。如果这个理论正确，那么可以得出一个明确的结论：只要报纸不与大资本有任何联系，真理将保持神圣不可侵犯。反过来说，假如一份没有被大资本控制，甚至与之关系恶劣的报纸也未能包含那“美好的真理”，那辛克莱的理论便出了问题。

实际上，确实存在这样的报纸。奇怪的是，在提出解决方案时，辛克莱并没有建议读者就近订阅激进派报纸。为什么呢？如果美国新闻业的问题源自大资本的“黄铜支票”，为什么解决办法不是去阅读那些完全拒绝“黄铜支票”的报纸呢？为什么他建议创建一个拥有“多种信仰和立场”的理事会，通过补贴“国家新闻”机构，来刊登一份充满事实的报纸，无论它伤害的是钢铁托拉斯、世界产业工人联盟（I.W.W.）、标准石油公司，还是社会党？

（接上页）出卖灵魂和尊严的记者，辛克莱借用了这一词语。——译者如果问题在于大资本，也就是钢铁托拉斯、标准石油等，那为什么不鼓励所有人去读I.W.W.或社会主义报纸呢？辛克莱没有解释原因，但理由其实很简单。他无法说服任何人（甚至他自己）相信，反资本主义报纸是解决资本主义报纸问题的答案。在他对“黄铜支票”理论的论述和建设性提议中，他都忽视了反资本主义报纸。但如果你要诊断美国新闻业，就不可能忽视它们。如果你关心的是“真理的美好身躯”，那么你就不能犯一个粗糙的逻辑错误：仅从一类报纸中搜集不公正和虚假的实例，却忽视另一类报纸中容易发现的相同实例，并将你从调查那类报纸中发现的唯一共同特征断定为“虚伪”的原因。如果你要将新闻业的缺陷归咎于资本主义，那么你必须证明这些缺陷只存在于资本主义控制的地方。而辛克莱显然无法做到这一点，因为在他的诊断中，一切问题都归因于资本主义，而在他的解决方案中，他却忽略了资本主义和反资本主义。

或许，无法将任何非资本主义报纸视为真理性和胜任能力典范的事实，本应促使辛克莱及其支持者更为批判性地审视他们的假设。他们本该自问，真理的美好身躯在哪里？为什么大资本玷污了它，而反大资本的报纸却似乎也无法获得它？我认为，这个问题触及了问题的核心，也就是：什么是新闻？

第二十三章　新闻的本质

1

哪怕世界上所有记者都能二十四小时不停地工作，他们也无法亲眼见证世界上所有的事件。记者的数量并不多，他们也没有能力同时出现在多个地方。记者不是千里眼，无法通过水晶球随意看到世界的每个角落，也没有心灵感应的帮助。若不是通过标准化的流程操作，这么少量的记者却能对如此巨大的范围进行报道，那简直就是一个奇迹。

报纸并不会试图平等地观察全人类。[1]他们在某些特定地点设有观察员，比如警局、法医办公室、县政府、市政厅、白宫、参议院、众议院等。他们观察这些地方，或者更准确地说，他们是被一些协会雇佣，负责观察这些地方。“虽然这样的地方不多，但在这里可以得知某个人的生活何时会脱离常规，或何时发生值得报道的事件。例如，假设约翰·史密斯成为一名经纪人。十年来，他平静地过着自己的

[1] 参见上一章引用的约翰·L.吉文先生的著作中的“揭秘新闻”（Uncovering the News）一章的论述。

生活，除了他的客户和朋友，没有人会关注他。对报纸来说，他仿佛不存在。然而，在第十一年，他遭受了重大损失，最终资产耗尽，于是他召集了律师，安排破产事宜。律师赶往县政府，书记员在那里将必要的条目记录在官方名册上。此时，报纸就介入了。在书记员写下史密斯的破产登记时，一名记者瞥了一眼记录。几分钟后，记者们就了解了史密斯的困境，掌握了他的商业状况，就好像他们十多年来每天都在他家门口派驻一名记者一样。”[1]

当吉文先生说报纸知道“史密斯的困境”和“他的商业状况”时，他并不是说报纸像史密斯本人那样了解情况，或者如阿诺德·贝内特般将史密斯作为三卷小说的主人公。报纸只是在几分钟内知道了县政府记录的简单事实。这一显著行为“揭露”了关于史密斯的新闻。至于新闻是否会被跟进，显然又是另一回事。关键在于，在一系列事件成为新闻之前，它们通常必须通过某种程度上明显的行为引起注意。通常这些行为也非常直白。史密斯的朋友们可能多年来都知道他在冒险，如果他的朋友们喜欢聊天，传言甚至可能早已传到财经编辑那里了。不过，这些传言本身不能被发布，因为传言中并没有可以构成报道的基础，随意发布可能会构成诽谤。必须发生某些具有明确形式的事情才行。这个事件可以是破产、火灾、车祸、袭击、暴动、

[1] 同上，第 57 页。

逮捕、谴责、法案的提出、演讲、选举、会议、知名市民的公开意见、报纸的社论、拍卖、薪酬方案、价格变动、建桥提议……总之，必须有某种形式的表现。事件的进程必须呈现出一定的可定义形态，直到某个方面成为既成事实，新闻才会从可能的真相之海中分离出来。

2

当然，人们对一件事“何时明确到足以被报道”会有很大的意见分歧。一个优秀的记者会比平庸的记者更频繁地发现新闻。如果他看到一座建筑物有倾覆的危险，他不会等到它倒塌在街上才意识到这是新闻。当某位记者听说某个勋爵正在打听印度气候情况时，他便猜到了下一任印度总督的名字——这需要伟大的新闻嗅觉。这类幸运的猜测并不常见，能做到的记者很少。通常，新闻是由那些在显而易见的地方，以典型形式展现出来的事件所揭示出来的。而最显而易见的地方往往是人们的事务与公共权力接触的地方。“法律不关注琐事。”在这些地方，婚姻、出生、死亡、合同、破产、到达、离开、诉讼、骚乱、疫情和灾难等信息会被披露。

因此，新闻一开始就不是反映社会状况的镜子，而是那些凸显出来的某个方面的报道。新闻不会告诉你种子如何在地下发芽，但它可能会告诉你什么时候第一颗芽冒出了地面。它甚至可能告诉你，有人说种子在地下发生了什么变化。它可能会告诉你，芽没有如期而至。因此，任何事件能被确定、客观化、测量和命名的点越多，新闻发生的机会就越多。

举个例子，如果某天立法机关用尽了所有改善人类的方法，并最终决定禁止记录棒球比赛得分，棒球比赛或许还能进行下去：裁判可以根据自己对“公平”的理解来决定比赛的时长、各队的打击顺序，甚至决定谁是胜者。如果这种比赛被报道在报纸上，报道可能会包括裁判的决定、记者对观众的喝彩和嘘声的印象，甚至模糊地描述那些没有固定位置的选手如何在外野跑动数小时。越是想要将这种荒谬的情境变得逻辑化，我们越清楚：为了成功采集新闻，我们就必须有一个用于命名、得分、记录的机制和规则，否则我们几乎什么也做不成——更不用说成功举办比赛了。正因为这个机制不够完善，裁判的工作常常被打扰。许多关键动作需要裁判用眼睛判断。如果有人觉得有必要给每一个动作都拍照，那么争议就可以像象棋一样消失，只要人们遵守规则。正是电影胶片最终解决了记者们多年来对于邓普西到底用哪个动作击倒卡彭蒂尔的疑问——毕竟人眼的反应速度不够快。

在有良好记录技术的地方，现代新闻服务的精确度非常高。证券交易所中就有这样的机制，价格变动新闻通过自动发报机准确地传送出来。选举结果也在使用类似技术，只要计票和统计工作能良好进行，通常在选举当晚就能知道全国选举的结果。在文明社会中，死亡、出生、婚姻和离婚都会被准确记录，除非刻意隐瞒或人为疏忽。在部分工业和政府领域，也存在着类似机制，涉及的具体事项则包括证券、货币和商品、银行清算、房地产交易、工资标准等方面。因为进出口商品需要通过海关，那里总是会直接进行记录，因此进出口贸易的记录总是很精确。然而，对于国内贸易，特别是柜台前的直接交易，这种记录机制就远没有那么完善。

我认为，新闻的精确性与记录系统之间有非常直接的关系。如果你回想一下改革者对新闻界的各种攻击，你会发现这些指控中的新闻机构，大多都和裁判在“无记分的棒球比赛”中的角色差不多。这类新闻包括所有关于心态的报道，如个性、诚意、愿望、动机、意图、大众情绪、国家情感、公众舆论、外国政府政策等的描述。此外，很多关于未来可能发生的事情的报道也是如此，比如涉及私人利润、私人收入、工资、工作条件、劳动效率、教育机会、失业[1]、单调生活、健康、歧视、不公平、垄断、浪费、“落后民族”、保守主义、帝国主义、激进主义、自由、

[1] 读者可以仔细思考一下，1921年的《失业情况报告》中有多少臆测成分。

荣誉、公正等问题。所有这些都涉及一些数据，这些数据往往只是偶尔被记录。数据可能因为审查或隐私传统而被隐瞒，也可能根本不存在，因为没有人认为记录它们是件重要的事，或是认为记录这些数据太过烦琐，或是还没有人发明一种客观的测量系统。因此，这些主题的新闻要么具有争议性，要么根本不算是值得关注的新闻。那些未被记录的事件，往往被作为个人意见和传统观念进行报道，或者根本没有成为新闻。它们只有在有人抗议、调查或公开提出问题时，才会被关注。

这正是公关行业存在的根本原因。关于哪些事实和哪些印象应该被报道，记者拥有广泛的自由裁量权，而这种裁量权正在不断说服每一个有组织的团体（无论是想获得媒体曝光还是想避免曝光的团体），绝不能把这类权力交给记者来处理。因此，雇佣一个在该团体与新闻界之间起桥梁作用的公关人员显得更为安全。一旦雇佣了公关，团体当然会利用这一战略位置。正如弗兰克·科布先生所说："战前不久，纽约的报纸对得到定期雇佣并正式认证的公关人员进行了统计，总计大约有一千二百人。现在（1919 年）有多少人，我不敢说；但我知道的是，许多新闻的直接渠道已被关闭，公众获取的信息首先是通过公关人员过滤的。大公司有公关，银行有公关，铁路公司有公关，所有商业、社会和政治活动组织都有公关，他们是新闻传递的媒介。

甚至政治家们也有公关。”[1]

如果新闻报道仅仅是对显而易见的事实的简单描述，那么公关人员不过是个文员而已。然而，由于大部分重要新闻的话题所涉及的事实并不简单，也不明显，而是主观的、可以选择的，因此每个人都希望自己的选择标准能成为报纸选择事实的标准。公关人员的作用就是做这些事。在这样做的过程中，公关确实帮记者省去了很多麻烦，因为他为记者提供了一个清晰的局势画面，使记者不会因搞不清楚事实的头绪而做出错误报道。然而，这也意味着，公关人员为记者描绘的画面，实际上是他希望公众看到的画面。他既是审查员，也是宣传者，对他的雇主负责；他对整个事实的责任，则只限于是否符合雇主的利益。

公关人员的发展清楚地表明，当代生活中的事实并不会自然而然地呈现出一种可以被了解的形态。这些事实必须由某些人赋予某种形态，而由于记者在日常工作中无法为事实赋予形态，又没有一个能完全做到公平公正的组织存在，利益相关方就承担起了这种形态的塑造。

[1] 这段话出自 1919 年 12 月 11 日他在纽约女性城市俱乐部的发言。《新共和》(*New Republic*)，1919 年 12 月 31 日，第 44 页。

3

聪明的公关人员知道，他所宣传的事业美德除非是异常特别的，否则并不会成为新闻。这并不是因为报纸不喜欢美德，而是因为没有理由去报道当大家预期不会发生任何事情时“什么也没发生”的消息。因此，如果公关人员想要获得免费曝光，准确来说，他必须“制造”新闻。他会策划一些引人注目的活动，比如阻塞交通，挑衅警察，或让他的客户或事业与已经是新闻的事件发生关联。妇女参政权运动的倡导者对此非常清楚，虽然她们并不特别享受这种策略，但她们依然运用这一策略，将妇女参政权不断保持在新闻中。即使在支持和反对的辩论已经成为陈词滥调、大家即将接受这一运动成为美国生活的既定事实时，她们依然成功地引起了关注。[1]

幸运的是，参政权运动的倡导者与广义的女性主义者不同，她们有一个非常明确而简单的目标。尽管投票权所象征的意义并不简单，但投票权本身却是一个清晰而熟悉的权利。现在，如果我们来看劳工纠纷——这大概是对报

[1] 参见伊内兹·海恩斯·欧文《妇女党的故事》(*The Story of the Woman's Party*)。这本书不仅很好地记述了一场动乱的重要部分，而且收集了大量在公众关注、公众兴趣和政治习惯的现代条件下进行成功的、非革命性的、非煽动性的动乱的相关资料。

纸的主要指控之一，就会发现罢工的权利与投票权一样简单。但是，具体罢工的原因和目的却如同女性运动的原因和目的一样，极其复杂。

假设罢工的原因是恶劣的工作条件。那么，如何衡量恶劣的程度？这涉及对基本生活标准、卫生条件、经济保障以及人的尊严的某种理解。某个行业的现状可能远远低于社区的理论标准，但工人可能因贫困而无力抗议。某个行业的条件可能在标准之上，工人却有足够力量发动激烈抗议。因此，标准本就是一种模糊的衡量工具。不过，我们暂时假设某个行业的条件低于编辑所理解的标准。那么，有时编辑会在工人尚未威胁罢工前，在社会工作者的推动下，派记者调查并报道这些恶劣条件。但这类调查并不能频繁进行，因为它们需要耗费时间、金钱、特别的人才和大量篇幅。要让人们相信某个行业的条件很差，报纸需要写出大量的篇幅。比如，揭示匹兹堡地区钢铁工人状况的真相需要一支调查团队、大量时间和数册厚厚的印刷报告。我们很难假设任何一家日报会将《匹兹堡调查》或《联合教会钢铁报告》这样的大规模调查视为日常工作。因为获取这样的新闻成本太高，超出了一般报社的能力范围。[1]

[1] 前不久（1921 年 6 月），棒球明星贝比·鲁斯因超速入狱。他获释那天下午，正好是职业棒球大联盟新赛季开始的日子。为了弥补自己在监狱中浪费的时间，他又一次超速了，虽然警察并没有抓到他，但有一位记者根据自己测算的车速，在第二天进行了报道。当然，（转下页）

恶劣的条件本身并不是新闻，因为在大多数情况下，新闻报道不是对原始材料的第一手报道，而是对已经经过格式化的材料的呈现。因此，如果卫生局报告某工业区的死亡率异常偏高，恶劣的条件可能成为新闻。在没有这种官方介入的情况下，事实往往不会成为新闻，直到工人们组织起来，向雇主提出要求。即使在这种情况下，如果劳资双方很容易达成和解，新闻的价值也很低（无论这些条件在和解时是否得到解决）。但是，如果劳资关系破裂，发生罢工或停工，新闻价值就会增加。如果停工影响了读者生活所依赖的服务，或者扰乱了公共秩序，新闻价值还会进一步增加。

在工人或寻求公正的人看来，罢工、要求和混乱只是一个复杂过程中微不足道的插曲。然而，由于所有直接的现实都超出了记者和大多数报纸读者的经验，他们通常必须等到某种公开行为（如罢工或警方介入）发出信号。当这一信号发出时（比如工人罢工或警方出动），它就激活了人们对罢工和混乱的固有印象。这场斗争是无法直接被看到或感受到的，它以抽象的形式被注意到，而这种抽象又被读者和记者的经验赋予了色彩。显然，这种经验与罢工工人的体验非常不同。罢工工人感受到的是工头的咆哮、

（接上页）这只是特殊情况，毕竟记者不可能对所有车子都进行测速；如果某位记者想要报道类似新闻，他必须求助于警察局。

机器的单调、糟糕的空气、妻子的劳累、孩子的发育不良、住所的阴暗。罢工的口号承载着这些情感。而记者和读者最初看到的只是罢工和几句标语。他们用自己的情感赋予这些口号以意义。读者可能觉得罢工者使他们的工作不稳定，因为罢工阻止了他们需要的商品生产，导致商品短缺和价格上涨，一切都变得极其不便。这些感觉也是现实。当这些感觉赋予罢工消息以色彩时，工人几乎不可避免地处于劣势。换句话说，在现有的产业关系体系中，因工人产生不满或对未来出现希望的新闻，几乎总是通过公开挑战生产的形式得以显现。

在罢工报道中，我们可以看到各种错综复杂的情形。事件通过明显的公开行为（如罢工本身）得以暴露，而新闻简讯则将这一信号公之于众。随后，读者基于自己直接的生活经验对新闻赋予含义。读者的经验与罢工背后的核心问题相比，往往是偏离中心的，然而这种偏离的意义却是新闻中最引人注意的。[1]想要深入了解核心问题，读者需要跳脱自己的立场，进入截然不同的生活领域。

因此，报道罢工时，最简单的方式是根据公开的行动来揭示新闻，并将事件描述为对读者生活产生干扰的故事。这是读者最初注意的焦点，也是最容易引起兴趣的地方。大量工人和改革者眼中看似故意的歪曲报道，其实更多是

[1] 见本书第十一章。

新闻工作中的实际困难造成的结果。新闻记者难以揭露事实，读者也难以对远离自身的现实产生兴趣，除非能够像爱默生所说的那样，将这些远方的事实“视为我们熟悉经验的另一种版本”，并能够“立即将它们转化为与我们相对应的事实”。[1]

如果仔细研究罢工在媒体上的报道，会发现通常事件本身不会出现在新闻的标题中，有时甚至连正文都不会提到事件的内容。一个在外地的劳工争端，除非涉及重大问题，否则新闻很少涉及具体的争议内容。新闻报道的惯例是以事件的公开阶段为主，政治议题和国际新闻也往往遵循这一模式。新闻报道的焦点常常是事件的表面现象，而不是深层次的议题。

新闻报道这种模式背后的压力来自多方面。经济上来说，记录事态的显而易见阶段更加高效。此外，找到能够深入洞察复杂事件的记者也不容易。即使是最出色的记者，在有限的篇幅内也难以生动、合理地呈现不寻常的观点。更重要的是，报纸面临的经济压力要求其迅速吸引读者的兴趣，避免因新闻内容过于意外或陈述不清而冒着失去读者的风险。因此，编辑更倾向于报道那些无可争议的事实，并用容易引起读者兴趣的方式处理新闻。无可争议的事实往往是罢工本身，以及罢工带来的不便。

[1] 参见爱默生“艺术与评论”（Art and Criticism）一文。

然而，在当前的产业结构下，那些更微妙、更深刻的真相总是难以准确把握的。这些真相涉及对生活标准、生产力和人权的判断，而这些判断在缺乏精确记录和定量分析的情况下，总会陷入无穷无尽的争论中。只要这些问题在工业领域没有明确的记录机制，新闻报道往往会如爱默生援引伊索克拉底所说的那样，“小题大做”或“大题小做”[1]。工业争端往往通过新闻媒体向公众进行申诉，而这给报纸和读者带来了他们无法承受也不应承受的负担。新闻媒体通常更关注公开行动中的“麻烦”，而不是导致这些行为的深层次原因。

鉴于目前普遍存在的劳资关系结构，即使有相关的会议或仲裁出现，只要没有发生可以导致当事人作出决定的事实，报纸读者们所关心、所看到的问题就不会是行业真实的“问题”。因此，通过新闻媒体来处理纠纷，实际上给报纸和读者带来了他们不能也不应该承受的负担。只要真正的法律和秩序没有建立，除非有人有意识地、勇敢地对新闻中的偏差加以纠正，否则大部分新闻都会对那些没有合法、有序的方式来维护自身权益的人不利。来自现场的报道将指出因主张而产生的麻烦，而不是导致麻烦的原因。毕竟，原因是无形的。

[1] 同上。

4

每一篇报道都要经过编辑的处理。编辑坐在办公室里，阅读这些公告，却极少能亲眼目睹大部分事件的发生。正如我们所见，他每天必须争取至少一部分读者的青睐，因为如果有另一家有竞争关系的报纸恰好吸引了他们的兴趣，他们便会毫不留情地离他而去。他的工作压力巨大，因为报纸之间的竞争可谓“争分夺秒”，每一篇报道都需要迅速而复杂的判断。每篇报道都必须能为读者所理解，而且要能与读者的兴趣相结合，因此编辑需要根据他对公众兴趣的判断对部分内容进行突出或淡化处理。如果没有标准化程序、没有刻板印象、没有审核流程、没有对一些细微之处的无情忽视，编辑的工作就会相当轻松。但事实上，版面数量总是固定的，截稿时间总是固定的，报纸上的标题数量，乃至每个标题的单字数量都是有固定上限的。同时，编辑还要面对读者的紧迫需求，还要避免因诽谤被起诉的风险，以及其他无穷无尽的麻烦。只有将一切都纳入系统化操作，以上这些问题才能得到管理，因为标准化的产品不仅节省时间和精力，而且在某种程度上可以避免差错。

正是在这一点上，各家不同的报纸也会相互影响。世界大战爆发时，所有的美国报纸都要面对一个前所未有的报道主题。某些经济实力雄厚的日报因能负担电报费用而有能力抢先获取新闻，它们对新闻的呈现方式便成了整个美国新闻界的典范。但这一典范又是从何而来？它来自英国新闻界，并不是因为诺斯克利夫子爵拥有一些美国报纸*，而是因为购买英国的新闻稿比直接前往欧洲采编新闻要容易得多，美国记者阅读英国报纸也比阅读其他任何非英语国家的报纸都更方便。伦敦是电报和新闻的中心，战争报道的某些技术就是在这里逐渐发展起来的。在报道俄国革命时，类似的情况也发生了。在那次革命中，由于俄国和同盟国的军事审查制度的存在，还有阅读俄语本身的困难，直接从俄国获取信息基本不可能。但最重要的原因还是混乱——“混乱”本就是最难报道的事物，尽管混乱局面是经过了一段时间逐渐形成的。结果，关于俄国的各种报道，竟大多发自于赫尔辛基、斯德哥尔摩、日内瓦、巴黎和伦敦，而且还得经过审查员和宣传者的逐级审核。他们在很长一段时间内是不受任何约束的。在他们逐渐暴露出自己荒谬的真面目前，他们就基于俄国这个巨大旋涡的一些真实方面，创造了一套充满仇恨和恐惧的刻板印象，这套刻板

* 诺思克利夫子爵，十九世纪末至二十世纪初英国报业大亨，被誉为“英国现代报业之父”，也是《每日邮报》《泰晤士报》等英国主流报纸的所有者。——译者

印象长期压制了新闻界最好的本能——亲眼见证并报道事实的愿望。[1]

5

每一份报纸送到读者手中时，其实都经历了一系列选择——哪些内容要刊登，刊登在什么位置，每篇文章占据多少篇幅，给予多大程度的强调。这里并不存在客观标准，只能依靠惯例。拿同一天早晨在同一城市出版的两份报纸来说，一份的头条是："英国承诺援助柏林对抗法国入侵；法国公开支持波兰。"另一份的头条是："斯蒂尔曼夫人的另一段恋情。"你喜欢哪一份，只取决于你自己的个人口味，与编辑的个人口味其实没多大联系。编辑只是在判断，哪些内容是特定读者愿意花半小时阅读的内容。吸引注意力的问题，绝不等同于按照宗教教义或某种道德标准的视角展示新闻。这是一个如何激发读者情感的问题，是如何让他对所读故事产生个人认同感的问题。那些不能让读者融入所描述的斗争中的新闻，是无法吸引广泛受众的。读者必须像参与戏剧一样参与新闻，通过个人认同的方式融入其中。就像每个观众在女主角陷入危险时屏住呼吸，或

[1] 参见我与查尔斯·默兹撰写、法耶·李普曼协助的"关于新闻的实验"（A Test of the News）一文，《新共和》（*New Republic*），1920 年 8 月 4 日。

在贝比·鲁斯挥棒时心情紧张一样，读者也会以更微妙的方式融入新闻。为了让读者参与其中，编辑必须在故事中找到熟悉的切入点，而这种切入点正是通过刻板印象提供给他的。如果一家管道工协会被称为"垄断集团"，他就会觉得理应产生敌意；如果被称为"杰出商界领袖群体"，那就会引发正面的反应。

正是在这种元素的结合中，舆论得以生成。有时，新闻描述的局势过于混乱，难以引发认同感，社论就为读者提供线索，让他们能够参与其中。如果读者要快速理解新闻，就必须有线索指引。他们必须得到某种提示，告诉他们，作为自认为是某类人的个体，应该如何将自己的情感融入所阅读的新闻中。

沃尔特·白芝浩写道："有人说，如果你让一个中产阶级的英国人思考天狼星上是否有蜗牛，他很快就会给出答案。虽然你很难让他愿意动脑思考，但一旦他开始思考，他就不会停下脚步，而是一定要得出一个结论才罢休。大部分普通的话题都是如此。一个杂货店老板有着对外交政策的完整信仰，一个年轻女士对圣礼有着完整的理论，而且他们都对此毫不怀疑。"❶

不过，对外交政策有完整信仰的杂货店老板可能会对

---

❶ 沃尔特·白芝浩，"关于信念的情感"（On the Emotion of Conviction），《文学研究》（*Literary Studies*），卷三，第 172 页。

生意上的事产生诸多疑虑，而那位对圣礼有完整理论的年轻女士也会怀疑自己是否应该接受杂货店老板的求爱，或是接受老板的求婚。如果人能够保留自己的疑心，既不是对结果缺乏兴趣，也不是因为别无选择。对于外交政策或圣礼的问题，他们对结果抱有强烈兴趣，却对检查观点正确性无能为力。这正是普通新闻读者的困境。如果他要读懂新闻，他必须对新闻感兴趣，也就是说，他必须融入局势中并关心结果。但一旦他这样做，他就不能再保留疑心。除非有独立的手段来检验报纸提供的线索，否则由于他对事件的兴趣太大，反而可能难以获得最接近真相的平衡观点。读者投入的情感越多，就越会倾向于不仅仅是对不同观点感到愤怒，还会对那些令人不安的新闻内容感到反感。这就是为什么很多报纸发现，当它们诚实地激发了读者的偏见后，如果编辑认为事实需要改变立场，想要轻易转变是很困难的。如果必须改变立场，这种改变往往需要编辑费尽心思。通常，报纸不会尝试这种危险的操作。更简单和安全的做法是让相关的新闻逐渐减少，直至消失，通过“釜底抽薪”的方式来扑灭火焰。

第二十四章 新闻、真相与结论

当我们开始对新闻媒体进行越来越精确的研究时，我们会发现很多问题其实都取决于我们所持的假设。如果我们像辛克莱先生及其大多数反对者一样，假设新闻和真相是同一个概念的不同表达，那么我相信我们的研究将一无所获。我们会证明在这个问题上报纸撒了谎；也会证明在那个问题上辛克莱的叙述不实；还会证明辛克莱在说某人撒谎时自己撒了谎，而当某人说辛克莱撒谎时，那个人也撒了谎。我们可以发泄情绪，但发泄之后我们什么都得不到。

我认为最有意义的假设是，新闻与真相完全不是一回事，且必须得到明确区分。[1]新闻的功能是传递事件，而真相的功能是揭示隐藏的事实，并将不同事实相互联系起来，构建一个人们可以据此行动的现实图景。只有在社会

[1] 我在撰写《自由与新闻》(*Liberty and the News*)时，对这两者的区别的理解尚不清晰，因此也未能作出充分阐释。请参见本书第十一章第二节。

条件变得可识别和可衡量的情况下，真相的主体与新闻的主体才会重合。整个社会所关注的所有领域中，只有一小部分能符合这一情况，而对新闻的检验标准也只在这一小部分中才能做到足够精确，并超越各种党派偏见。比如，如果某报纸仅有一个多次被证明不可靠的来源报告说列宁去世，那么哪怕它连续发布六条公告，也不能说列宁真的去世了。此时，正确的报道方式不是“列宁去世”，而是“赫尔辛基消息源称列宁去世”。报纸有责任根据消息源的可靠性决定如何描述某事，而编辑对此应负有主要责任。但是，如果报道的是“俄国人的诉求”，编辑却往往无法检验消息源的可靠性。

我认为，正是由于缺乏对消息源可靠性的科学检验机制，新闻业才拥有了今天所展现的特质，除此之外没有其他足够深刻的解释了。确实，有些领域无须卓越的能力或专门训练就可以报道，但这样的领域极少；在大部分的领域中，记者都需要靠自己的判断力。一旦他离开了平时的区域，比如清楚地记录着约翰·史密斯已经破产的县政府，他就进入了没有固定标准的领域。关于约翰·史密斯为何失败、他个人性格的弱点，以及导致他经济破产的条件分析，这些都可以用一百种不同的方式讲述。应用心理学领域，并不像医学、工程学或法学那样，有一套足够权威的法则，来指导记者如何迈过新闻与真相的模糊边界。记者没有这样的法则，读者和出版商做出判断时也没有这样的法则。他们心中任何对真相的解读都只是他自己的解读。他如何将自己所看到的“真相”呈现出来？事实上，他根本无法呈现，因为他的呈现和辛克莱·刘易斯在《大街》中对真相的戏剧化呈现并没有什么本质区别。记者越是能理解自己的局限，就越愿意坦率承认在没有客观标准的情况下，他的观点在某种程度上是由他自己的刻板印象、他自己的准则以及他自身兴趣的迫切性所构建的。他知道自己是在通过主观的有色眼镜看待世界。他也不得不承认自己是雪莱所说的“一座穹顶，镶满了彩色玻璃，却玷污了永恒的纯白光辉”。

凭借这种认识，记者可以锤炼自己的自信心。他可能具有各种道德勇气，但他缺乏那种可以从技术上使自己保持确信的手段——那正是当初支持着科学摆脱神学的束缚的科学方法论，无懈可击，使科学家获得了对抗世间一切权力的思想自由。方法论使他的证明足够清晰，使他的论据足够客观且无可辩驳，最终使他摆脱了一切控制。然而，记者在自己的良知或事实中并没有得到这样的支持。雇主和读者的意见对他的控制，并不是偏见对真理的控制，而是一个意见对另一个意见的控制，而这两个意见之间并没有明确的真伪之分。在加里声称工会将摧毁美国制度，和冈帕斯先生声称工会是人权的机构之间，人们往往会根据自己“相信什么”来做出选择。*

记者当然没有将争端直接平息，或是将其简化为可报道的程度的能力。但是，记者有能力并且有义务让人们认识到，他们意见所依据的真相是不确定的；他们可以通过批评和激励，来推动社会科学提出更有益的社会事实表述，推动政治家建立更透明的制度。换句话说，新闻界可以为扩展可报道的真相范围而奋斗。但在当今社会的条件下，新闻界不可能一版又一版地为读者普及舆论所需的大量民主理论知识。这一问题并不是由于辛克莱所说的“黄铜支票”，激进派报纸的新闻早已证明了这一点；真正的原因是，新闻界所面对的是一个对“主导权力的过程”记录得极不完整的社会。新闻界不可能只凭自己就完成这些记录。新闻界通常只能记录那些已经由各种制度为其记录的内容。除此之外，就只剩下些辩论和个人意见了，而且这些辩论和个人意见还会随着公众思维的变化、自我意识的变化以及勇气的变化而起伏不定。

新闻界既不像辛克莱先生让我们相信的那样普遍邪恶或充满阴谋，也远没有民主理论迄今所声称的那么牢不可破。它太脆弱，无法承载起捍卫人民主权的重担，无法自发地提供民主主义者希望本应天生存在的真相。当我们期

* 埃尔波特·亨利·加里，美国钢铁公司第二任总裁。萨缪尔·冈帕斯，美国工人运动领袖。——译者

望新闻界提供这样的真相时，我们实际上是在采用一种误解的判断标准。我们误解了新闻的有限性，误解了社会的无限复杂性；我们高估了自己的耐力、公共精神和各方面的能力。我们错误地假定，这个世界上存在一种没有任何利益诉求的真相，而我们尚未能从自己的品位出发，通过诚实的分析来发现它。

因此，如果有人要责成报纸承担翻译整个人类公共生活的责任，以便每个成年人都能对每一个争议性话题得出自己的意见，那他一定会失败，过去会失败，可预见的未来里也还是会继续失败。我们不能假设一个通过分工和权威分配运作的世界，能够由全体人民的普遍意见来管理。有这一观点的人，会在无意识中将所有人设定为理论上的全能者，并将新闻界置于一个必须完成连代议制政府、工业组织和外交政策都无法完成的任务的境地。每天二十四小时中，新闻界能施加自己影响力的时间不过区区三十分钟，却要去创造出一种叫做“舆论”的神秘力量，用以填补公共机构的空缺。而且，新闻界往往错误地假装自己能够做到这一点。新闻界以极大的道德代价，鼓励一个仍旧坚守原有信条尚未被修正的民主国家，去期待报纸能够自发地为每一个政府机关、每一个社会问题提供这些机构本身通常无法提供的信息工具。各种制度未能为自己提供知识工具，反而缔造了一堆“问题”；而整个社会中将新闻界视为一个整体的民众，被期望去解决这些问题。

换句话说，新闻界如今被视为直接民主的工具，被赋予了广泛的职能，比如那些通常与提案、全民公投和罢免相似的功能。它就像是一座“公众舆论法庭”，日夜开放，需要对万事万物定下规矩。这不可能做到。如果你考虑新闻的性质，这甚至是不可想象的。正如我们所见，新闻的精确程度取决于事件记录的精确程度。除非事件可以被命名、测量、具象化和具体化，否则它要么无法具有新闻的特征，要么受制于观察中的偶然性和偏见。

因此，整体而言，现代社会的新闻质量是考察社会组织水平的一个指标。机构越处于优势地位，机构相关的利益越能在新闻中得到体现，问题越能得到处理，相关的新闻也越客观，被呈现为新闻的过程也越顺畅。在最好的状态下，新闻界是社会机构的仆人和守护者；在最坏的情况下，它会沦为少数人利用社会混乱谋取私利的工具。在社会秩序未能正常运作的情况下，不择手段的记者可以在混乱中捞取利益，而有良知的记者则只能在不确定性中冒险。

但是，新闻界无法替代社会机构。它就像一束不安分的探照灯，四处扫射，将一个又一个片段从黑暗中照亮。但人们无法仅凭这束光来完成了解世界的工作。他们无法通过片段、事件和争端来管理社会。只有当他们自身拥有理智的稳定光源，并将自身的光与新闻界的聚光灯照射在同一处，人们才足以作出明智的决定。问题总是比新闻界所呈现的更深，解决方案也是如此。问题的根本在于社会机构必须基于分析和记录体系运行，并将这一原则推广到所有社会领域，同时还要放弃全能公民的理论，实现决策的去中心化，以具有可比性的记录和分析来协调决策。如果在管理中心有一套可持续的审计制度，使得每个从事管理工作的人以及监督者都能理解自己的权责所在，那么当问题出现时，人们就不再盲目了。此外，这样的制度可以将真正的新闻揭示出来，并对新闻的报道方式和过程进行约束。

这才是解决根本问题的方法。新闻界的问题，和代议制政府（无论是地域性的还是职能性的）、工业领域（无论是资本主义、合作主义还是共产主义的）一样，其根源都是相同的：自治的人民未能超越他们的偶然经验和偏见，未能发明、创造和组织起一套获取知识的体系。正因为他们总是被迫在没有可靠世界图景的情况下行动，政府、学校、报纸和教会在对抗民主的显著缺陷时，总是进展甚微。这些缺陷包括严重的偏见、冷漠，以及热衷猎奇事件却同时忽视“重要但枯燥”的大事。这是大众政府的根本缺陷，该缺陷根植于其传统，所有其他缺陷都可以追溯到这一点。

第八部分

情报的有组织化

第二十五章　楔　入

1

如果解决问题的过程总是有趣的，那么像查尔斯·麦卡锡、罗伯特·瓦伦丁和弗雷德里克·W.泰勒这样的美国先驱就不必如此艰难地为一场听证会煞费苦心了。但很明显，他们只能如此抗争，毕竟政府研究机构、工业审计、预算编制等部门一直都是改革中的“丑小鸭”。这些部门扭转了公众意见形成的过程。公众意见往往是由偶然的事实、一大堆刻板印象和戏剧化的认同构建起来的。而先驱们则打破了戏剧性，突破了刻板印象，向人们展示一幅事实图景，但这幅图景对公众而言既陌生又枯燥。它并不令公众感到痛苦，但总是很乏味。而那些感到痛苦的，则是总有见不得人的利益勾兑的政客和党派人士，他们为了缓解自己的痛苦，经常利用公众感受到的无趣。

2

然而，每个复杂的社会总是会寻求特殊人才的帮助，例如占卜者、祭司、长老。即便是我们这个基于普遍管辖权理论的民主社会，也依赖律师来管理政府，并间接管理工业。这种依赖是因为人们认识到，受过专门训练的人在某种程度上比业余人士更有能力去发现真理。但经验也表明，律师在接受法学教育时积累的知识还不足以提供太大的帮助。随着技术知识的应用，宏大社会迅速膨胀起来。人们逐渐意识到，不能靠那些只会简单地判断对错的人来治理社会。只有通过创造宏大社会的各种专业技术手段，才能对社会实现有效控制。

于是，渐渐地，更开明的管理者开始召集那些受过训练的专家，或是自学成才的专家，来帮助他们理解这个庞大的社会。这些专家有各种称谓，如统计学家、会计师、审计员、行业顾问、各类工程师、科学管理者、人事管理员、研究人员、“科学家”，有时还包括专业的私人秘书。他们带来了自己的专业术语、档案柜、卡片目录、图表、活页夹，以及最重要的、一个合理化的理想：一位坐在平顶办公桌前的职业经理人，面前摆着一张打印出的文件，上面列出了待他批准或否决的决策方案。

这一现代社会的发展历程，与其说是人类自发的创造性进化，不如说是盲目的自然选择的结果。政治家、管理者、政党领袖以及各种志愿组织的负责人发现，如果在一天之内需要讨论几十个不同的议题，就必须要有专门的训练，于是备忘录诞生了；他不可能瞬间就读完所有的邮件，必须有人先为他筛选一遍，并画出其中的关键句子；每天的报告都堆积如山，必须得有人为他写一份摘要；每天的数字多得让人眼花缭乱，于是以彩色图表展示数据的人就有了自己的任务；他发现自己并不知道不同机器之间有什么差别，于是雇佣了专业工程师来告诉他机器的价格和功能，并为他挑选合适的机器。他一件件地卸下了肩上的责任，就像人们平时先摘掉帽子、再脱掉外套、最后摘掉领结一样。然后，他才能轻装上阵。

3

然而，奇怪的是，尽管他知道自己需要帮助，他却从不会邀请社会科学家。化学家、物理学家、地质学家早就得到了友好的接纳。人们为他们设立了实验室，提供了诱人的条件，因为他们征服自然界时的高效手段获得了认可。然而，以人类本性为研究对象的社会科学家则面临不同的境遇。其中有很多原因，但最主要的一点是，他们很少能足够直白地展示胜利成果。除非他们研究的是历史，否则社会科学家只能先向公众提供理论，再去验证其正确性。物理学家可以提出假设，然后反复进行数百次实验来检验和修正假设，即使最终证明假设错误，社会也不必为此承担代价。但社会科学家无法通过实验室验证提供保障，如果他们的建议被采纳而结果出错，后果可能是不可估量的。他们天生要承担更多的责任，却比其他科学家更缺乏确定性。

事实不仅如此。在实验科学中，研究者已经克服了思维与行动之间的障碍。他们可以将某个行动的样本带到一个安静的地方，随时重复实验并从容观察。然而，社会科学家则常常被困在两难境地。如果他们只是待在图书馆，花费充足的时间思考，他们就只能依赖于通过官方报告、报纸和访谈得来的极其零散且偶然的记录来进行研究。如果他们走进“现实世界”，置身于正在发生的事件中，他们通常需要经过漫长而无效的学习期，才能真正触及本质性的规律。他们不可能只根据个人喜好就决定是否研究某个行为；作为聆听者，他们也没有什么特权。当各种事务的决策者发现，社会科学家只能从外部了解的事情，自己却至少能从内部部分了解，而社会科学家们的假设也不可能像自然科学一般在实验室中验证时，他们自然就会轻视社会科学家。

社会科学家在内心深处也认同这一评价。他对自己的工作缺乏坚定的信念，他总是半信半疑。他们无法相信任何理论，也找不到充足的理由来给出断言。从他的良知出发，他到底能对自己的工作给出何种主张？[1]他的数据不确定，验证的手段也不足。他最优秀的品质反而成了他的困扰。因为如果他真的具有批判精神，充满科学精神，他就不会成为一个教条主义者，也无法为了自己尚未确定的理论，去与校董事、学生、公民联盟以及保守派媒体进行一场“末日决战”。“末日决战”只能由上帝发起，但政治学家总是对上帝是否召唤了自己心存疑虑。

因此，社会科学总是在为自身的漏洞辩解，缺乏建设性。这是因为社会科学内部存在缺陷，与资本主义其实没什么关联。自然科学家通过创造一种能够得出无法被压制或忽视的结论的方法，摆脱了宗教的控制。他们充满信心，获得了尊严，知道自己为何而战。社会科学家只有在形成了类似的科学方法时，才能获得尊严与力量。他们将通过利用宏大社会的管理者对分析工具的需求来抓住机会，借此使看不见的事物变得可以理解。

但如今，社会科学家不得不从大量不相关的材料中拼凑出自己的数据。社会进程的记录往往是断断续续的，常

---

[1] 参见查尔斯·梅利亚姆《政治学研究的现状》(The Present State of the Study of Politics)，《美国政治科学评论》第二卷，1921 年 5 月。

常是行政管理的偶然产物。国会报告、辩论、调查、法律文书、人口普查、关税、税收表格——这些材料，如同皮尔当人的头盖骨*，需要通过巧妙的推理拼凑在一起，才能使研究者对所研究的事件形成某种图景。尽管这些材料与公民的精神生活有关，但由于数据收集方式几乎不受他的监督，收集来的数据质量往往过于低劣。试想，如果医学研究由那些没什么机会进行临床诊断的学生进行，还不准进行动物实验，只能根据病人的自述、护士的报告（每位护士都有自己的一套诊断理念），以及税务局关于药剂师牟取暴利的统计数据来得出结论，研究效果会如何？社会科学家通常只能通过官员眼中没什么价值的资料来进行研究，并完成辩护、说服、断言和证明等各个环节。研究者当然明白这些问题，因此他们发展出了一种学术方法，即如何在信息中找到最有价值的部分。

这种怀疑态度固然是一种优点，但当它仅仅是为了纠正社会科学的不健康状态时，这种优点就显得单薄了。学者被迫尽可能精明地猜测在一个未被清楚理解的情况下，某些事情可能为何发生。但作为协调各方代表的中介、行政管理的镜子和衡量者的专家，他则对事实有着完全不同

* “皮尔当人的头盖骨”是二十世纪初的著名化石伪造事件。1912 年，伪造者将猿猴与人骨拼凑起来，伪造了“皮尔当人”的遗骸化石，直到 1953 年才被证实为赝品。——译者

的控制。他不再是从行动者那里被动接收事实并进行归纳的人，而是成为为行动者准备事实的人。这是他战略位置上的深刻转变。他不再站在局外，反刍那些忙碌事务家提供的残羹冷炙，而是走到决策的前面，而不是落后于决策。

如今，决策的顺序是：决策者先发现事实，并根据这些事实做决定；而在某个时间之后，社会科学家判断决策者是否明智。这种“事后诸葛亮”的判断，根本就是在玷污“学术”这个美好词汇的价值。实际上，理想的顺序应当是由足够公正的专家首先为决策者发现和整理事实，随后根据自己对事实的理解，比较各种决策的优劣，并从中提炼出最英明的决定。

4

对于自然科学而言，这种战略地位的转变起初很缓慢，但后来发展迅速。曾几何时，发明家和工程师只被视为是一群不切实际的、过着半饥半饱生活的局外人。商人和工匠掌握着他们工艺中的所有秘密。然而，随着这些“秘密”被神秘化，工业最终不得不依赖那些肉眼无法看到的物理定律和化学反应，只有经过训练的头脑才能理解这些知识。于是，科学家从拉丁区的高雅阁楼搬进了办公楼和实验室，因为只有他们才能构建出工业赖以生存的现实图景。在这种新关系中，科学家可以获取比他们付出的还要多的回报；纯理论的发展速度也超过了应用科学，因为在与决策集团的实际接触中，理论获得了丰厚的经济支持和灵感启发，甚至连目标也变得更为现实。然而，自然科学仍受到一个巨大限制的束缚，即那些做出决策的人只能依赖他们的常识来进行决策。他们总是在没有科学帮助的情况下，管理着一个因科学家而变得复杂的世界。正如他们曾不得不召集工程师那样，如今他们必须召集统计学家、会计师和各种专家。

这些实用型专家是真正开创新社会科学的先锋。他们“卷入了历史前进的车轮”[1]，在科学和行动的实用结合中，双方都将从根本上受益：决策因其信念的澄清而获益，信念因持续在行动中的检验而获益。现在，我们目前仍处于最初的起点。但如果我们承认，所有大型人类社会组织，都必须因为实际的困难而接纳那些“能够看到其特定环境需要专家报告”的人，那么想要发挥想象力，就必须先搞懂基本前提。在专家团队之间的技术和成果交流中，我们可以看到实验社会科学的时代正在到来。当教育、财政、医疗卫生、工业和税务的内部资料都可以与其他部门交流共享，数据之间也可以相互比较时，真正的实验社会

[1] 引自拉尔夫·佩利先生于 1920 年 12 月 28 日在美国哲学学会上的会议致辞，见该学会第二十届年会的议程文件。

科学就开始发展了。在四十八个州*、两千四百个城市、二十七万七千所学校、二十七万家制造企业、两万七千个矿山和采石场，都已经总结出了相当丰富的资料和数据，只要这些记录能够被整理并加以利用，社会科学的实验将会变得更精确。而且，人们还有机会对理论进行试错，风险也很低，此时任何合理的假设都可以得到公平的检验，社会的根基也不会因此被动摇。

这一楔子已经被打入。这不仅是因为某些行业领袖和政界人物需要帮助，像市立研究机构❶、法律资料馆、企业、工会以及公共事业的专业游说团体，包括像妇女选举权联盟、消费者联盟、制造商协会这样的志愿组织也需要类似帮助。此外，成百上千的行业协会和市民联盟，《国会瞭望》和《观察》这样的出版物，以及像通用教育委员会这样的基金会也都需要。这些组织是否会存在某种利益的考量并不是重点。重要的是，它们都开始表明需要在公民被卷入巨大的环境时，提供某种形式的专业力量。

---

* 1959 年，阿拉斯加和夏威夷正式建州，此时美国才正式形成了五十个州的行政区划。——译者

❶ 美国有着数量庞大的类似机构，其中一部分还发挥了重要作用，机构间的新老交替也很快。在底特律政府调查局的厄普森博士、纽约市立资料馆的瑞贝卡·兰金女士、威斯康星州教育委员会书记员爱德华·费茨帕特里克先生以及纽约工业调查局的萨维尔·齐曼德先生的帮助下，我整理了一份详尽的清单，囊括了数百家机构。

第二十六章 情报工作

1

民主实践走在了其理论的前面。理论认为，成年选民共同做出的决定源于他们内心的意愿。然而，正如在理论上不存在的统治阶层逐渐形成一样，人们在实践中发现了很多理论所未曾解释过的问题，因此人们不得不做一些建设性的适应和调整。他们设计了一套方法，确保各种不可见的利益和功能都能体现于制度中。

这一点在司法领域中体现得最为明显。我们为了保护那些可能被当政官员忽视的利益，便呼吁法官妥善行使其司法权和否决权。但是，负责统计、分类和在人、事、变化之间建立关联的统计部门也可以对环境中的隐性因素予以揭示。地质调查使矿产资源分布得以展现，农业部在国家决策中将每个农民的微小利益作为整体予以体现。教育管理部门、关税委员会、领事服务部门和国税局为那些未能通过选举体现自身利益的人提供了展示途径。儿童署则是一系列复杂利益和功能的代言人，这些利益通常不会被选民察觉，因此无法自发地成为公众舆论的一部分。在儿童署的作用下，婴儿死亡率的统计数据公布后，就会带来婴儿死亡率的降低。而在公布之前，市政官员和选民并没有将这些婴儿放在他们对环境的认知中。统计数据让这些婴儿变得可见，仿佛婴儿们选出了市议员来表达他们的不满。

在国务院，政府设有远东事务司。它的作用是什么？日本和中国政府都在华盛顿设有大使馆，难道他们不是远东的代表，不能为远东发声吗？他们确实是远东的代表，但没有人会认为美国政府通过与这些大使磋商就能了解关于远东的一切。即使他们已经尽可能坦诚，他们的信息渠道仍然有限。因此，我们在东京和北京设有大使馆，在许多地点派驻领事人员，甚至还可能有一些秘密特工。这些人负责向远东事务司报告，再由该部门传递给国务卿。那么，国务卿对该部门的期望是什么？我认识的一些人希望他们能花完部门的预算。但也有一些人认为“特殊启示”没什么用，因此会向其他部门寻求帮助。他们想要的绝不是这些人的轻率结论：美国的立场是正确的。

他们希望专家能够把远东的信息带到他们的办公桌前，并呈现出所有要素之间的关系，仿佛他们在与远东直接接触一样。专家必须翻译、简化、概括所有信息，但推论必须适用于远东政策，而不仅仅是对报告者自己的假设进行验证。如果国务卿是合格的，他绝不容忍专家对“政策”怀有偏见。他没兴趣知道专家是否赞同日本在中国的政策，而是想知道中国人、日本人、英国人、法国人、德国人和俄国人的各个阶层对该政策的看法，以及他们因此可能采取的行动。他希望这些信息都能作为决策的依据。远东事务司越忠实地代表那些其他渠道无法代表的内容——无论是日本还是美国的大使，抑或是来自太平洋沿岸的参议员和国会议员，他作为国务卿就会表现得越好。他可能会从太平洋沿岸的观点中制定政策，但他对日本的看法一定会来自日本。

2

世界上最好的外交系统，一定是将信息收集与决策制定分离得最为彻底的系统。在战争期间，许多英国大使馆和英国外交部内，总有一些全职官员或特别任命的官员，能够成功地避开战争情绪的影响。他们抛弃了对其他国家的偏好与厌恶，也从不会发表对这些国家的冗长论调，只是专注于他们的职责，把决策留给政治领袖处理。然而，我也曾在一家美国大使馆听到一位大使说，他从不向华盛顿报告任何不会让国内的人们感到振奋的消息。这位大使非常有魅力，帮助了许多困境中的战时工作者，并且在为某座纪念碑揭幕时表现得非常出色。

然而，他没有理解的是，专家的力量的根源就是与决策者保持距离。出于专家的身份，他本身不应过多关心决策。像这位大使这样介入决策的人，很快就会失去信任，因为他仅仅代表了问题的某一方。当他过于关心某一件事时，他就只能看到自己想看到的东西，而不再能看到自己本应看到的东西。他的职责本应是代表那些未被看见的事物。他代表的是那些无法投票的人，是选举制度中未能显现的职能，是没有被人们看清的事件，是沉默的大多数和象征国家未来的年轻人。他本应为这些人揭示各种事物与他们之间的关系。他代表的是一群无形的利益，而无形的利益无法形成一个政治多数，因为投票本质上是一场力量的较量，而专家所代表的力量并不能与政治家相提并论。然而，专家可以通过干预现有的力量格局来施加影响。他通过使不可见的事物变得可见，迫使那些运用实质力量的人面对新的环境，在他们的头脑中激发新的想法和感情，扰乱他们的立场，从而在最深层次上影响决策。

人们不可能长期采取与他们所理解的环境相矛盾的行动。如果他们决心按某种方式行事，他们就必须重新认识环境，必须摒弃某些想法或对其进行合理化解释。但如果某个事实在他们面前持续存在，而且令他们无法解释，那么他们将有三种选择：他们可以顽固地忽视它，但这样做只会让自己持续受挫最终遭遇失败；他们可以接受但拒绝妥协，但这会带来内心的矛盾与不安；最常见的第三种情况则是调整自己的行为，使自己能适应更宏大的新环境。

有些人认为专家是无用的，因为他只能影响别人的决策而不能自己做出决策。事实上，这种看法大错特错。决策过程越复杂，专家就越能以难以预测的方式对决策施加影响，他所掌握的实际权力也就越大。而且，随着选民和决策者对相关实施的需求越来越急迫，未来专家的影响力将比以往任何时候都更大。所有的政府机构都会越来越依赖调查和信息部门，并进一步扩大它们，就像每一支军队都会重视自己的情报部门一样。不过，专家永远只会是具体的个人，他们也会拥有、享受越来越大的权力，并通过将自己任命为审查者来满足这种诱惑，最终他们将获得决策权。如果他们的职能没有得到明确定义，他们将倾向于只传递他们认为合适的事实，只执行他们认同的决策。简而言之，他们将倾向于成为一类官僚。

唯一的能杜绝此情况的制度保障是，尽可能严格地将执行部门与调查部门分离开来。这两个部门应当是平行但完全独立的团队，人员的聘任方式不同，资金来源尽量独立，分别对不同的负责人负责，且本质上对彼此不会产生妒忌心理。在工业领域，审计员、会计师和检查员应当独立于经理、监督员和工头。我相信，随着时间推移我们会认识到，为了将工业纳入社会控制，记录机制也必须独立于董事会和股东。

3

然而，在建立工业和政治的情报部门时，我们仍然不清楚该从何入手。除了坚持职能分离的基本原则，如果对各种具体情况都要做出过于精确的要求，可能也会显得烦琐。有些人相信情报工作，并会采用它；有些人不理解它，但无法完成工作时也不得不依赖它；还有些人会抵制它。不过，对于每个想要发展的社会机构来说，获取情报都是当务之急，因此每个机构中都会逐渐拥有这样的情报部门。例如，在美国联邦政府中，虽然一个世纪以来已经产生了各种行政混乱、不合逻辑的现象，却也没有必要等到将这些事情都理清再去建立华盛顿所急需的情报部门。如果你要参加总统大选，你可以勇敢地承诺大刀阔斧的改革，但等到竞选获胜时，你却会发现每一个荒谬的现象都已经根深蒂固，有习惯、强大的利益集团和“关系密切”的国会议员保护着它。如果发动全面进攻，你将面对所有保守力量的联合围剿。正如诗人所说，你将出征战斗，但最终总是失败。你或许能裁撤一个过时的部门，解雇一些文员，或合并两个部门。而到那时，你可能已经被关税和铁路问题搞得焦头烂额，改革的雄心壮志早已抛诸脑后。此外，若要实现政府真正的高效重组，你必须投入大量的精力和热情，却没有时间让自己能冷静思考。你的每一个新计划，都需要大量的官员来执行，为此你不得不启用一些“旧官僚”——哪怕是苏俄政府都在这么做。为了安抚这些官僚，你又不得不为他们提供令他们满意的待遇，如果他们产生不满，他们会反过来破坏你的计划。

任何行政规划都要建立在良好的初衷之上，而旨在改革的良好初衷则必须要通过教育来产生。较好的办法是，在现有体制中寻找新的可以利用的机会，将新的机构逐步引入进去，并能每周、每月都让人看到新机构的成果。如此，你就可以相信新部门能让体制内的人、负责决策的领导者和外界公众都对体制有更透彻的了解。当领导、体制内的人和外界公众都能看到从前未能看到过的新图景（哪怕会暴露一些令人不快的事实）时，过去存在的阻力也会减少。如果改革者认为某部门低效，那他的观点只能代表他自己，该部门完全可以继续相信自己原有的看法。但是，如果能对该部门所有工作都进行分析、记录，甚至与其他部门或私营企业进行比较，讨论便会进入另一个层面。

华盛顿目前共有十个内阁部门，假如每个部都有专门的常设情报机构，怎么做才能令它更高效呢？最重要的是，情报官员应独立于国会中负责管理该部门的委员会，甚至独立于部门长官；他们不应卷入决策或行动。因此，独立性主要取决于三点：资金来源、任期保障和获取资料的权限。显然，如果某个国会或部门官员能够随意剥夺他们的资金、解雇他们或关闭档案室，那么情报部门就只能作为附庸存在了。

4

资金问题既重要又复杂。如果一个研究机构依赖于可能嫉妒或吝啬的国会每年的拨款，那么它就无法真正保持自由。然而，立法机构又不可能放弃分配经费的权力。财务安排应确保情报部门的工作人员免受秘密攻击、附加条款或小动作的影响，同时也为其发展提供保障。该部门应有足够的稳固基础，使得任何试图攻击其存在的行为都会遭到曝光。或许，可以通过联邦宪章设立一个信托基金，并在几年内根据情报机构所属部门的拨款采用浮动比例的资金增长机制。无论如何，这都花不了多少钱。信托基金可以覆盖最低限度人员的基础费用和资本支出，而浮动拨款则可以用于扩展规模。无论如何，这种拨款应像长期债券一样，避免受到偶然因素的影响。这比通过宪法修正案或发行政府债券来“束缚国会的手脚”要温和得多。国会可以废除宪章，但必须明确废除，而不是暗中破坏。

情报人员的任期应为终身，并享受丰厚的退休养老金，拥有学术假期用于高级研究和培训，解聘只能由同行评审后进行。任何非营利性智力职业所适用的条件，都应适用于情报工作。如果想要工作卓有成效，工作人员必须具备尊严、安全感，尤其是高层人员，还应享有心灵的自由，只有那些不直接参与实际决策的人才能拥有这样的自由。

材料获取权应在各部门组织章程中明确规定。情报部门应有权审查所有文件，并可以质询任何官员或外部人士。这种持续的调查与现在政府常见的立法调查和偶尔的突击质询完全不同。情报部门应有权向部门提出审计方法的建议，如果建议被拒绝或在接受后未被执行，情报局可以根据联邦宪章向国会提出上诉。

每个情报部门都将成为国会与部门之间的联系纽带。我认为这比让内阁官员出现在参众两院更有效，当然这两种方法完全可以同时存在。情报部门将成为国会监督各部政策执行的眼睛，同时也是部门对国会批评的回应渠道。此外，由于部门的运作是持续可见的，也许国会将不再认为，由于不信任和对分权理论的失望，国会需要制定一大堆烦琐冗余的法条——这些烦琐的立法使得高效的行政管理变得困难重重。

5

当然，各个情报部门不能各自为政、互不相通。它们之间的联系为协作提供了最佳机会，这种协作常被人们提及，却很少见到具体实践。显然，各部门的工作人员需要尽可能采用一套统一的测量标准，以便交换记录。比如，战争部和邮政局如果都需要购买木材、雇佣工人或建造砖墙，他们不一定需要通过同一个机构进行（因为那可能导致权力过度集中），但它们应该使用相同的标准进行这些工作，并相互对比各自的工作，甚至成为竞争对手。这种竞争越多越好。

竞争的价值取决于用于衡量竞争的标准。因此，我们不应问自己是否认为竞争有必要，而应问自己是否认同竞争者所争夺的目标。只有缺乏理智的人才会期望“废除竞争”，因为当最后一点竞争的痕迹消失时，社会治理就会退化为机械式的服从，只靠少数人依靠天生的灵感来把持。但这并不是说，竞争就该将每个个体都纳入进去，沦为残酷的弱肉强食。问题的关键在于选择明确的竞争目标和游戏规则。在绝大多数情况下，最为清晰明显的衡量标准决定了游戏规则，比如金钱、权力、声望、掌声，或者像凡勃伦所说的“炫耀性浪费”。除去这些，我们的文明还提供了什么其他衡量标准呢？我们如何科学衡量效率、生产力和服务这些我们一直在追求的目标？

事实上，世上并不存在能科学衡量这些目标的标准，而且这些领域内也没有多少激烈的竞争。所谓高层次动机和低层次动机的差异，并不是人们常说的利他主义与利己主义的差异，[1]而是明确目标和模糊目标的差异。告诉一个人要赚得比邻居多，他就能清楚自己的目标是什么。可如果告诉他要提供更多的社会服务，他又该如何确定什么服务才是“社会服务”？标准是什么？衡量的依据又是什么？只能是某种主观感受或别人的意见。在和平时期，告诉一个人他应该为国家服务，这不过是个空洞的说教；但在战争时期，服务国家的含义变得具体，比如参军、购买国债、节约粮食，或以每年一美元的薪水工作。这些服务都清楚地为了实现一个具体的目标——组建一支比敌人更强大、武器更精良的军队。

因此，只有科学地对行政管理机制进行分析和比较，才能为质量的提升发明出量化的衡量标准，才能将竞争导向理想的目标。如果你能设计出正确的指标[2]，你就能在作坊里的工人之间、作坊之间、工厂之间、学校之

[1] 参见本书第十二章。

[2] 此处“指标”并非字面意义，而是指所有能够对社会现象进行比较与衡量的指标体系。

间[1]、政府部门之间、军团之间、舰队之间、各州之间、国家之间、城市之间展开竞争。你的指标设计得越好，竞争就越有用。

6

交换信息所带来的好处显而易见。各个政府部门所要求的信息，可能早已由其他部门获取到了，只是形式上有所不同。比如，假设国务院需要了解墨西哥石油储量的规模、与全球石油供应的关系、当地油田的所有权归属、石油对在建或计划建造的战舰的重要性，以及不同领域内的石油工业成本比较，那么，他们如何获取这些信息？国务院的文员可能翻阅参考书籍寻找墨西哥石油的相关信息，但这些信息可能并不准确；或者某个秘书给另一个秘书打电话，请求提供一份备忘录，最终由一名一头雾水的信使送来一大堆难以理解的报告。理想的情况应该是：国务院能够依赖其情报部门来整理与外交决策相关的事实，而这些事实则来自中央信息交换机构。[2]

---

[1] 参见莱昂纳德·艾瑞斯的《州立学校系统索引》(*An Index Number for State School System*）一书。配额原则在自由公债运动中得到了非常成功的应用，盟国海运委员会也在更为困难的情况下应用了这一原则。

[2] 同业公会制度下，这类机构得到了极大发展。1921 年纽约建筑业调查报告显示，有些人在利用这类机构进行不法交易。

这种情报交换机构很快就会成为信息的汇聚点，收集各种极其复杂的信息。其工作人员将清楚了解政府面临的真实问题。他们将处理各类信息的定义问题、描述问题、统计技术问题和逻辑问题，工作范围涵盖整个社会科学领域。除少数外交和军事机密之外，这些材料本应该对全国的学者开放。因为在这里，政治学家将找到真正值得研究的课题，其学生也将参与真正有价值的研究。这些研究不必都在华盛顿完成，但每一件都将围绕华盛顿进行。

这个中央机构将具备一个公立大学的雏形。各个情报部门可以从大学毕业生中招聘工作人员。研究课题将通过与全国各地的教师及大学的负责人协商后选择。机构应有足够的灵活性，定期从大学引入临时专家和特聘人员作为永久职员的补充，华盛顿还可以派遣讲师进行交流。因此，员工的培训和招聘可以同时进行。部分研究可以由学生完成，这将使大学里的政治学与美国实际的政治运作紧密联系在一起。

7

这一原则的基本框架同样适用于州政府、市政府和乡村地区。各州、市、县的情报部门可以采用与联邦政府类似的形式组成联合体，并进行比较交流。只要各自的会计系统具有可比性，许多重复劳动就可以避免。区域协调尤其重要，因为法律边界往往与实际环境不符，而这两者的关系则建立在传统习惯的基础上，贸然将其打破可能需要付出高昂代价。通过信息的协作，多个地区可以在保持决策自主权的同时实现合作。例如，纽约市对于纽约市政厅来说已经是一个难以管理的庞大单位。然而在许多方面，例如公共卫生和交通，整个纽约大都会区才是真正意义上的行政单位。该地区内有着扬克斯、泽西市、帕特森、伊丽莎白、霍博肯以及贝永等大城市，无法由一个中心统一管理，但它们在许多功能上应当协同运作。最终，像西德尼和比阿特丽斯·韦伯夫妇提出的灵活地方政府方案或许是正确的解决办法。[1]但该方案的前提条件是，政府部门之间的信息和调查应该做到协同合作，而不是决策和行为的协同合作。如此，各个市政机构的官员才能基于相同的事实背景认识到他们共同的问题。这是推进协作的基础。

---

[1] 参见韦布夫妇《地方政府重组》(The Reorganization of Local Government) 一文，即《大不列颠社会主义联邦宪法》(*A Constitution for the Socialist Commonwealth of Great Britain*) 一书的第四章。

8

不可否认，建立这样一个政治和工业情报网络，可能会带来沉重的负担和持续的烦恼。人们很容易想象它会吸引那些寻求轻松工作的人员、书呆子和喜欢管闲事的人。人们也可以预见到烦琐的文书工作、大量的文件、令人厌烦的问卷、每份文件的复印本、计划延误、文件丢失、用错表格，甚至是因为使用铅笔而非钢笔填写文件或使用黑墨而非红墨被退回的情况。

确实，这份工作可能会非常糟糕，天下本就没有什么制度能万无一失。但是，如果整个系统能够在政府部门、工厂、办公室和大学之间形成良好的人员流动、数据流动和批评交流，工作单调、僵化的风险就不会那么大。人们不能简单地认为这些情报部门会让生活变得更加复杂；相反，它们会让生活不断简化，因为它们揭示了目前复杂到难以处理的系统。当前政府体系如此复杂，以至于大多数人已经放弃尝试去理解它；但也正因为放弃了努力，他们便错误地认为它相对简单。实际上，政府体系总是复杂、隐蔽且不透明。引入情报系统，则意味着决策单位结果所需人员的减少，因为通过共享每个单位的经验，试错次数大大减少；同时，系统的透明度也有助于工作人员自我批评。只要想一想目前的特别调查委员会、大陪审团、地方检察官、改革委员会和各种昏聩的官员在解决混乱方面花费的大量时间，就能轻易理解情报系统其实不会为政府新增大量官员这一点了。

如果对公众舆论和现代环境下的民主理论的分析在原则上是正确的，那么我认为我们必将得出这样的结论：情报工作是解决问题的关键。我不是单纯想强调本章中提到的几点建议，它们只是一些设想而已。真正的技术设计任务应由那些受过训练的人来完成，即使他们现在还无法完全预见其最终形式，更不用说细节了。目前，我们记录的社会现象数量还很有限，分析工具非常粗糙，概念往往模糊且未经批判。但是，已有的工作足以证明，“不可见”的环境可以被有效地报告出来，还能够以中立的方式传达给不同群体，并超越他们的偏见。

如果这一点成立，那么只要人们建立起有效的情报系统，就能找到克服“自治”的核心困难的方法，即“如何应对不可见的现实”。正是因为这个困难，任何自治社会都无法将其独立的需求与对外界的广泛联系相调和，也无法在不牺牲责任的前提下确保强有力的领导人，或者在不将普遍舆论强加于所有问题的前提下获得有用的公众舆论。只要没有办法建立对“不可见的现实”的共同理解，或是只在理论中成立的民主图景，那么对于不同行为的共同衡量标准就只能是一个基于某个特定群体的标准。此时，这一群体中的人就会如亚里士多德所言，受限于自身的视野范围而目光短浅。

但现在，我们有了一条出路，尽管这条路很漫长。在这条出路的确保下，虽然芝加哥的市民并不会拥有比古代雅典人更好的眼睛或耳朵，但他们总能听得更多、看得更远。目前，情况已经开始有所改善，未来随着人们更多的努力，人们对已知环境与实际环境之间的差异的感受还会越来越小。随着情况不断好转，联邦制将越来越多地通过共识而非暴力运作。因为虽然联邦制是自治团体之间唯一可行的联合方式，[1]但当联邦事务缺乏正确且被广泛接受的共识时，联邦制要么倾向于中央集权，要么倾向于地方无政府主义。共识不会自发产生，而是需要通过科学分析来概括，并且这种分析必须不断进行调整和测试。

任何选举机制、地方控制体制或财产制度的改变都不能触及联邦制的根本。每个人都只拥有有限的政治智慧，你不可能对他们做过高的要求。而且，无论是多么轰动的改革，都不会有意识地要求人类克服自身意见主观性。有

[1] 见哈罗德·拉斯基《主权的基础》(*The Foundations of Sovereignty*)一书，以及他的其他相关文章，尤其是与本书同名的《公众舆论》(Public Opinion)一文，以及《行政区域的问题》(Problems of Administrative Areas)、《人民主权理论》(Theory of Popular Sovereignty)、《多元化国家》(Pluralistic State)等文章。

些政府系统、选举系统和代议制度确实能比其他系统提取更多的智慧，但说到底，知识并非来源于人们自身的心智，而是来源于心智所处的环境。当人们开始根据情报行事时，他们就能找到更多的事实并从中获得智慧。如果他们忽视这一点，他们就只能在自己内心已有的认知中坐井观天，只能不断加深自己的偏见，永远无法获取真正有价值的知识。

第二十七章　对公众的呼吁

1

在现实生活中，没有人真的认为自己能对每一个公共问题都拥有一个公正的意见。不过这一事实常常被掩盖，人们仅仅因为他们自己没有意见，就武断地认为根本不存在公共问题，正如布莱斯子爵所说，“舆论的作用是连续的”[1]，即使它“只涉及一些大道理”[2]。正因为我们试图认为自己可以在不完全确定“大道理”究竟是什么的同时持续地产生意见，我们自然而然地对那些需要阅读更多政府报告、统计数据、曲线和图表的论点感到厌烦和痛苦。毕竟，所有这些内容看起来与党派辩论一样令人困惑，但远不如后者那么有趣。

现在，人们仍然没能认识到，如果全国每个公民都投入时间去研究所有情报部门的公开信息，他们就一定能在

---

❶ 詹姆斯·布莱斯，《现代民治政体》（*Modern Democracies*），卷一，第 159 页。

❷ 同上，第 158 页脚注。

公共问题方面变得更敏感、更明智并充满热情。当然，这只是一个尚未得到证实的假设。毕竟情报部门首先是为行动者、决策者和各行各业的从业者服务的工具，如果情报没有帮助到这些人，那也就不会帮助到其他人。到目前为止，情报部门至少已经能帮助这些人理解他们所处的环境，并让他们的行为变得更加透明，从而让他们对公众更加负责。

因此，情报系统的目的不是将所有专家意见强加给每位公民，而是将它推给每一位负有责任的行政人员。当然，情报系统具有作为一般信息来源的价值，也有对新闻报道的制衡价值，但这都是次要的。它的真正用途在于帮助政治和工业中的代议制机构进行管理。真正需要会计师、统计学家和秘书等专业人士的帮助的人不是公众，而是那些从事公共事务的人，他们已经无法再凭直觉处理这些事务。无论是从情报系统的理想还是起源上看，情报都是为了更好地处理公共事务，而不是为了让我们更清楚地知道公共事务是多么糟糕。

2

任何一个普通公民，一个拥有投票权的选民，都不可能消化官方如此大量的文件。但每一个公众问题的讨论者，每一个立法机构中的议员，每一个政府、企业或工会的官员，每一个工业委员会的成员，都会希望关于特定问题的报告能更为详细。某些感兴趣的公民也可以加入某些志愿组织，对专门文件进行研究，从而实现对官僚机构的监督。他们写出的报告会吸引报纸记者，以及各行各业的专家和学者，而其他的局外人（我们每个人其实都是现代生活中绝大多数事物的局外人）既没有时间，也没有精力或兴趣，更没有能力对各种具体问题做出判断。因此，社会的日常管理必须依赖于那些“局内人”，因为他们能在更好的条件下工作。

至于局外公众，就只能通过事件的结果或事件发生前的程序，来对这些条件是否合理做出判断。持续影响公众舆论的“大道理”，本质上是公共事务治理的基本原则。局外人可以要求专家告诉他所有相关事实是否被充分考虑了；但在大多数情况下，他根本无法自己判断什么是相关的，或什么应该得到充分考虑。局外人或许能够判断利益相关群体的呼声是否得到了合理的听取，投票是否公正透明，结果是否令人信服。当新闻表明有事情需要关注时，局外人就一定会去关注。他也可以质疑决策本身是否正确，特别是当决策结果与他对美好生活的理想相冲突时。[1]但如果他试图在每个案例中都用个人好恶取代程序，把“舆

[1] 参见本书第二十章。

论”当成能解决一切困难的救世英雄，他就只会加剧自己的混乱，不能对任何问题进行合乎逻辑的思考。

这是因为，如果总是向公众舆论而非专业人士寻求解决问题的方法，那么我们听到的往往只会是不知内情的大多数人的声音。本质上，此时事务的进展就取决于谁的声音最响亮、谁的话语最动听、谁的公关手段最巧妙（或最无耻）、谁能得到更多的新闻版面了。即便报纸编辑严格遵守公正原则，给“另一方”公平的报道，这也远远不够。因为可能有多个“另一方”，而他们的意见并未被任何组织、资助和活跃的党派提及。

普通公民很快就会发现，当各路党派人士选择将问题诉诸舆论时，并不是因为公众更有智慧，而是在利用公众的善良天性，甚至是对公众的证据意识的侮辱。他接受的公民教育让他意识到所处环境的复杂性，因此他将更加关注程序的公平性和理智性，甚至在大多数情况下，他会期望自己选出的代表为他监督这些程序。他将拒绝承担做出这些决策的责任，并且在大多数情况下，对那些为了迅速获胜而动辄向记者提供“独家消息”的人持否定态度。

只有确定问题已经在传达到公民之前经过必要的程序处理，现代国家中的忙碌公民才会以一种明智的方式处理这些问题。因为党派所描述的“问题”，几乎总是由一系列复杂的事实构成，而且这些事实总是被大量的、情绪化的刻板印象包裹。根据当下的风气，党派人士只要走出会议室，就会马上宣称自己追求的是“正义”“社会福利”“美国主义”或“社会主义”等触动人心的理念。面对这样的说辞，局外人或许会被触动，激起恐惧或崇敬之情，却不会做出理性判断。在他能对这些论点做任何处理之前，必须有人帮他去掉其中的“水分”，将问题简化和澄清。

3

想要去掉“水分”，可以通过以下方式：在代表们的讨论中设置一位主席或调解员，确保讨论能够围绕着专家提供的分析进行。这是任何处理不熟悉的事务的代表机构的基本组织形式。各党派的不同声音当然应该存在，但这些党派人士应该直面那些不直接卷入问题的人的质询——这些人是掌握足够的事实的人，他们具备辨别真正“观点”的技巧，能够区分哪些是实际感知，哪些是刻板印象、陈旧观点或夸大陈述。这种类似苏格拉底的对话方式，带有苏格拉底一般的打破语言表象、追根究底的精神。而且，只做到这一点还不够，因为现代生活中的辩证必须由那些既了解外部环境又懂得人类心理的人来完成。

例如，钢铁行业中要展开一场严肃的讨论。双方各自发布了充满崇高理想的宣言。此时，唯一值得尊重的舆论是关于组织一次会议的呼吁。有的人可能认为自己的事业足够正义，根本不需要会议讨论；但他的观点几乎不会得到任何人的认同，因为正常人的观念里不存在这样正义的事业。或许反对会议的人并不会公开反对会议，他们或许会说对方太邪恶了，自己不屑与叛徒握手。这时，舆论所能做的就是要求由相关部门组织一次听证会，以核实这种对邪恶的指控，而不是仅凭党派的言辞来判断。假设双方同意举行会议，并设立了一位中立的主席，而这位主席又咨询了足够多的公司、工会和劳动部的顾问专家的意见。此时，情况又会如何？

美国钢铁公司总裁加里先生真诚地声称他的工人待遇良好，工作负担合理，然后开始大讲从彼得大帝到沙皇遇刺的俄罗斯历史。此时，福斯特先生*站起来，同样真诚地声称工人被剥削，然后开始阐述从耶稣到亚伯拉罕·林肯的人类解放史。这时，主席要求专业人士提供钢铁工人的工资表，用实际数据代替“待遇良好”和“被剥削”这些模糊的词语。加里先生真的认为所有工人的待遇都很好吗？他确实是这么认为的。福斯特先生认为所有工人都被剥削吗？不，他认为C、M和X三个工人群体被剥削。所指

* 威廉·福斯特，美国共产党创始人之一，美国工人运动领袖，马克思主义政治家，曾多次领导美国工人罢工运动。在1919年美国钢铁工人大罢工中，福斯特担任罢工运动领袖，而美国钢铁公司总裁加里则是反对派的领导者。——译者

的“剥削”是什么意思？他认为这些工人没有得到足以维持生活的工资。加里先生反驳说，他们的工资足以维持生活。于是主席问道：那么他们能用这些工资买到什么呢？福斯特先生说：什么也买不到。加里先生则说：可以买到他们所需要的一切。接着，主席查阅了政府的预算和物价统计，[1]裁定X群体的工人的工资能够满足基本生活需求，但C群体和M群体则无法满足。加里先生表示，他不认可官方统计数据，认为预算过高，而物价早已下降。福斯特先生也提出异议，但他认为预算过低，物价早已上涨。此时，主席裁定，这一问题不在会议的讨论范围内，官方数据是合法可信的，加里先生和福斯特先生的专家可以向情报机构联合体的常务委员会提出上诉。

尽管如此，加里先生仍然表示，如果调整工资标准，美国钢铁公司将会破产。主席询问：“你所说的破产是什么意思？请拿出你的证据。”加里先生说：“我不能，因为这只是我个人的估计。”主席回应：“你的估计与本次讨论无关。”于是，主席向公众发布声明，宣布C群体和M群体工人的工资远低于官方最低生活工资，并说明加里先生拒绝

[1] 参见《生活成本和工资削减》（The Cost of Living and Wage Cuts）一文［《新共和》（*New Republic*），1921年7月27日］，作者为利奥·沃尔曼。文章对人们毫无考虑地轻信统计数字以及各种笼统的“原理”的现象展开了精彩论述。作者是一位深度参与工业领域专业技能培训的经济学家和统计学家，他在文章中发出的警示具有十分重要的意义。

调整工资标准，且拿不出不增加工资的理由。经过这样的程序，才有可能形成一种值得尊重的公众舆论。[1]

专家介入的价值不在于建立舆论来压制党派观点，而在于以专业观点瓦解党派偏见。加里先生和福斯特先生可能仍然无法说服对方，但他们的态度必然会有所变化。而对于那些没有直接卷入争端的人来说，这种辩论方法能使他们不必被卷入讨论，因为那些可能将他们卷入讨论的刻板印象和煽动口号，都已经在专家介入时被消解了。

4

在许多重要的公共问题上，以及在不同的个人事务中，记忆和情感的脉络往往是混乱的。相同的词汇可能会引发无数不同的想法：情感从它们应属于的意象中被移位，投射到与这些意象名字相似的词语上。在未经批判的心灵深处，大量的联系仅仅是通过声响、接触和演替产生的，其中存在着无数杂乱的情感附着，还有各种词不达意的表述。在梦境、遐想和恐慌中，我们能够发现自己精神世界的混乱，看到自己的思维构成是多么天真，以及想象自己在缺乏理智约束和外界制约时可能做出多么不可理喻的事

[1] 此处的“公众舆论”一词的用法与劳伦斯·洛威尔的《公众舆论与民众政府》(*Public Opinion and Popular Government*)中的用法相同。

情。我们看到，心灵并不比一个尘封的旧阁楼更秩序井然。事实、观念和情感之间的错位，有时就像歌剧院里所有的戏服堆成一堆，所有的唱段混在一起那样不协调，那种景象看起来就像蝴蝶夫人穿着女武神的服装，抒情地等待浮士德的归来一样。

一篇社论写道："圣诞节期间，旧日的回忆温暖着人心。神圣的教义重新浮现，思绪仿佛回到了童年。当透过对已逝亲人的半喜半悲回忆看世界时，它似乎并不那么糟糕了。每一颗心都会被这种神秘的力量触动……虽然现在国家已经被红色宣传侵蚀了，不过我们还有足够的绳索、肌肉和路灯……只要这个世界还在正常运转，人的胸膛里自由的火焰就会燃烧。"

写这篇文章的人应该寻求一下心理咨询。他需要一个苏格拉底来分辨这些词语，并在内心质询自己，直到他能为这些词语下定义，使这些词语能够代表自己的想法；也就是说，每个词语都应明确指向某个具体的对象，而不是模糊的感受。从上面这段话中可以看出，这些紧张的音节在他的脑海中通过最原始的联想联系在一起，被他对圣诞节的记忆、作为保守派的愤怒以及作为革命传统继承者的激动情绪捆绑在一起。有时，这种混乱过于庞大和古老，无法快速改善。在现代心理治疗中，人的记忆总是层层包裹在一起的，最原始的记忆甚至来自襁褓时代，每个记忆都要被逐一分离出来并进行命名。

“命名”的效果是非常直接的。比如说，明确指出C群体和M群体的工人（但不包括X群体的工人）工资不足，而不再笼统地说“劳工被剥削”的行为，能够让观点变得更有说服力。情感变得具体，也更有针对性，不再是一团圣诞节和莫斯科之类风马牛不相及的混乱概念的杂糅。通过“命名”并清晰定义的想法和经过审视的情感，将变得更具开放性，更容易被问题中的新资料修正。原本这些想法深嵌于整个人格之中，与自我有某种同盟关系，任何想法都可能在整个灵魂中引起共鸣。但在经过彻底批判后，这个想法才会真正“对事不对人”。然后，想法将被客观化，与自身保持一定距离。它的命运不再与我的命运紧密相连，而是与我们所作用的外部世界的命运相关。

5

这种“再教育”有助于使我们的公众舆论与现实环境更加紧密结合。这是消除庞大的审查、刻板印象和戏剧化机制的途径之一。当有关环境不再难以理解时，评论家、教师或医生才能启迪人的思想。然而，当分析师与学生一样对环境感到迷茫时，就没有任何分析技术能够发挥作用了。评论家可以在政治和工业问题上发挥一定作用，但如果他缺乏可以依赖的专家报告为他提供有效的环境图景，那么他的评论就无法深入开展。

因此，尽管“教育”在大多数情况下都是最高效的解决方案，但这种教育的价值取决于知识的进化。而我们对人类社会的知识目前依然非常有限且充满印象主义色彩。社会知识的总结总体上还是零散而随意的，它还未能为行动提供充分的指导。然而，可以肯定的是，当前的信息收集还远远未能将其价值发挥到极致，我们进行收集是因为现代决策需要这些信息。随着信息的不断收集，我们会逐渐积累出一批数据，这些数据可以由政治科学转化为概括性的知识，并建立起一个关于整个世界的概念图景。当这一图景逐渐形成时，公民教育将让人们在应对不可见环境时更有把握。

当教师对社会系统的运行机制足够熟悉时，他就可以利用它使学生敏锐地意识到自己的思维在面对陌生事实时是如何运作的。但如果教师不够熟悉，他就无法让学生做好应对他们将要面对的世界的准备。目前，教师可以通过让学生更清楚地了解自己的思维过程，帮助他们更聪明地应对现实。通过案例教学法，他可以培养学生反复检查信息来源的习惯。例如，他可以教学生在报纸上寻找事情发生的地点、记者的名字、报纸的名字、声明援引了哪个权威机构的观点，以及声明发布的背景。他可以教学生检验记者是否亲眼目睹了他所描述的事情，并与这个记者过去描述其他事件的报道相比较。他可以教学生了解审查制度、隐私观念，并让他们掌握有关过去的宣传史。通过合理引用历史经验，教师可以让学生认识到刻板印象的存在，并培养他们对文字所唤起的想象力进行反思的习惯。通过比较历史和人类学的课程，教师可以让学生对符号引发想象的思维模式产生深刻认识。他可以教导学生识别自己如何将抽象概念具象化、戏剧化，并如何在形成某种观点时选择不同的态度——无论是英雄主义的、浪漫主义的，还是务实的。

对错误的研究不仅具有预防作用，还是通向真理研究的刺激性引导。当我们深刻地意识到自己的主观性时，我们对客观方法的兴趣会增强，这种兴趣是其他方式所无法激发的。我们会清晰地看到，我们的偏见带来了巨大的破坏和伤害。虽然打破偏见最初可能令人痛苦，因为它涉及我们的自尊，但这一过程成功完成时，会带来极大的解脱和骄傲。注意力的范围得到了根本性的扩展。当现有的社会逐渐解体时，一个简单、刻板的世界观也随之破碎了，取而代之的是一个生动且充实的图景。随之而来的是对科学方法的深刻认同，这种情感激励是难以通过其他方式激发和维持的。毕竟，偏见要比科学更容易引起兴趣。如果你教授科学的基本原理，假设这些原理一开始就被学生们接受，那么科学的核心优点客观性反而会让学生感到枯燥无味。然而，如果一开始将科学呈现为战胜心灵迷信的方法，追求与征服的兴奋感可能会帮助学生，让他们克服自我封闭的经验，进入求知欲更为旺盛、更热爱理性的人生新阶段。

第二十八章　理性之呼唤

1

我曾数次写好这本书的终章，但随后又将它们一一丢弃。每本书都总是需要一个用来盖棺定论的终章，让作者的每个想法找到属于它的“宿命”，让书中的每个谜团被一一解开。然而在政治中，主角既不会“无忧无虑地幸福生活下去”，也不会有什么完美的归宿。在政治领域，从来没有真正的结局，未来也远比历史记录里的内容要多得多。所谓终章，不过是在读者们已经低头开始偷偷望向手表时，作者就该礼貌地结束自己的论述的地方。

2

当柏拉图到了该总结的时候，自信的他突然开始感到恐惧，因为他意识到自己说出理性在政治中的地位这件事听起来有多么荒唐。在《理想国》第五卷中，柏拉图甚至感觉难以启齿，因为它们尖锐、直白，令人记忆深刻，却又不能将其作为生活的指导。

因此，他让苏格拉底对格劳孔说，他会因揭示“为使国家变得更真实而应该做出的最基本改变”❶而被人们的嘲笑声淹没，因为他“想要宣扬的思想只有在不是那么夸张的表述下才能表达清楚”，即“除非哲学家成为国王，或现世的国王和王子们拥有哲学的精神与力量，并且将政治权力和哲学智慧合二为一……否则，城邦和人类都将永远陷入灾祸之中”。

当他说出这些故弄玄虚的话时，他立刻就意识到这些设想过于完美无瑕了，还会为这个根本就无法企及的宏大理念感到尴尬。因此，他急忙补充说，当然，“真正的领航员”往往被称为“空谈者、无用之人”❷。虽然这一充满遗憾的承认让他免于被人指责“缺乏幽默感”，但也为一个庄严的思想增添了一份令人难堪的话柄。他变得更加自大，甚至警告阿狄曼图斯，要把哲学家的“无用”归因于那些不愿意信任哲学家的人，而非哲学家自身的过错。他说：“领航员不应该卑躬屈膝，乞求水手们让他指挥——这不符合自然规律。”在摆出一副高傲的姿态后，他匆忙掏出理性的旗号，隐退到学院之中，却将这个世界留给了马基雅维利。

---

❶《理想国》(*Republic*) 第五卷，第 473 页。

❷ 同上，第六卷，第 488—489 页。

因此，在理性与政治的第一次伟大交锋中，理性最终愤然败退。然而，正如柏拉图告诉我们的，理性之船已出海。自从柏拉图写下这些话以来，许多“船”都已“扬帆”，今天，无论我们是否认为自己足够理智，都不可能仅仅因为某人知道如何“关注年岁变换、斗转星移和风云变幻这些只与他自己的兴趣相关的事”就称他为真正的领航员。[1]毕竟，还有很多让航行顺利进行的必要事物需要他来关注，比如，万一船上发生叛变，他总不能对大家说：“这太糟糕了……让我处理叛变，不符合自然规律……我来处置叛变这种事不符合哲学的秩序……我知道如何领航，但我不知道如何在满是水手的船上领航……如果水手们不认可我，那我也没办法……我们应该开到礁石上让船搁浅，让叛变者因其罪孽而受罚……而我，显然比你们所有的人知道的事情都多……”

3

每当我们在政治中诉诸理性时，上文这个寓言中的难题就会重现。因为用理性的方法来处理一个非理性的世界本身就存在着巨大困难。即便像柏拉图假设的那样，“真正的领航员知道对船来说什么是最好的”，那也还有一个问

[1] 同上。

题:“真正的领航员”并不容易被辨认出来，而那个暂时坐在领航员位子上的人也会因其不确定性让大部分船员不能信服。根据定义，船员们并不知道领航员所知道的东西，而领航员却沉迷于星辰和风向，根本不懂得如何让船员们意识到他的这些知识有多重要。一旦遇到叛变，水手们根本没有时间去对这位“专家”所说的话进行判断，领航员也没有时间去一一征询船员的意见，看看他是否真的像自己所想的那样聪明。教育是一项需要经年累月才能完成的工作，而紧急情况往往至多只有几小时。因此，如果告诉领航员，真正的解决办法是培养船员的证据意识，也未免太不切实际了。这种话只能对陆地上的船东说。在危机中，唯一的建议是使用武器、发表演说、喊出激动人心的口号、坐下来进行谈判，或者使用任何可迅速镇压叛乱的手段。在那种情况下，没人会去关心什么证据意识。

唯有在岸上，人们在计划着未来的航行时，才有机会为自己的未来处理那些需要很长时间才能解决的根本性问题。这些计划需要以年为单位的时间才能解决，紧急情况来临时则根本派不上用场。没有什么比分辨虚假的危机与真正的危机更考验他们的智慧了。因为当空气中充满恐慌，一场危机接踵而至，真实的危险与想象中的恐惧交织在一起时，根本无法进行有效的理性思考，在这种情况下，任何秩序似乎都比混乱好得多。

只有在长期相对稳定的前提下，人们才有希望遵循理性的法则。这并不是因为人类无能，或诉诸理性只是一种幻想，而是因为在政治问题上，理性的演进才刚刚开始。我们在政治上的理性观念仍然是宽泛的、薄弱的理论，过于抽象和粗糙，无法在实践中提供指导，除非群体规模足够大，个体差异被削弱并被某种一致性掩盖。在预测个人行为时，政治中的理性尤其显得不成熟，因为在人类行为中，最小的初始差异也能导致巨大的变化。这或许就是为什么当我们试图在突发事件中坚持理性诉求时，总会被嘲笑淹没的原因。

4

理性发展的速度比采取行动的速度要慢得多。当前的政治科学状态下，存在这样一种倾向：一种局势尚未被完全理解，就已转变为另一种局势，从而使许多政治批评只能是“马后炮”，没有其他用处。无论是在发现未知事物方面，还是在传播已被证实的知识方面，始终存在一个时间差异，这一点本应更大程度上引起政治哲学家的关注。在格雷厄姆·华勒斯的启发之下，我们已经开始去研究不可见的环境对我们观点的影响。然而，除了依靠一些粗略的经验法则，我们尚未真正理解时间因素在政治中的作用，尽管它直接影响到任何建设性提案的可行性。[1]例如，我们可以看到，任何计划的实施效果在某种程度上都取决于其实施所需的时间长短。因为计划所依赖的数据是否能保持不变，取决于所需时间的长短。[2]所有脚踏实地、经验丰富的人都会考虑这一因素，这让他们与投机分子、空想家、庸俗之人和书呆子有所区别。[3]但对于时间的计算如何系统性地融入政治决策这一问题，我们目前还没有明确的方法。

在更清楚地理解这些问题之前，我们至少可以记住，理论总会存在盲区，而任何实践都会产生相应结果。这会帮助我们珍视柏拉图的理想，同时又不会轻易接受他将所有不遵奉理性之人笼统归为邪恶之徒的仓促结论。在政治中遵从理性是困难的，因为它们的形态和演进速率完全不同，而你却试图让两个进程齐头并进。在理性尚未足够精细和具体之前，政治的紧张斗争将继续需要一些理性无法提供或控制的人类本能智慧、力量和难以证实的信仰，因为现实生活中的事实对于理性的理解力来说其实没有本质

---

❶ 参见H.G.威尔斯《正在塑造中的人类》(*Mankind in the Making*) 一书的开头几章。

❷ 每个情报部门的信息收集和分析工作做得越好，人们就越不需要依赖过去的事实来处理未来的问题。

❸ 这样说当然有些绝对，但在我看来，反动派、保守派、自由派和激进派之间的差异往往取决于他们对社会问题的变化速率的不同认知。

区别。社会科学的方法还远未成熟，以至于在许多严肃决策和大多数临时决策中，我们别无选择，只能根据直觉与命运来一场赌博。

但我们可以让自己凭借直觉去信仰理性的力量。我们可以运用智慧和力量为理性铺设基础。在我们对世界的认知背后，我们可以努力看到一个更长时间跨度的事件视角，并且抓住从紧迫的当下中脱身的机会，让更长远的时间框架引导我们的决策。然而，即便有这样的意愿去让理性对未来产生影响，我们仍然一次又一次地发现，我们并不确定该如何按照理性的指引行事。理性能够提供明确指引的人类问题，数量还非常有限。

5

然而，我们一直坚信，人类这个社会性物种总是会渴望一个更友善的世界。这种想法美好而高尚，但实际上是虚伪的。人与人之间的微笑，其实只花费了一点点时间，这表明并不是个体间的每一次交互都有那么重要。由于世界上存在如此多的不确定性，许多行动不得不基于猜测进行，对于基本的“体面”的要求就变得极为重要，我们也理应相信善意可以化解一切矛盾。我们当然无法证明它会永远有效，也无法完全解释为什么仇恨、偏执、猜疑、盲从、诡秘、恐惧和谎言这“七宗罪”是公众舆论的大敌。我们只能坚决相信，它们不应该出现在对理性的诉求中，从长远来看，它们对人类有害。如果我们能形成一种超越我们自身困境和生活局限的世界观，就算我们持有某种偏见，那么这种偏见也远比“七宗罪”要真诚。

如果我们能做到不让恐惧和狂热给我们留下过于深刻的印象，不让自己因为失去了对人类未来的信心而消沉，那么我们一定能做得更好。我们没有理由陷入绝望，正如詹姆斯所说，我们的命运系于种种可以包罗万象、意味深长的可能性之上。我们所目睹的残暴，虽然真实，但绝非人类的最终归宿。它仅仅存在于1914—1919年之间的柏林、莫斯科、凡尔赛，而不是我们夸大其词的“世界末日”。那些已经更现实地直面残暴与歇斯底里的人们，已经赢得了能够说出这样的话的权力：即使再发生一次世界大战，也不能证明理性、勇气和努力无法为所有人创造美好的生活。

尽管恐惧令人胆寒，但它并非无处不在。有人腐败，也有人清廉。有混乱，也有奇迹。有巨大的谎言，但也有揭穿谎言的意志。人们越想要否认某些人所具备的品质，就会有更多人，甚至足够多的人偏要去证明——这不是出于某种理性的判断，而是一种情绪的引导。你可以对从未存在的事物绝望，比如对长出三个头绝望（尽管萧伯纳先生早已不再对此绝望）。但是，你绝不能对未来的愿景绝望，因为愿景早已存在于每一个人内心的高尚品德中。如果你已经亲眼见证了这个时代的罪恶，却从未发现你所憧憬的人、你所希望复制的时刻的话，那么，哪怕上帝也帮不了你。